현대편

단박에
한국사

지금
유용한,
쉽게
맥을 잡는

단박에 한국사

심용환 지음

현대편

THE
HISTORY
OF
KOREA

북플래
지음

통사의 힘, 역사의 힘

"요즘에 누가 통사를 읽어요?"

나도 안다. 두툼한 통사가 아닌 명확한 주제를 가진 얇은 책이 대세라는 것을. 그렇다면 통사는 필요가 없을까? 개론서의 시대는 영영 사라져버린 것일까? 이런 식의 관점이라면 책을 쓸 이유가 없다. 사람들은 점점 책을 읽지 않고, 유튜브로 세상을 보며, 확증 편향으로 살아가기를 희망하니까.

작금의 흐름에 문제가 있다는 점은 모두가 알고 있다. 이런 문제가 계속 쌓이면 어떻게 되리라는 것조차 가늠하고 있다. 그럼에도 다들 이렇게 살아가고 있다. 모든 것이 이런 방향으로 흘러갈 때 "아니오!"라고 외치며 보다 대안적인 방향을 설계하는 노력이 있어야 하지 않을까? 내가 《단박에 한국사》를 쓰는 이유이다.

언제부터인가 일반인은 물론이고 대학이나 지성인들 사이에서도 통사와 개론서를 읽는 이들을 보기 힘들어졌다. 긴 시간 가운데 벌어진 인간의 총체적 삶에 대한 진지한 고찰이 사라지고 있으며, 그만큼 보편 교양의 가치가 힘을 잃어가고 있다. 쉽게 말해 거시적인 전망을 위한 체계적인 노력을 포기한 채 단기적이고 자극적인 소재를 통해 쉬운 비법을 모색하고 있다는 말이다. 집은 기초가 단단해야 오래 버티고, 사람은 오랜 훈련을 해야 멀리 나아간다. 조금 어렵더라도 집중해야 하고, 고민해야 한다. 그러한 뇌에서 벌어지는 격렬한 활동으로 인해 감기는 눈꺼풀을 감내할 때 진짜 실력을 구비할 수 있다. 통사와 개론서는 바로 그러한 힘을 길러주는 기초이자 기본이다.

왜 역사를 공부해야 할까? 사람을 알기 위해서이다. 사람은 지구라는 공간에서 무리를 짓고 자신들만의 이야기를 만들어가는 독특한 존재이다. 역사를 공부한다는 것은 공동체로 이루어진, 스스로 이야기를 만들어내는 독특한 존재의 정체성을 탐구하는 과정이다.

왜 한국 근현대사를 공부해야 할까? 오늘 우리를 알기 위해서이다. 사람은 동물이 아니다. 자연법칙에 지배받으며 본능에 충실하게 살아가지 '않는다'는 말이다. 동물적인 측면이 있음을 부정하는 것이 아니다. 하지만 사람은 가치를 추구하고, 명분을 좇고, 누군가와 투쟁을 하며, 이전에는 없었던 새로운 사회를 건설하고자 노력한다. 수천 년의 인류 역사는 오히려 자연법칙을 거스르며 약자도 사람답게, 모든 사람이 사람답게 살아가고자 했던 반자연적인, 매우 투쟁적인 이야기이다.

사람은 심리적 존재 또한 아니다. 마음의 법칙에 지배받기보단 육체에 구속되며, 가족을 비롯한 사람 간의 관계에 구속되고, 무엇보다 땅, 대지에 발을 딛고 사는 존재이다. 심리적인 측면이 있음을 부정하는 것이 아니다. 하지만 사람의 심성이란 대부분 사회적인 성격을 지닌다. 공동체가 이미 만들어놓은 것을 얼마만큼 받아들이냐에 따라 우리의 마음이 결정된다. 사람은 정치적 질서

안에서 안정을 얻고, 노동을 하며 경제적 관계 안에서 위치가 결정지어진다.

그러니 역사를 공부하지 않고 어떻게 우리를 이해하고, 나를 이해할 수 있겠는가. 역사를 공부한다는 것은 진정한 의미에서 오늘 우리와, 우리 속에 포함된 나 자신의 객관적이며 실존적인 위치를 파악해가는 과정이다. 그리고 한국 근현대사를 공부한다는 것은 구체화된 자기 자신을 발견하는 과정이라고 할 수 있다. 이를 위해서《단박에 한국사》가 쓰인 것이다.

한국 근대사는 '멸망'으로 시작되었다. 물론 쉽게 망하지는 않았다. 흥선대원군과 명성황후의 치열한 투쟁과 노력이 있었고 구국운동, 김옥균부터 전봉준까지 긴절함은 대단했다. 기회파는 일본을 모델로 조선의 대변혁을 도모했고 민중들은 죽창에 의지해서 세상을 바꾸고자 했다. 하지만 장렬하고 처절하게 실패했다.

그렇다고 역사가 멈추었을까? 그렇지 않다. 조선인들은 한반도를 벗어나서 이유 있는 방황을 시작하였다. 독립운동. 안창호는 왕조를 버리고 민주공화국의 이상을 설계하였다. 그는 전 세계를 활동 무대로 삼았고 기어코 임시정부라는 기적을 일구어냈다. 김구는 절체절명의 위기에서 독립운동사를 구원했다. 이봉창과 윤봉길의 의거가 없었다면 어떻게 해방 직전까지 독립운동이 이어질 수 있었을까?

한국 현대사는 어땠을까? 해방은 도둑과 같이 찾아왔다. 더구나 우리 뜻대로 이루어지지 않았다. 분단은 갈등으로 이어졌고 우리는 서로를 증오하는 가운데 한국전쟁이라는 동족상잔의 비극을 경험했다. 그래서 끝이었던가? 한국에서의 민주주의란 쓰레기통에서 장미꽃이 피어날 만큼의 희박함이었지만 놀랍게도 세계가 주목할 수준의 꽃다발이 되었다. 풍성한 산업화의 성과와 함께 말이다.

이 극도로 격렬했던 시간 동안 세계는 빠르게 변해왔다. 중화 질서가 무너졌고 일본 제국주의는 동아시아를 흔들었으며, 일본이 무너진 자리에서 미국이 주도하는 냉전과 신자유주의의 시대가 도래하였다. 우리가 오늘 우리가 되기까지 내외적으로 참으로 고단했던, 하지만 찬연하고 찬란했던 시간이었다.

지난 150년간 한반도에서는 정말로 많은 일들이 벌어졌다. 고조선부터 조선까지 수천 년간 벌어졌던 전통사회에서의 모든 사회 변동보다 훨씬 격렬했다고 할 수 있다. 하지만 이 시기를 우리는 매번 뻔한 방식으로 지나친다. 무미건조한 문체와 암기 위주의 역사 교육, 주변 정세나 국제 관계를 고려하지 않는 일국사적 관점은 물론이고 난무하는 정치적 해석의 무분별한 개입이 건전하고 미래지향적인 역사 인식을 방해한다.

일국사적 관점, 즉 역사를 우리 민족의 역사로만 살펴보는 태도에 대해 이 책은 극렬히 저항하고 있다. 흥선대원군부터 1945년 해방에 이르는 시간은 그야말로 동아시아의 격변기였다. 중국 중심의 중화 질서가 끝났음은 물론이고 전통적인 황제 지배체제 또한 없어졌다. 더구나 중국에서는 민족주의와 공산주의의 격렬한 싸움이 전개되었다.

일본은 비서구지역에서 유일하게 근대화에 성공했으며 곧장 조선을 식민화한 후 전쟁국가이자 극단적인 군국주의 국가로 발돋움하면서 기존 동아시아 질서의 해체를 종용하였다. 전통 질서가 붕괴하고 제국주의 국가 일본이 등장했다는 것에 가장 큰 영향을 받은 곳이 한반도였다.

1945년 이후의 상황은 또 달랐다. 세계 제국 미국의 등장, 냉전의 시작과 붕괴. 중국과 일본이 아닌 미국의 영향이 컸으며 그 가운데 민주화와 산업화에 성공한 우리는 우리 스스로 만든 것들에 큰 영향을 받았다. 상황이 바뀌었으니 역사 서술이 바뀌어야 하지 않겠는가. 조금 어렵고 이해가 더디더라도 우리의 역사는 반드시 주변의 역사와 함께 읽어야 한다.

우리 자신을 한번 되돌아보자. 우리는 무엇을 알고 있을까? 우리가 알고 있다고 믿는 것은 대부분 시험을 준비하며 얻어진 지식의 파편들 혹은 끼리끼리 쑥덕대는 야사 수준의 정치적 신념 정도가 아닐까? 이제 그러한 것에서 벗어나 앞으로를 전망하고, 미래를 개척하는 도구로 역사를 활용해볼 때가 되지 않았을까? 이 두툼한 책을 통해서 말이다.

8년 만에 《단박에 한국사(근대편, 현대편)》 개정판을 내게 되었다. 좀 더 오랜 시간을 두고 개정 작업을 진행하고 싶었지만 지금 다시 이 이야기를 하는 게 맞다는 생각에 용기를 냈다. 살짝 손을 댄 정도가 아니라 정말로 많이 고쳤다. 절반 이상을 새로 썼고 구성도 많이 바꾸었다. 보다 강렬한 작품이 되었다고 확신한다.

이 책이 세상에 나올 수 있게 된 전적인 힘은 북플랫 박경순 대표의 의지이다. 좋은 책을 만들고자 하는 그녀의 열정을 누가 감당하겠는가. 낙서 수준의 콘티를 멋진 그림으로 완성해준 방상호 작가님께는 매번 감사한 마음뿐이다. '단박에 시리즈'는 오직 그와 함께할 생각이다. 단박에 시리즈는 조선사 개정 작업, 고조선부터 삼국과 고려를 다룬 책의 출간을 통해 총 네 권으로 완성하고자 한다. 그리고 《단박에 중국사》로 시작한 세계사 시리즈도 계속 나올 예정이니 그야말로 30년 프로젝트이다. 독자들의 응원과 사랑 덕분에 기대가 되는 미래이리라.

항상 내 편인 아내와 아이들. 그리고 하나님. 이들 앞에서 언제나 진실한 삶을 살아가길 소망하며.

차례

18강 새로운 시대가 열리다
🥟 1987년 6월항쟁 이후

제2차 세계대전이 발발하다

영국 · 프랑스의 몰락

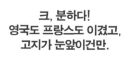

1929년 미국 주식 시장이 폭락하면서 세계 경제위기가 본격화되었다. '대공황(Great Depression)'의 시작. 서구 열강은 각자 살길을 모색하였다. 영국은 '파운드 블록', 프랑스는 '프랑 블록'으로 자국의 식민지와 본국을 하나로 묶었다. 자유무역에서 보호무역으로 전환하여 자국 경제를 살리고자 한 것이다. 미국 역시 비슷했다. '선린외교(Good Neighbor Policy)'라는 이름으로 라틴아메리카 국가들과의 관계를 돈독히 했다.

이런 식의 대응은 문제를 악화시켰다. 독일, 이탈리아, 일본 같은 후발 산업 국가들의 극우화를 촉진했기 때문이다. 이탈리아는 제1차 세계대전의 승전국임에도 대공황 이전부터 경기 불황이 심각했고, 그 결과 파시스트 독재자 베니토 무솔리니(Benito Mussolini, 1883~1945)가 집권하였다. 독일 역시 심각한 경제위기 속에서 극우 인종주의 정당 '나치'가 제1당이 되고 아돌프 히틀러(Adolf Hitler, 1889~1945)가 총리에 올랐다. 일본 또한 극우파에 영향을 받은 군부가 권력을 장악, 군국주의 정권이 등장하였다.

전쟁의 시대

이들 국가는 전쟁을 통해 난국을 타개하고자 했다. 이탈리아는 에티오피아 (1935)와 알바니아(1939)를 침공했고 독일과 함께 스페인 내전에 개입했다 (1936~1939). 독일은 라인란트를 점령(1936)한 후 오스트리아를 합병(1938)했고, 체코슬로바키아를 위협해 주데텐란트를 빼앗았다. 이 과정에서 독일은 영국·프랑스와 뮌헨협정을 맺는다. 주데텐란트를 얻는 대신 더는 영토 확장을 하지 않겠다고 합의한 것이다. 하지만 이듬해 나치 독일은 체코슬로바키아를 점령 (1939), 영국·프랑스의 유화정책(appeasement policy)을 무력화했다. 그리고 같은 해 폴란드를 공격하였다. 독일의 폴란드 점령은 중대한 사안이었다. 폴란드가 영국·프랑스의 동맹국이었기 때문이다.

소련은 독일에 대항하기 위해 일찍부터 영국·프랑스 등에 '집단안보체제' 구축을 제안했지만 거절당하였다. 독일이 주변 지역을 점령하는 동안 소련의 지도자 이오시프 스탈린(Iosif Vissarionovich Stalin, 1879~1953)은 90개 사단에 동원령을 내리면서 전쟁을 대비했다. 하지만 영국과 프랑스는 뮌헨회담을 통해 적당히 땅을 떼어주는 수준으로 평화를 유지했고 소련은 뮌헨회담에 초청받지 못했다. 독일과의 불가침조약. 소련은 입장을 바꿔 단독으로 독일과 손을 잡는다.

그런데 단순한 불가침조약이 아니었다. 소련 외무장관 뱌체슬라프 몰로토프(Vyacheslav Mikhaylovich Molotov)와 독일 외무장관 요아힘 폰 리벤트로프 (Joachim von Ribbentrop)는 양국의 불가침을 확인하는 동시에 폴란드부터 발트해안까지 이어지는 동유럽 여러 나라의 분할에 합의하였다. 리투아니아는 독일이, 핀란드·에스토니아·라트비아·베사라비아는 소련이 장악하고, 폴란드는 독일과 소련이 분할 점령한다는 합의를 본 것이다. 1939년 8월 23일 '몰

제2차 세계대전 당시 나치 독일과 추축국

로토프-리벤트로프협정'이 맺어졌고, 며칠 후인 9월 1일 독일이 폴란드를 공격, 9월 17일에는 소련군이 폴란드로 쳐들어갔다. 이때 소련은 에스토니아·라트비아·리투아니아 등 발트 3국을 합병하였고, 남쪽의 벨라루스와 우크라이나까지 점령하였다. 11월부터 소련은 핀란드와의 '겨울전쟁'에 돌입해 이듬해 카렐리야를 할양받는나.

한편 독일은 1940년 4월 덴마크와 노르웨이를, 5월에는 벨기에·네덜란드·룩셈부르크를 공격하였다. 그리고 6월. 독일군이 프랑스로 향했고 이탈리아군도 프랑스로 진격하였다. 6월 14일 독일이 파리를 점령하였다. 너무나 쉽게 프랑스가 무너진 것이다. 8월부터는 독일 공군이 영국 상공에 출몰하기 시작했다. 이 와중에 소련은 루마니아를 점령한 후 몰다비아(몰도바) 사회주의 공화국을 세웠고, 남방 진출을 위해 1941년 4월에 일본과 5년간의 중립 조약을 체결하였다. 흡사 독일과 소련이 연합하여 영토를 확대하는 것과 같은 모양새가 연출된 것이다.

영국은 어땠을까? 보수당과 노동당은 윈스턴 처칠(Winston Leonard Spencer Churchill, 1874~1965)을 중심으로 전시 거국내각을 구성했고 독일 공군과 치열한 공방전을 벌였다. 전쟁 중에도 영국의 입장은 일관적이었다. 자국의 이권 수호. 제1차 세계대전 이후 흔들리고는 있었지만 여전히 영국은 세계 제국이었고 그 지위를 유지하고 싶어 했다. 영국은 제2차 세계대전이 '식민지 해체'로 이어지는 것을 원하지 않았다.

영국은 독일과 싸우기 위해 곧장 프랑스로 쳐들어가지 않았다. 만약 서유럽에 서부전선이 형성돼 독일군이 분산되면, 소련이 그 틈을 노리고 동유럽뿐 아니라 발칸반도 남부와 이탈리아반도까지 쳐들어올 수 있다고 생각했다. 만약 소련이 동부 지중해 일대를 장악하면 영국은 중동과 북아프리카 일대의 이권을 위협받게 된다. 따라서 영국군은 북아프리카를 거쳐 이탈리아로 상륙하는 지난한 전략을 선택하였다. 전쟁 마지막인 1944년에는 영국과 소련 사이에 '퍼센트 합의'가 이뤄지기도 했다. 서부와 남부 유럽은 영국이, 동부와 중부 유럽은 소련이 관리하겠다는 발상이었다.

여하간 전쟁은 가공할 수준으로 확대되었다. 프랑스를 손쉽게 제압한 독일은 영국 공군과 일진일퇴를 벌이는 가운데 소련 침공을 준비했고, 유고슬라비아와 그리스를 점령한 후 1941년 6월 175개 사단을 투입하여 소련을 쳐들어갔다. 불가침조약이 깨진 것이다.

소련은 독일의 공격 시점을 예상하지 못했다. 475만 명에 달하는 병력의 대부분은 공격 훈련에 집중했기 때문에 방어 능력이 부족했고, 전차 부대와 기계화 보병 부대를 해산하거나 분산 배치하는 등 허점 또한 여실했다. 독일군의 탱크는 북부의 레닌그라드, 중부의 모스크바, 남부의 키예프와 로스토프온돈을 향해 진격했다. 비알리스토크, 민스크를 넘어 키예프까지 함락했으며 우크라이나 일대도 점령하였다. 하지만 여기까지. 격전지에서 반전이 일어났다. 레닌그라드는 2년 반 동안 인구가 400만 명에서 250만 명으로 줄어들 만큼 혹독한 공격을 당했음에도 항복하지 않았다. 독일은 240개 사단을 투입해 다시금 소련을 압박했지만 스탈린그라드 전투에서 패배하고 만다. 1943년 1월 말 프리드리히 파울루스(Friedrich Paulus) 원수와 12만 명의 독일군은 소련군에 항복했고, 그해 가을부터 전세는 확연하게 역전된다.

같은 시기 영국의 버나드 몽고메리 장군(Bernard Law Montgomery)은 이집트에서 독일의 에르빈 롬멜(Erwin Johannes Eugen Rommel) 장군에 승리를 거뒀으며, 영국을 비롯한 연합군이 모로코와 알제리에 상륙하여 독일군을 북아프리카에서 몰아냈다. 연합군은 시칠리아를 거쳐 이탈리아로 쳐들어가 무솔리니 정권을 무너뜨렸고 1944년에는 노르망디 상륙 작전을 감행하였다. '제2전선(second front)'이 성립. 독일은 서유럽과 동유럽의 2개 전선에서 전투를 치러야 하는 곤란한 처지에 놓이게 되었다.

이즈음 소련은 독일을 압도하고 있었다. 빼앗겼던 영토의 대부분을 수복하였고 남부에서는 이반 코네프(Ivan Stepanovich Konev) 장군, 중부에서는 게오르기 주코프(Georgy Konstantinovich Zhukov) 장군, 북부에서는 콘스탄티 로코소프스키(Konstanty Rokossowski) 장군의 지휘하에 소련군은 세르비아, 헝가리, 오스트리아를 점령한다. 루마니아와 불가리아는 소련 편으로 돌아섰고, 유고슬라비아에서는 요시프 티토(Josip Broz Tito, 1892~1980)가 이끄는 유격대가 소련군과 합세했다.

미국, 유럽과 아시아에서
모두 승리하다

그리고 미국이 등장한다. 중립법(Neutrality Act, 1935)을 제정하는 등 전쟁 초기 미국은 관망하는 자세를 취했다. 그럼에도 미국은 영국 편이었다. 1940년 프랭클린 루스벨트(Franklin Delano Roosevelt, 1882~1945) 대통령은 영국에 50척의 구축함을 공급하였다. 지원의 대가로 버뮤다, 바하마, 자메이카, 세인트루시아, 트리니다드, 안티과, 영국령 기아나 등 영국 영토에서 미국이 99년간 군사기지를 운영할 수 있는 권리를 확보하였다.

1941년 미국은 '미국 방위에 중요한' 모든 국가, 특히 영국에 무기를 팔거나 빌려줄 수 있는 무기대여법(Lend-Lease Act)을 통과시켰다. 무기대여법은 이후 더 확대되어 소련 역시 지원을 받았고, 미 해군은 무기를 비롯한 각종 물자를 유럽으로 실어 날랐다.

그리고 1941년 12월 7일 오전 7시 55분, 일본의 진주만 폭격이 일어난다. 일본 폭격기들이 1시간 간격으로 두 차례에 걸쳐 하와이 진주만에 있는 미 해군기지를 타격한 것이다. 일본군의 공습으로 미국은 전함 8척, 순항함 3척, 군함 4척, 비행기 188대, 병사 2,400명을 잃었다. 미국은 즉각 반응했다. 다음 날 상원은 만장일치, 하원은 388대 1표로 대통령의 대일본 전쟁 선포를 승인하였다. 3일 후에는 상·하원 만장일치로 독일·이탈리아와의 전쟁 또한 승낙하였다. 대서양과 태평양에서 제2차 세계대전과 태평양전쟁을 향한 미국의 응전이 시작된 것이다.

1944년 미국이 참전한 연합국은 강력한 공세를 통해 독일을 몰아세웠다. 드레스덴 대공습을 통해 도시의 4분의 3을 파괴했으며, 약 300만 명의 병력이 노르망디 해안의 코탕탱반도로 상륙하여 4,000척의 함선에서 미국과 연합국의 병력이 쏟아져 나왔다. 생로 전투에서 오마르 브래들리(Omar Nelson Bradley) 장군은 독일 방어선을 완파했고, 조지 패튼(George Smith Patton Jr.) 장군이 프랑스를 향해 진격하는 가운데 자유프랑스 군대가 파리를 해방하였다. 독일군은 아르덴 숲에서 필사적으로 저항하였고 벌지 전투에서 상황을 뒤집으려 했지만 실패하고 말았다. 1945년 4월 25일 엘베강 유역의 토르가우에서 미국과 소련의 선봉 부대가 만났으며, 5월 2일에는 주코프 장군이 이끄는 소련군이 베를린을 함락하였다. 히틀러는 4월 30일에 이미 목숨을 끊었고, 5월 9일에 모든 전투가 종료된다. 독일이 항복한 것이다.

전쟁이 벌어지는 동안 미국은 약 800만 명의 군인을 동원했다. 1945년 기준으로 해외에 파견된 미 육군은 500만 명이었고, 그중 145만 명 정도가 태평양전쟁에 투입되었다. 조지 마셜(George Catlett Marshall) 장군이 이끄는 미 육군 산하 총 11개의 야전군 중 6개 군은 유럽, 3개 군은 태평양에서 싸웠다. 미 육

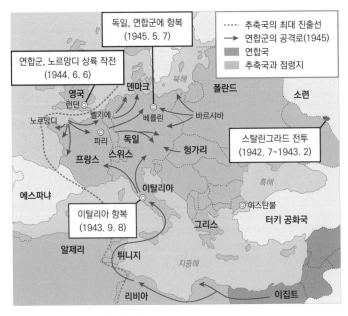

제2차 세계대전 당시 연합국의 반격

영국·프랑스의 몰락

군 항공대는 16개의 항공군 가운데 7개를 태평양전쟁에 투입하였다. 항공대는 1939년만 해도 2,470대의 비행기를 보유하였는데 1944년에는 7만 9,908대로 늘었다. 같은 시기 해군은 상륙정 8만 8,000척, 잠수함 215척, (최대 90대의 함재기를 탑재하는 대형과 16~26대를 탑재하는 소형을 합해) 항공모함 147척, 여타 군함 952척을 건조하였다. 해군은 별도의 항공 전력을 보유했다. 또한 어니스트 킹(Ernest Joseph King) 대장이 이끄는 6개 사단의 해병대가 태평양전쟁에 투입되었다. 특기할 점은 오스트레일리아가 태평양전쟁에 참여했다는 점이다. 6개 사단이 남서태평양 일대에서 더글러스 맥아더(Douglas MacArthur, 1880~1964) 장군이 이끄는 미군과 함께 일본군에 맞섰다. 뉴질랜드가 유럽 전선에 적극 참여한 데 비해 오스트레일리아는 태평양전쟁에서 중요한 역할을 했으며, 오늘날에도 남태평양의 강력한 동맹국으로 미국과의 연대를 이어가고 있다.

태평양전쟁 초기 일본은 놀라운 전과를 올렸다. 가장 유명한 전투는 말라야 진공 작전이었다. 야마시타 도모유키(山下奉文) 장군이 이끄는 제25군 예하 6만 병력은 아서 퍼시벌(Arthur Percival) 장군이 이끄는 영국군 8만 8,000명과 대치했다. 일본군은 남중국해에서 항공기를 동원해 프린스 오브 웨일스 진힘과 리펄스 순양함을 격침한 후, 불과 1개월여 만에 1,000킬로미터 이상 진격해 영국군을 싱가포르로 몰아넣었다. 일본군은 멈추지 않았다. 야마시타 장군은 3만 5,000명의 병력으로 말레이시아 남쪽 조호르 해협을 건너 영국군을 공격하여 단숨에 항복을 받아내었다. 포로만 13만. 1941년 12월부터 1942년 2월까지 단 3개월 만에 이뤄진 엄청난 성공이었다.

당시 미국 식민지였던 필리핀 공략 역시 수월했다. 혼마 마사하루(本間雅晴) 장군의 14군은 루손섬 링가옌만에 상륙한 후 마닐라를 함락, 곧장 바탄반도를 점령하였다. 일본군의 빠른 침공을 예상하지 못했던 필리핀 사령관 맥아더는 마닐라에서 바탄으로, 다시 코레히도르섬과 민다나오섬을 거쳐 오스트레일리아로 피신하였다. 일본은 홍콩과 웨이크섬 또한 장악한다.

이후 일본은 오늘날 인도네시아에 해당하는 네덜란드령 동인도제도를 공략하였다. 보르네오 근해 타라칸섬을 점령한 후 뉴브리튼섬 라바울의 오스트레일리아군을 격파했고, 암본을 공격할 당시에는 네덜란드와 오스트레일리아군 전원을 포로로 잡기도 했다. 자바해에서는 최초로 미국·영국·네덜란드·오스트레일리아의 순양함 5척, 구축함 9척이 참여한 함대전이 벌어졌지만 이 또한 일본군의 승리. 네덜란드령 동인도제도 역시 일본군의 수중에 들어갔다.

또한 일본은 태국 남부를 거쳐 버마(미얀마)에서 영국군 2개 사단을 밀어내며 랑군(현재의 양곤)을 점령하는 데 성공한다. 나구모 주이치(南雲忠一) 제독의 항모부대는 스리랑카 콜롬보의 영국군 기지를 공격하였고 이때의 공격으로 영국은 순양함 2척, 항공모함을 포함한 군함 7척을 잃어버린다. 비로소 일본이 동남아시아 전역을 장악한 것이다.

이제 어디로 갈 것인가. 육군은 인도를, 해군은 오스트레일리아를 공격하자고 주장했다. 야마모토 이소로쿠(山本五十六) 연합함대 사령관은 미국과의 최후 결전을 위해 미드웨이섬을 공격하는 구상을 했다. 지휘부는 뉴기니 포트모르즈비, 남솔로몬제도, 피지, 사모아, 뉴칼레도니아 등 남태평양을 장악하여 오스트레일리아를 고립시키고자 했다. '일본-조선-만주-중국-동남아시아-태평양'으로 이어지는 대동아공영권을 구축하고 영국을 인도에, 미국을 오스트레일리아에 묶는 전략을 취한 것이다.

하지만 이 시점부터 미국의 대반격이 시작된다. 최초의 결전지는 미드웨이섬. 일본이 태평양으로 나아가면 괌, 사이판, 웨이크섬을 거쳐서 미드웨이섬 그리고 하와이에 도착하게 된다. 하와이를 점령하면 미국 서부의 캘리포니아를 공격할 수 있다. 미국으로서는 미드웨이를 사수해야 본토를 지킬 수 있는 절박한 상황이었다.

1942년 5월 7~8일, 미국은 오스트레일리아 북서쪽 산호해에서 승리를 거두었다. 그로부터 1개월 후인 6월 5일에서 7일까지 미드웨이섬에서 일본군과 충돌하였다. 양측 모두 큰 손실을 봤지만 항공모함 3척이 파괴되는 등 일본의 피해가 훨씬 컸다. 미국은 미드웨이 해전에서의 승리를 통해 태평양 중부의 통제권을 확보하였고, 그로 인해 일본의 오스트레일리아 고립 작전은 물거품이 되고 말았다.

이후 미국과 일본은 태평양 각지에서 끝도 없는 전투를 벌였다. 뉴기니와 과달카날에서는 해전 못지않은 지상전이 벌어졌는데 일본은 뉴기니에서 1만 3,000명, 과달카날에서 2만 4,000명의 병력을 잃고 퇴각하였다. 해군 항공대의 피해 또한 엄청났다. 전투에서 승리한 미국과 오스트레일리아군의 피해도 컸다. 무려 2만 명이 말라리아에 걸리는 등 풍토병의 위세가 강했기 때문이다. 얼마 후 미국은 일본의 군사 암호를 해독, 일본의 국민 영웅 야마모토 제독이 탄 비행기를 요격하는 데 성공한다.

미국은 일본을 끊임없이 압도하였다. 맥아더 장군은 항공모함도 없이 해군의 지원조차 원활하지 않은 상태에서 대담한 작전에 돌입한다. 1944년 2월 29일 애드미럴 군도의 로스 네그로스를 점령한 후 뉴기니 북쪽 해안에 상륙해 일본군 4만을 고립시켰다. 그리고 아이타페, 홀란디아, 와크데, 비아크, 노엠푸르, 산사포르를 점령하는 등 약 3개월 동안 무려 1,400킬로미터를 진격하는 경이적인 전과를 올렸다.

같은 시기 체스터 니미츠(Chester William Nimitz, 1885~1966) 제독이 이끈 미국 해군은 '마리아나의 칠면조 사냥(Great Marianas Turkey Shoot)'으로 불리는 엄청난 전과를 이룬다. 일본 항공기 400대가 격추되는 동안 미국의 손실은 30대밖에 안 될 정도였는데, 일본은 항공모함 3척을 잃고 3만여 명의 사망자가 나는 등 뼈아픈 패배를 경험하였다. 그 결과 제1차 세계대전부터 지배해온 마리아나제도를 잃었으며, 사이판·괌·티니안 등을 미국에 빼앗겼다. 이제 오키나와를 비롯하여 일본열도가 위협받게 된 것이다.

마리아나제도를 빼앗기면서 필리핀 또한 위험에 처했다. 일본에 있어 필리핀은 핵심 지역이었다. 필리핀을 빼앗기면 그간 점령했던 동남아시아의 모든 지역이 위태로워지고, 무엇보다 필리핀은 고무·주석·석유 같은 자원의 보고였다.

미국은 레이테만을 거쳐 필리핀의 루손섬으로 진격했다. 일본은 열세를 극복하고자 필리핀 방어전에서 자살 공격 비행기인 '가미카제'를 동원하였다. 조선 초대 총독 데라우치 마사타케(寺内正毅, 1852~1919)의 장남 데라우치 히사이치(寺内寿一)는 25만 병력으로 필리핀을 지키고자 했다. 가미카제의 공격이 이어지는 가운데 25척의 배가 피해를 보았음에도 미국 제6군 17만 5,000명은 루손섬 링가옌만에 상륙하는 데 성공하였다. 그리고 10개 사단이 동원된 태평양전쟁 사상 최대 규모의 전쟁이 시작되었다. 상륙 작전, 전차전, 공수 작전, 게

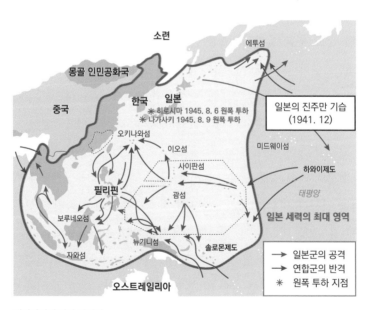

태평양전쟁 당시 격전지

릴라전 등 다양한 작전이 구사되면서 1945년 1월부터 6월까지 섬 곳곳에서 피비린내 나는 전투가 이어졌다. 미군은 8,000명이 죽었고 3만 명이 부상을 당했으며, 일본군 사상자는 19만 명에 달했다. 결과는 미국의 승리. 일본이 오랫동안 만들어온 대동아공영권이 근본적인 수준에서 무너졌다.

같은 시기 이오지마 방어선도 붕괴되었다. 동서로 8킬로미터 정도밖에 안 되는 작은 섬이지만 일본군 사령관 구리바야시 다다미치(栗林忠道) 장군은 섬 전체를 벙커와 땅굴 등 지하 요새로 만들어 끈질기게 저항하였다. 미군은 10만 명 이상의 병력을 투입하였지만 고전이 계속되었다. 해병대 24개 대대 중 19개 대대의 지휘관이 사망하거나 부상을 당했고, 군인 6,821명이 죽었으며 2만여 명이 부상을 당했다. 그리고 섬을 지키던 일본군 2만 1,000명은 거의 전원이 전사하였다. 태평양전쟁 기간 가장 처절하고 치열했던 전투에서 미국은 간신히 승리를 거두었다.

이오지마를 점령한 미군은 오키나와로 향했다. 미국은 전함 18척, 항공모함 40척, 구축함 200척을 포함해 1,300척의 배를 동원했으며 영국의 태평양함대도 참여하였다. 일본군은 1,900회에 달하는 가미카제 공격을 퍼부으며 어떻게든 미군을 막고자 했다. 레이먼드 스프루언스(Raymond Ames Spruance) 제독이 이끄는 미국 제5함대는 36척의 배가 침몰하고 368척의 배가 손상을 입을 정도로 어려움을 겪었다. 하지만 이번에도 미국의 승리. 2개월 이상의 전투로 미군 사상자는 7,000명이 넘었고 일본군은 전사자만 7만 명이 넘었다.

이제 이오지마와 오키나와는 미군 폭격기가 이륙할 수 있는 항공기지 역할을 하게 된다. 일본 본토 폭격. 커티스 르메이(Curtis Emerson LeMay) 장군은 B-29 폭격기를 동원하여 야간 저공 침투를 감행하였다. 1945년 3월 9~10일 B-29 334대가 도쿄의 시타마치 구역에 엄청난 소이탄을 투하하였다. 3시간 동안의 폭격은 약 41.44제곱킬로미터 구역을 불바다로 만들었다. 이 폭격으로 수백 개의 공장이 부서지고 약 10만 명의 일본인이 사망하였다. 같은 달에 미군은 나고야, 오사카, 고베에도 무시무시한 폭격을 가했다.

이즈음 유럽 전선에서 전쟁을 끝낸 소련군이 만주로 쳐들어왔다. 얄타회담에서 미국의 요구를 받아들인 것이다. 80개 사단이 만주 지역을 양면으로 포위 섬멸하는 작전을 준비했다. 중국은 끝까지 항전하였고 버마 일대에서는 영국군의 반격이 시작되었다. 이렇게 패배가 임박했음에도 일본은 결전을 각오하며 항복을 거부하였다.

그리고 핵폭탄. 미국이 핵 개발에 성공한다. 육군 공병단의 맨해튼 기술국에서는 수년간 매해 10억 달러가 넘는 돈을 쏟아부었는데, 드디어 로버트 오펜하이머(Julius Robert Oppenheimer) 박사가 이끄는 일단의 과학자들이 뉴멕시코주의 앨라모고도 근처 사막에서 핵폭탄 실험에 성공한 것이다. 1945년 8월 6일, 미국은 히로시마에 핵폭탄을 투하했고 며칠 후 나가사키에도 핵폭탄을 쏘았다. 8월 8일에는 소련군이 일본에 선전포고를 했고, 작전을 개시해 만주 일대의 일본군을 단숨에 격파하며 한반도 인근에 이르게 된다.

패망. 1945년 8월 14일 천황은 항복을 선언하였다. 일본 제국주의가 무너진 것이다.

전쟁의 양상을 바꾼 폭격의 역사

두 차례의 세계대전 그리고 태평양전쟁을 통해 인류는 '폭격'이라는 새로운 문제를 마주하게 된다. 공군 기술이 발전하면서 폭격 기술 또한 중요해졌다. 제1차 세계대전 때만 하더라도 대형 대포를 장착한 군함들 간의 교전이 중요했다. 하지만 미국의 윌리엄 미첼(William Mitchell)이 공개실험을 통해 MB2 폭격기

편대의 900킬로그램 폭탄 6발로 전함 오스트프리슬란트를 21분 만에 침몰시켰다. 항공기 공격의 우월함을 입증하기 위한 실험이었고 폭격기의 위상이 높아졌음을 확인한 순간이기도 했다.

비슷한 시기 이탈리아의 줄리오 듀헤(Giulio Douhet)는 《제공권》이라는 책을 써서 무차별 폭격론의 가치를 설파하였다. 상대국의 전의를 꺾으려면 "군인과 민간인을 가리지 않고" 폭격을 해야 한다는 주장이었다. 폭격이 전쟁의 장기화를 막을 수 있으며 오히려 대량의 인명 살상을 줄일 수 있다고 보았다. 듀헤는 폭격의 방식을 세 가지로 분류했다. 고성능 폭탄, 강력한 화염을 일으키는 소이탄 그리고 독가스탄. 이 세 가지 개념을 결합한 것이 핵폭탄이었다.

제2차 세계대전 당시 각국은 폭격 능력을 강화하였고 상대 국가에 폭탄을 쏟아부었다. 일본 또한 예외가 아니었다. 일본은 만주사변(1931) 당시 진저우에 25킬로그램짜리 소형 폭탄 75발을 투하하였다. 피해는 크지 않았지만 제1차 세계대전 이후 첫 도시 폭격으로 선전되는 등 당시 큰 논란을 불러일으켰다. 중일전쟁(1937) 당시 일본은 해군 항공대를 기반으로 중국의 도시들을 폭격하였다. 96식 육상공격기 20대가 타이완, 나가사키에서 출발해 난징을 폭격하는 등 난징이 함락될 때까지 100회가 넘는 폭격을 감행하였다. 국민당 정권이 충칭으로 피해 가자 이곳 역시 타깃이 되는데, 1938년부터 1943년까지 5년여 동안 216회에 걸친 폭격이 이루어졌다. 폭격하는 와중에 독가스나 세균을 살포했는데 1941년에는 저장성, 후난성 등을 표적으로 페스트균을 배양한 벼룩을 특수 폭탄에 가득 채워 떨어뜨렸다. 이 지역에서는 페스트 벼룩으로 인한 감염과 발병 사례가 5년 동안 계속되었다.

폭격의 방식을 둘러싸고 군사 전략가들 사이에서는 이견이 있었다. 정밀 타격을 통해 군사적으로 유효한 곳만 공격할 것인가, 아니면 표적지 일대를 무차별적으로 폭격해 초토화할 것인가. 하지만 현실은 논쟁을 무색하게 만들었다. 제2차 세계대전 당시 독일은 161개 이상의 도시가 폭격을 당했고 최소

60만 명 이상의 민간인이 희생되었다. 전쟁 사망자 비율을 보면, 제1차 세계대전 당시 민간인 사망자가 6%였던 데 비해 제2차 세계대전에서는 60%를 차지하였다.

아서 해리스(Arthur Travers Harris) 영국 폭격기 집단 사령관을 비롯한 영국 공군 참모본부는 폭격의 목표를 '비전투원, 특히 공장 노동자'로 맞추기도 했다. 영국은 북부 독일의 뤼베크, 로스토크를 200여 대의 비행기와 고성능 폭탄, 소이탄 등을 동원해 잿더미로 만들었다. 독일은 보복 조치로 '베데커(Baedeker) 폭격'을 감행하여 캔터베리, 배스, 요크 등 5곳을 폭격하였다. 이에 대응하여 해리스 장군은 "1개 도시에 1시간 반에 걸쳐 1,000대의 폭격기를 한꺼번에 보내 대폭격을 실시"하고, 동시에 "고성능 폭탄과 소이탄을 적절하게 배합해 소방-구호 활동을 무력화하고 도시 자체를 불태우는" 계획을 세웠다. 심지어 화재 발생 후 도착할 소방대원을 죽이기 위해 조금 늦게 터지는 신관을 폭탄에 섞어놓았으며, 이는 쾰른 폭격을 통해 현실화된다.

1943년, 독일의 함부르크를 공격하는 '고모라 작전'에서 영국군은 함부르크 중심가 알트슈타트를 겨냥하였다. 폭격을 당한 도시는 폭탄으로 인한 불 회오리와 소이탄에 의한 화재가 겹치면서 불덩어리에 휩싸였다. 이 열로 상공 대기의 온도가 높아지면서 강력한 흡인력이 발생했고 그로 인해 외부로부터 신선한 공기가 유입되면서 더욱 엄청난 화염 폭풍이 일어났다.

> 공원이나 광장에서는 나무들이 쓰러지고 불타는 벤치가 공중으로 내던져졌다. 모든 큰 나무가 송두리째 뽑혀 나갔다. '화염 폭풍'이 집집마다 문을 부순 후, 불길은 현관, 복도로 조용히 퍼져나갔다. '화염 폭풍'은 붉은색 눈보라처럼 보였고 열은 전 시가지의 블록을 불타오르는 지옥으로 만들었다.
>
> – 아라이 신이치,《폭격의 역사》중

1945년 드레스덴 폭격에서는 공업시설 23%, 일반 건물 56%가 중대한 피해를 입었다. 7만 8,000채의 가옥이 완전히 무너졌고 부근에 있던 연합군 포로수용소와 2만 6,000명의 포로 또한 폭격으로 사라져버렸다.

무서운 광경을 보았다. 불에 탄 어른들이 어린아이 크기로 줄어들었다. 손발의 파편, 죽은 사람, 가족 전부가 불에 타 죽기도 했다. 불이 붙은 채로 사람들이 뛰어다니고 불에 탄 자동차는 난민, 죽은 구호대원, 군인들로 가득했다. 아이, 가족의 이름을 부르며 찾아다니는 사람도 많았고 가는 곳마다 불, 불뿐이었다. 화염 폭풍의 열풍이 불타고 있는 사람들을 화염에 휩싸인 집으로 밀어 넣었고 사람들은 그곳에서 어떻게든 빠져나오려고 했다.

- 아라이 신이치, 《폭격의 역사》중

히로시마와 나가사키에 떨어진 핵폭탄은 폭격의 역사가 만들어낸 의미심장한 결론이었다. 이제 인류는 스스로를 멸종시킬 수 있는 핵폭탄을 짊어지게 되었으며 폭격이 일상이 되는 시대로 나아가게 되었다.

미국이 만든 세계

세계 제국 등장

세계제국 등장
그럼 우린 동유럽을 차지하겠다.
소련
여기는
2차 방어선!
일본
남한
괌
하와이
중국
사이판
필리핀
중국은 불안하고,
남한은 글쎄….
역시 일본밖에!
호주
여기까진
1차 방어선!
확실한 동맹국들이지!

잠시 제2차 세계대전 초기로 돌아가 보자. 1941년 8월 14일 미국 루스벨트 대통령과 영국 처칠 총리는 '대서양헌장'을 발표한다.

우리 국가들은 영토적 팽창 및 다른 팽창을 추구하지 않는다. (…) 우리는 모든 국민이 그들이 영위할 정부의 형태를 선택할 권리를 존중한다. 우리는 강제적으로 약탈된 주권과 자치권의 회복을 희구한다.

- 대서양헌장 제1조와 제3조 중

우리는 강대국과 약소국, 전승국과 패전국을 막론하고 모든 국가가 경제적 번영을 누리기 위해서 무역과 세계의 천연자원에 대한 평등한 접근권을 누리도록 의무감으로 충실히 노력한다.

- 대서양헌장 제4조

세계 제국 등장

대서양 선언은 제1차 세계대전 당시 우드로 윌슨(Thomas Woodrow Wilson)의 민족자결주의를 계승하여 유럽 제국주의가 주도하는 식민주의를 배격했다. 대신 '자유무역'을 천명하였다. 비판적인 입장에서 본다면 '손쉬운 제국주의'라고 할 수 있다. 식민지와 같은 직접 지배를 포기하되 경제적 이권은 장악하겠다는 발상이니 말이다. 그럼에도 과거 영국·프랑스가 주도해온 식민지 체제를 부정한다는 데서 의미 있는 발상이었다. 루스벨트 대통령의 친구이자 재무부 상관이었던 헨리 모겐소(Henry Morgenthau Jr.)는 '영토 확장을 꾀하지 않는 것'을 제국주의가 아닌 것으로 규정했다.

> 무력의 사용을 포기해야 한다고 믿는다. (…) 우리는 보다 포괄적이고 항구적인 집단안보체제의 수립을 기다리는 동안 이런 국가들의 군비축소가 필수적이라고 믿는다.
>
> — 대서양헌장 제8조 중

식민주의를 포기한다는 것은 열강 간의 갈등을 해소하겠다는 발상이었다. 즉, 세계대전 같은 전쟁의 원인이 식민지 쟁탈전이었기 때문에 이를 포기해야 한다는 것이다. 각 국가는 무력의 사용을 포기하고 군비를 축소해야 한다. 무엇보다 세계 평화를 지킬 수 있는 '집단안보체제'를 마련하여 이를 관철하겠다는 생각이었다.

미국 중심의 국제 질서

미국은 1778년 독립 당시 프랑스와 동맹을 맺었을 뿐 유럽 국가들과 동맹을 맺거나 군사적 협력을 모색한 적이 없었다. 하지만 제2차 세계대전 당시에는 영국과 통합참모본부를 구성했고, 소련과도 긴밀한 협조체제를 유지했다. 루스벨트는 여기에 중국을 포함하여 '4대 강대국 경찰론'을 제안하는 등 제2차 세계대전 이후의 국제 질서 역시 현실적인 동맹체제, 다시 말해 힘의 연합을 바탕으로 한 국제 질서를 구상하였다.

동시에 미국은 매우 현실적이었으며 새로운 형태의 패권체제를 구축하기 위해 노력하였다. 우선은 라틴아메리카 국가들과의 관계를 더욱 강화하였다. 리우데자네이루 범미주회의(1942.1.15)에서는 아르헨티나를 뺀 대부분의 아메리카 국가가 독일 등 추축국(樞軸國, 제2차 세계대전에서 연합국에 대항해 싸운 국가)과 단교를 선언하였다. 멕시코는 필리핀에, 브라질은 이탈리아에 군대를 파병하였다. 미국은 파나마운하 방어를 명분으로 과테말라에 공군기지를 설치했고 미주방위협의회(Inter-American Defense Board, 1942.3.30)를 설립했으며, 전쟁 막바지인 1945년에는 '전쟁과 평화에 관한 미주회의(Inter-American Conference on Problems of War and Peace)'에서 아메리카 전체 방위를 결의한 '차풀테펙규약(Act of Chapultepec)'을 채택하였다. 아메리카에 있는 어느 한 나라라도 공격받으면 그것은 곧 아메리카에 대한 위협이다. 선언의 요지는 명확했다.

미 합참 정보 보고서(1943.8.22)를 보면 제2차 세계대전의 목표는 독일의 유럽 제패를 격퇴하는 것이기도 했지만, 소련의 유럽 지배를 막는 것이기도 했다. 보고서는 소련의 지도자 스탈린이 히틀러와 같은 패권주의적 야심은 적지만 독일이 무너지면 유럽의 패권이 소련으로 넘어갈 가능성이 있다고 보았다. 1·2차 퀘벡회담(1943, 1944)을 통해 영국은 미국의 우위를 인정했으며 같은 시기 '랭킨(RANKIN) 계획'에 합의를 보았다. 소련이 독일을 단독으로 점령하면 안 되기 때문에 이에 대비한 미국과 영국의 합동 군사 작전을 약속한 것이다.

영국은 동아시아에도 이해관계가 얽혀 있었다. 버마-말레이시아-싱가포르는 영국의 식민지였고, 상하이에서 홍콩까지 남중국에서도 오랫동안 견고한 지위를 누렸다. 미국은 유럽에서 소련을 대하듯 동아시아에서 영국의 지위를 박탈하는 데 주저함이 없었다. 일본의 영향력을 독일만큼 철저하게 약화시키되 그 자리를 영국이 아닌 중국이 대신해야 한다고 확신했다. 그러한 원칙에 따라 카이로회담(1943)에 중국의 지도자 장제스(蔣介石, 1887~1975)를 불러들였으며 영국의 반대에도 불구하고 한반도의 독립을 명문화했다.

세 연합국은 인민이 노예적 상태에 놓여 있음을 유념하면서 한국이 적절한 시기에 자유롭고 독립적인 국가가 될 것임을 결의한다.

- 카이로회담 내용 중

그 덕에 한반도는 당시 세계의 수많은 식민지 중 유일하게 명문화된 독립을 약속받는다. 충칭임시정부의 노력과 장제스의 동아시아 패권 전략 등이 결합

앞줄의 왼쪽부터 차례대로 카이로회담 당시 중국의 장제스 총통, 미국의 루스벨트 대통령 그리고 영국 처칠 수상의 모습이다. 장제스는 임시정부와의 협의를 바탕으로 즉각적인 한반도의 독립을 요구하였다.

했으며, 저변에는 미국이 주도하는 동아시아 신질서 구상이 있었다.

미국이 주도하는 새로운 세계 질서, 민족자결주의, 자유무역주의, 집단안보 체제는 주사위의 각 면처럼 일체화된 형태로 맞물렸다. 루스벨트 대통령은 낙관적이었다. 공산주의 국가 소련 역시 변화할 것이고 신생 독립국들 역시 민주주의 국가로 거듭나리라고 믿었던 것이다. 세계대전이 끝날 무렵 미국의 외교전은 승승장구했다. 테헤란회담(1943)에서는 이란을 둘러싼 영국과 소련의 갈등, 폴란드와 독일의 영토 문제, 독일 분할 통치 문제, 소련의 대일 참전 문제, 국제기구 설립 문제 등에서 의미 있는 합의를 끌어냈다. 얄타회담(1945)에서는 쿠릴열도와 남사할린 등의 일본 영토 할양, 만주에서의 철도·항만에 관한 이권 확보, 폴란드와 소련 간 새로운 국경선 합의 등 여러 분야에서 합의를 도출하였다. 이때 소련의 이해관계를 적극 반영했는데 그 대가로 소련은 국민당 정권을 중국의 합법적 정부로 인정하였고, 독일 항복 후 3개월 내로 일본을 침공할 것이며, 독일 점령에 프랑스의 참여를 인정했다. 그리고 덤버턴오크스회의(1944), 샌프란시스코회의(1945)를 거쳐 국제연합(United Nations, UN)이 만들어진다. 많은 것들이 미국의 구상대로 진행되고 있었던 셈이다.

냉전 시작:
모든 것이 미국의 뜻대로 되진 않았다

하지만 모든 것이 미국의 뜻대로 되지는 않았다. 오히려 세계는 점점 미국의 손아귀에서 벗어나고 있었다. 테헤란회담과 얄타회담은 결코 완전하지 않았다. 테헤란회담 당시 폴란드 망명정부를 두고 미국·영국은 소련과 합의를 보지 못했다. 런던에 폴란드 망명정부가 있었으나 소련의 루블린에도 망명정부가 있었고 각자는 자신들이 후원하는 정부를 세우고 싶어 했다. 이 문제를 두고 얄타회담 당시 미국·영국이 자유롭고 민주적인 선거를 통한 해법을 제안했지만 합의에 이르지 못했다.

1945년 4월 루스벨트 대통령이 사망하자 부통령 해리 트루먼(Harry Shippe Truman, 1884~1972)이 이를 계승했고, 이후 연임에 성공하면서 미국의 전후 질서는 트루먼 대통령이 주도하게 된다. 영국 역시 전쟁이 끝나자 처칠이 아닌 클레멘트 애틀리(Clement Richard Attlee)가 이끄는 노동당 내각이 들어선다. 전쟁은 끝났고 민심도 변한 것이다.

종전 직전에 진행된 포츠담회담(1945.7.26)은 실패한 회담이었다. 테헤란회

앞줄 왼쪽부터 차례대로 애틀리, 트루먼, 스탈린. 포츠담회담 당시의 모습. 영국은 처칠에서 애틀리로, 미국은 루스벨트에서 트루먼으로 바뀌었다. 그리고 얄타회담 이후에는 중국의 장제스가 아닌 소련의 스탈린이 회담의 주인공이 되었다.

담과 얄타회담에서의 난제를 해결하지 못했고, 오히려 이견이 구체화되었다. 폴란드에는 친공산주의 정권이 들어섰는데 국경선 논란이 심각해졌다. 나이세강 서부냐 동부냐를 두고 갈등이 심화됐고, 소련이 단독으로 국경선을 결정하였다. 헝가리·불가리아·루마니아의 정부 수립을 두고 미국의 제안을 소련이 반대했고, 흑해에서 지중해로 나오는 보스포루스와 다르다넬스 해협의 항해 통제권에 대한 소련의 요구를 미국이 거절하였다. 소련이 전후 복구를 위해 자금 지원을 요청하자 미국이 난색을 보였고, 소련도 미국이 일본을 단독으로 점령한 것에 불만을 드러냈다. 동유럽 지역에 대한 소련의 영향력이 강화되자 미국 언론은 본격적으로 공산주의 정권을 비판하였다. 1945년 12월, 전쟁이 끝난 지 불과 몇 개월 만에 미국과 소련은 서로를 위협적이며 도전적인 세력으로 인식하게 되었다.

1946년에는 이란에서의 갈등이 심각해졌다. 1941년 독일이 소련을 침공하자 영국과 소련은 공동으로 군대를 파견해 이란 국왕을 몰아낸다. 바쿠 유전지대를 독일로부터 보호하며 이란의 유전지대를 확보하려는 계산이었다. 미국 역시 이곳에 페르시아만 사령부를 설치해서 500만 톤에 달하는 전시물자를 소련에 지원하였다.

테헤란회담에서는 제2차 세계대전이 끝난 후 6개월 이내에 모든 외국군을 철수하기로 합의하였다. 하지만 소련은 철군을 미룬 채 점령 지역에서 공산주의를 선전하고 쿠르드 민족주의를 선동하며 갓 성립한 아제르바이잔 자치공화국에 이란의 유전지대를 포함코자 했다. 이때 미국을 방문한 처칠이 '철의 장막'이라는 유명한 연설을 하면서 소련의 위협을 공식화하였다. 미국은 국제연합 안전보장이사회를 통해 공식적으로 소련을 비난했으며, 소련이 철군하면서 상황은 일단락된다. 이 사건을 통해 국제연합의 국제적 위상은 올라갔지만 소련이 국제연합을 불신하게 되는 결과를 낳고 만다.

미국의 원자력 정책 또한 문제가 되었다. 국제연합 총회 결의로 국제연합원자력위원회(UNAEC)가 만들어지고 미국 국무부는 〈애치슨-릴리엔솔 보고서〉라는 원자력 국제 관리 방안을 제출한다. 보고서의 핵심 내용은 유엔이 원자력에 대한 관할권을 확립하고 나면 기존 핵무기는 파괴하고 추가 핵무기 개발은 동결한다는 내용이었다. 비판을 받을 여지가 큰 주장이었다. 미국이 유엔을 통제하는 상황에서 유엔이 핵무기를 관할하겠다? 이는 미국이 핵무기 개발을 통제하겠다는 발상 아닌가. 또한 추가 핵무기 개발을 동결한다는 말은 미국을 제외하고 나머지 나라의 핵 개발을 통제하겠다는, 실상 소련의 핵 개발을 막겠다는 생각 아닌가. 더구나 이 보고서는 유엔에 제출되기 전에 "안보리 거부권과 관계없이" 핵무기 개발을 제재한다는 내용이 추가되기도 하였다. 미국 일방주의를 노골적으로 드러낸 보고서였다. UNAEC는 이 안을 수용했고 유엔 총회에서도 승인했다. 하지만 소련의 반대로 보고서 채택은 무산되고 말았다. 미국은 목표를 달성하지 못했고, 소련은 유엔을 더욱 불신하게 되었다.

　미국과 소련의 갈등이 계속되던 1946년 2월 모스크바 주재 미 대리공사 조지 케넌(George Frost Kennan)이 국무장관 제임스 번스(James Francis Byrnes)에게 유명한 장문의 보고 전문을 보낸다. 내용을 요약하면 다음과 같다. 소련은 필연적으로 팽창 정책을 펼칠 것이다. 소련의 내부는 불안하며, 강력한 권력을 유지할 수 있는 효과적인 선택은 강력한 대외정책밖에 없기 때문이다. 더구나 스탈린은 잔혹하고 가혹한 통치 방식밖에 모르며, 국제관계에서도 적대적인 정책을 선택할 수밖에 없다. 따라서 미국은 관용이 아닌 봉쇄 정책을 펼쳐야 한다. 싸워서 무너뜨리는 것이 아니라 철저하게 통제해 스스로 붕괴하게 해야 한다.

　케넌은 미국의 외교 정책을 근본적인 수준에서 전환해야 한다고 주장했고 보고서는 큰 반향을 일으켰다. 미 국무부는 케넌에게 치하 전문을 보냈고, 해군 장관 제임스 포레스털(James Vincent Forrestal)이 고위 장교들에게 이 글을 소개하였다. 트루먼 대통령은 마셜을 국무장관에 임명하고, 마셜은 케넌을 초대 국무부 정책기획실장에 앉힌다.

그리고 중대한 위기가 발생하였다. 그리스. 영국군이 그리스에 진주하고 있음에도 그리스의 공산주의자들은 무장투쟁을 포기하지 않았다. 1946년 하반기가 되자 유고슬라비아, 불가리아, 알바니아로부터의 지원에 힘입어 게릴라 투쟁은 한층 가속화되었고 인접한 터키(튀르키예) 역시 비슷한 상황이었다. 트루먼 대통령은 의회에 4억 달러 원조를 요청했고 '그리스-터키 원조 법안'이 통과된다. 단순한 원조가 아니었다. 공산주의의 확산을 막고 그리스·터키의 자유를 지키겠다는 의지의 천명이었다. 일명 트루먼 독트린. 비로소 냉전(Cold War)이 시작된 것이다.

미국과 소련은 협력과 공존이 아닌 반목과 경쟁을 벌이면서 노골적으로 냉전 구조를 강화해갔다. 헝가리·루마니아·불가리아 등 동유럽 국가들은 빠른 속도로 공산화되었고, 체코슬로바키아에서도 공산주의 쿠데타가 일어난다. 체코슬로바키아는 종전 이후 에드바르트 베네시(Edvard Beneš) 대통령, 얀 마사리크(Jan Garrigue Masaryk) 외무부 장관 그리고 공산주의자 클레멘트 고트발트(Klement Gottwald) 수상 등이 주도하는 연합 노선이 2년 이상 안정적으로 국가를 운영하였다. 하지만 냉전이 본격화되면서 경찰 조직을 장악한 공산주의자들이 소련군의 도움을 받아 반대 진영의 지도자들을 마구 체포하였다. 대량 학살을 막기 위해 베네시 대통령은 고트발트 수상에게 정권을 넘길 수밖에 없었다. 그리고 2주 후 뼈가 부서진 외무부 장관 마사리크의 시체가 외무부 관저에서 발견되었는데, 당국은 사인을 자살로 발표하였다. 폭력적인 체코슬로바키아 공산화는 공산주의에 대한 두려움을 극도로 확산시켰다.

그리고 독일. 패전국을 어떻게 처리할 것인가는 냉전의 고착화에 가장 중요한 지렛대가 되었다. 이탈리아의 처리를 두고 이미 미국과 소련은 갈등을 겪었는데 독일의 전후 처리는 훨씬 광범위한 문제를 일으킨다. 제2차 세계대전 이

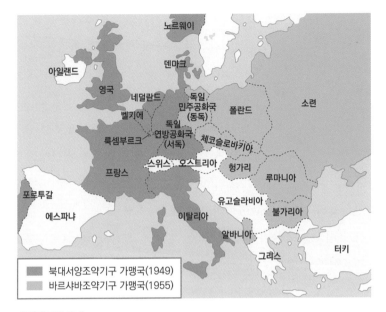

유럽의 냉전 체제

후 독일은 점령 국가들에 의해 4개로 나뉘어 분할 통치가 이뤄졌다. 수도 베를린은 소련 점령 지역 안에 있었지만 상징성을 고려해 별도로 다시 분할되었다. 하지만 소련 점령 지역을 제외한 나머지 지역에서 우파 정당인 기독교민주당이 승리하였고 이들 지역이 통합되면서 '서독 정부'가 구성된 것이다. 이에 소련은 서독 지역에서 베를린으로 들어오는 육상교통로를 모조리 막는 '베를린 봉쇄(Berlin Blokade)' 조치를 취한다. 1948년 6월부터 1949년 5월까지, 200만 명의 서베를린 시민을 담보로 강도 높은 시위를 벌인 셈이다. 이에 대응해 미국은 항공기를 동원하였다. 10월까지 5,000톤에 달하는 물자가 템펠호프 비행장으로 공수됐고, 1949년 4월에는 하루 동안 1,398대의 비행기가 1만 2,941톤의 물자를 공수했다. 비행기가 61.8초에 1대씩 도착했고 약 1년간 무려 230만 톤의 물자가 공수되는 등 보이지 않는 힘겨루기가 벌어진 것이다.

트루먼 독트린은 마셜 플랜과 북대서양조약기구(North Atlantic Treaty

Organization, NATO) 창설로 절정에 달하였다. 서유럽의 원조와 부흥을 위한 마셜플랜회의(1947.7.12)가 16개국이 참가한 가운데 개최됐고, 회의를 통해 유럽경제협력위원회(Committee for European Economic Co-operation, CEEC)가 창설되었다. 트루먼 대통령은 170억 달러 규모의 유럽재건계획(European Recovery Program, ERP)을 연방의회에 제출했으며, 의회는 4년간 125억 달러를 승인하였다. 막강한 물적 지원을 통해 공산주의의 확산을 막는 경제 봉쇄 정책을 현실화한 것이다. 회의에 참석했던 소련 외무부 장관 몰로토프는 유럽을 노예로 만들려는 미 제국주의의 음모라고 규탄하면서 퇴장하기도 했다.

같은 시기 미국은 캐나다와 함께 영국, 프랑스, 벨기에, 네덜란드, 룩셈부르크와 브뤼셀협약을 맺어 서유럽의 결속을 강화하였다. 또한 반덴버그(Arthur Hendrick Vandenberg) 상원의원은 유엔헌장 제51조에 따라 지역안보체제나 집단안보체제에 미국이 참여하는 것을 지지하는 결의안을 상원에서 통과시켰다. 이를 바탕으로 기존의 브뤼셀협약 가입국에 이탈리아, 덴마크, 노르웨이, 포르투갈, 아이슬란드 등 5개국이 참여하여 12개국 집단안보협정을 맺는다. 그리고 1949년 북대서양조약을 체결하고 이에 근거해 북대서양조약기구(NATO)를 설립하였다. 곧바로 그리스·터키가 가입했으니 이제 북대서양위원회(North Atlantic Council)가 지휘하는 막강한 군사동맹이 만들어진 것이다. '프랑스-이탈리아-그리스'를 엮어 지중해를 지배하며 '덴마크-아이슬란드-그린란드'를 이어 북해와 북대서양을 장악하겠다는 미국 주도의 새로운 방위선 혹은 세계체제가 등장한 것이다.

미국의 전후 행보는 루스벨트 시기의 외교 정책은커녕 기존의 미국 역사와도 다른 길로 내달았다. 자국 역사상 처음으로 거대한 동맹체계를 구성했고 소련과 공산주의 진영에 대항하는 집단안보체제를 완성했다. 이제 미국은 유럽 내 전략적 요충지를 마음껏 사용하게 되었으며 유럽 국가들의 군사 정책에 합법적으로 개입할 수 있게 되었다. 특기할 점이 있다. 미국이 독재자 안토니오

살라자르(Antonio de Oliveira Salazar)가 지배하던 포르투갈을 동맹국으로 받아들인 것이다. 포르투갈이 지중해와 대서양을 잇는 요충지였기 때문이다. 소련과 공산주의의 봉쇄, 냉전에서의 승리를 위해 독재국가를 용인하는 미국식 관용(?)이 본격화된 사건이다.

미국은 멈추지 않았다. 리우조약(Rio Treaty), 미주기구(Organization of American States, OAS)를 통해 아메리카 대륙의 동맹을 재확인했으며 중동 국가들의 심각한 반발에도 불구하고 이스라엘 건국을 승인하였다. 영국의 뒤를 이어 이슬람 세계에 대한 영향력을 강화한 것이다. 이에 반해 동아시아에 대해서는 미온적인 태도를 유지하였다. 미국의 주요 지도자들은 언제나 유럽 문제를 최우선으로 했으며, 적당한 수준에서 장제스의 국민당 정권을 지원하는 데 만족하였다. 중국에서 벌어진 국민당과 공산당의 극심한 갈등에 적극적으로 개입하지 않았고, 한반도와 일본 문제 역시 느슨하게 대처했다. 그리고 그러한 태도는 동아시아 각국의 형성과 발전에 주요한 영향을 미치게 된다.

미국이 주도하는 세계 경제 시스템, 브레턴우즈 체제

미국은 새로운 세계 질서를 상정하면서 자유무역주의를 천명하였다. 이를 구체화하기 위해 1944년 44개국이 참가한 가운데 브레턴우즈회의가 열린다. 금본위제와 고정환율제에 근거해서 환율을 통제하고 이를 통해 국제 무역을 안정시킨다는 것이 기본 입장이었다. 하지만 금은 많지도 않을뿐더러 주로 남아프리카공화국이나 소련 같은 특정 국가에 몰려 있었다. 이 문제를 해결하기 위해 금 1온스당 35달러로 금과 달러의 가치를 고정하였고, 언제든지 달러와 금의 교환을 보장하였다. 금본위제라고 불렸지만 실상은 '달러 본위 고정환율제'였다. 이를 통해 미국의 화폐인 달러는 세계의 기축통화, 즉 세계 통화의 기준이 되었다. 이제 세계 각국은 달러를 기준으로 자유롭게 무역을 하면 된다는 것이다. 세계 패권 국가이자 최고의 신용을 자랑하는 미국의 달러가 자유로운 세계 무역을 뒷받침할 것이고, 각국의 화폐와 세계 시장은 달러를 중심으로 합리적으로 운영될 것이기 때문이다.

이와 함께 미국은 88억 달러의 기금을 출연해 국제통화기금(International Monetary Fund, IMF)을, 91억 달러의 자본으로 세계은행(World Bank 또는 International Bank for Reconstruction and Development, IBRD)을 설립하였다. 출자금에 따라 영향력이 비례하는 구조로 국제기구를 만들었는데, 설립 당시 IMF 자본의 25%와 세계은행기금의 35%는 미국의 자금이었다. IMF는 대공황이나 국가 부도 같은 세계 경제위기에 대응하기 위한 자금 지원 기구이고 세계은행은 저개발국가의 경제 성장과 자유무역체제로의 순조로운 편입을 위해 마련된 기구이다.

미국과 달러, 국제기구 중심의 새로운 경제 제도를 보통 브레턴우즈 체제라고 한다. 브레턴우즈 체제는 마셜 플랜 등과 결합하면서 큰 성과를 이루게 된다. 서유럽에 막대한 원조를 추진하면서 미국의 영향력을 강화하였으며, 미국이 주도하는 세계 경제 시스템을 만들어냈기 때문이다. 당시 소련을 중심으로 한 저돌적인 공산주의의 확산을 막아냈음은 물론이고, 많은 변화에도 불구하고 미국 중심의 세계 경제체제는 오늘날에도 굳건히 유지되고 있다.

동아시아라는 세계

소련, 중국 그리고 자본주의

역사는 어느 한 나라가 만들지 않는다. 결코 그럴 수 없다. 모든 국가와 민족은 자신의 형편에서 자신의 이야기를 만들고, 그것이 서로 영향을 주기 때문이다. 더구나 추축국, 나치 독일을 비롯하여 극우 파시즘 세력과 싸워서 승리한 나라는 미국뿐이 아니었다. 소련. 소련도 미국 못지않았다.

소련:
레닌 혁명을 넘어 스탈린의 시대로

블라디미르 레닌(Vladimir Ilyich Lenin, 1870~1924)이 혁명을 했고, 현실 공산주의 국가 소련은 스탈린에 의해 구체화되었다. 개인숭배와 산업화. 스탈린이 설계

한 세계의 본질이었다. 스탈린은 《레닌주의의 기초》(1924)라는 대중서를 통해 공산주의 이데올로기를 간명하게 정리하였다. 레닌의 사상이 옳고 나머지는 모두 틀렸다는 것이다. 이러한 레닌주의의 수호자는 스탈린 자신이었다. 공산주의는 곧 레닌주의이고, 레닌주의를 수호하기 위해서 스탈린과 소련 체제를 더욱 신성하게 만들어야 했다. 레닌에 대한 개인숭배가 곧 스탈린에 대한 개인숭배로 이어지는 구조가 형성된 것이다.

소련은 '제1차 5개년 계획'으로 상징되는 대규모 산업화를 추진하였다. 주요 산업은 국유화되었고 레닌은 '전력 보급'을 공산주의의 강력한 힘으로 간주하였다. 고스플란(Gosplan, 국가계획위원회)이 구성되었고 1921년부터 경제 계획이 입안되었다. 동시에 집단농장을 통해 농민들의 노동력과 농산물을 통제하고자 했다. 국가는 농산물 가격에 개입하여 농촌으로 돌아가야 할 수익의 상당 부분을 장악하였으며, 이를 산업화의 자본으로 활용하였다.

농민들은 격렬히 반발했다. 무력 저항을 하거나 자신들이 소유한 가축을 대량 도살하여 억울함을 분출하기도 했다. 국가는 '반 쿨라크(kulak) 캠페인'을 벌여 더욱 강경하게 나왔다. 집단농장에 저항하는 것은 농촌에서의 이기적인 기득권을 유지하기 위한 부농(쿨라크)들의 책략이라고 규정하였고 수백만 명을 강제수용소로 보냈다. 이를 통해 소련의 농업 구조는 근본적으로 바뀐다. 콜호스(kolkhoz), 솝호스(sovkhoz)라고 불리는 집단농장에 전체 경작지의 68%, 10%가 각각 흡수되었다. 솝호스는 국가 소유의 농업공장으로 농민들이 고용노동자가 되는 구조였고, 콜호스는 국가 통제하에 있지만 구성원 소유의 집단농장이었다.

한편에선 소련판 '문화혁명'이 불어닥쳤다. 비공산주의자는 물론이고 교사, 언론인, 공무원, 작가 등 주로 비노동자 출신들에 대한 대대적인 숙청이 자행되었다. '부자' 농민들에 대한 분노와 '부르주아' 전문가들에 대한 증오를 통해 노동자들의 강력한 지지를 확보하려는 시도였다. 이러한 정부의 정책을 대중은 열렬히 환호하였다.

그리고 산업화가 강력하게 추진되었다. 1차 5개년 계획은 4년 3개월 (1928.10.1~1932.12.31) 만에 조기 달성된다. 총투자액 중 86%가 중공업에 집중 됐고, 1,500개 이상의 새로운 공장이 건설되었으며, 화학·자동차·농기계·항 공·공작기계·전기 등의 새로운 공업 분야가 본격적으로 뿌리를 내렸다. 우랄 산맥의 마그니토스트로이, 서부 시베리아의 쿠즈네츠스트로에 대규모 공업단 지가 조성되었으며 일대는 거대한 도시로 발전하였다. 또한 중공업은 목표의 93.7%, 경공업은 84.9%의 달성률을 보였다.

그리고 2차 5개년 계획(1933~1937), 3차 5개년 계획(1938~1941)이 진행되 었다. 2·3차 계획 역시 대체로 성공적이었다. 공식 발표에 따르면 제정러시 아 시기인 1913년 러시아 생산량이 전 세계 생산량의 2.6%를 차지했던 데 비 해 1929년에는 3.7%, 1937년에는 13.7%에 도달하였다. 전력 생산 역시 세 계 15위에서 3위로, 트랙터와 트럭을 비롯한 기계 제조에서는 2위로 올라섰 다. 수치는 다소 과장됐지만 이때가 대공황기였다는 점을 고려하면 소련의 산 업화는 경이적인 성과를 거두었다. 동시에 공산 진영 특유의 현상이 발생하였 다. 도네츠 분지의 한 탄광에서 스타하노프(A. G. Stakhanovskoe)라는 광부가 자 신의 일일 채탄 할당량을 1,400%나 초과 달성했다는 보고가 올라오면서 일 명 '스타하노프 운동(Stakhanovskoe dvizhenie)'이 시작된다. 국가는 경쟁을 장려 하고, 성과는 지표를 통해 과장되고, 노동자들은 과장된 성취를 명예로 여기는 특유의 공산주의 산업 현장이 탄생한 것이다.

산업화에서의 엄청난 성공은 소련이 지향한 공산주의라는 목표를 흐트러뜨 렸다. 우선, 산업화는 계획화와 동의어가 되어갔다. 계획을 세워서 그 계획대 로 산업 발전을 이루는 과정이 신성시되었기 때문이다. 과정을 정부가 주도하 기 때문에 산업화가 정치적인 과정이 되고, 그만큼 산업화는 국가적으로 이루

"레닌의 깃발과 스탈린의 지도 아래 공산주의의 승리를 향하여 앞으로!" 소련의 정치 선전 포스터. 상단에 레닌과 스탈린이 그려져 있다. 20세기 초반 각국은 정치선전 포스터를 만드는 데 적극적이었다.

어졌다. 목표 또한 혼동되었다. 왜 산업화를 추진했던가. 인민의 복리 향상과 노동자들의 생활 개선, 그로 인한 완전한 단계의 인간 해방이 목표가 아니었던가. 하지만 산업화가 진행되면서 국가의 목표는 자유 진영과 대등해지는 것, 미국이나 영국 같은 자본주의 세계를 압도하는 것이 되어버렸다.

그리고 대숙청. 스탈린은 주도면밀하게 사람들을 죽였다. 1936~1938년 혁명기의 저명한 볼셰비키 지도자들이 대부분 살해당했다. 세르게이 키로프(Sergey Mironovich Kirov, 1886~1934)가 암살당했고(1934.12), 키로프의 암살자도 공범으로 몰린 100여 명과 함께 총살당했다. 대규모 공개재판이 벌어졌고 1936년에는 그리고리 지노비예프(Grigorii Evseevich Zinov'ev)와 레프 카메네프(Lev Borisovich Kamenev)를 포함한 16명의 볼셰비키 지도자, 1937년에는 또 다른 17명의 지도자, 1938년에는 니콜라이 부하린(Nikolai Ivanovich Bukharin), 알렉세이 리코프(Aleksey Rykov)를 포함한 21명이 숙청당하였다. 스탈린의 경쟁자들, 스탈린 체제의 반대자들은 모조리 도륙이 났다. 1940년이 되면 레닌의 정치국원 중에는 오직 스탈린만 살아남았으니 말이다. 1934년 당시 중앙위원회의 80%가 처형당하거나 자살로 내몰렸고, 280만 명의 하급 당원 중에 100만 명이 체포를 당하였다. 약식 재판 후 처형을 당하거나 '굴라크(Gulag)'라고 불리던 교정노동수용소 본부로 보내졌다. 72만 4,000명이 사형선고를 받았고, 선고를 받지 않고 죽은 사람까지 치면 100~150만 명 또는 200~300만 명이 된다는 연구까지 있다.

이뿐만이 아니었다. 소련에서 활동하던 외국인 공산주의자들, 소수민족, 독실한 종교인들도 표적이 되었다. 그들에 대한 고발이 장려됐고, 어린이들은 부모가 체제를 비난할 경우 신고하도록 요구받았다. 심지어 대숙청을 진두지휘했던 니콜라이 예조프(Nikolai Ivanovich Yezhov, 1895~1940)와 그의 심복 역시 처형되었다. 수백만 명이 수용소에 갇힌 채 발트-백해운하 건설, 벌목, 금 채굴 등 다양한 형태의 강제노동에 내몰렸다. 정보기관 체카(Cheka)는 국가정치보안부(GPU)와 연방국가정치보안부(OGPU), 다시 내무인민위원회(NKVD)·내무부(MVD)·국가보안부(MGB)를 거쳐 국가보안위원회(KGB)로 명칭이 바뀌면서 더욱 강력한 위세를 떨쳤다.

스탈린은 권력을 확고히 장악하였고 소련의 사회 시스템은 아주 강력한 형태로 일원화되고 전체화되었다. 이것이 정말로 수백 년간 수많은 사람이 꿈꾸었던 공산주의의 실체일까? 그런 것은 상관없었다. 제2차 세계대전을 통해 소련의 통치체제는 더욱 강화되었고 이후 수십 년간 현실 공산주의 국가 소련은 미국과 대립하며 세계를 주도할 것이기 때문이다.

중국:
마오쩌둥, 중화인민공화국을 세우다

결과적으로 보았을 때 중일전쟁은 중국공산당에 천재일우의 기회였다. 1940년대 초반 국민당은 본격적으로 부패하였고 미국의 원조금은 유효하게 사용되지 않았다. 공산당은 화북 지역에 해방구를 건설했고, 이곳이 대일 투쟁의 구심점으로 부상하였다. 중일전쟁이 시작된 지 얼마 안 되어 일본은 국민당보다 공산당을 주적으로 인식할 정도였다.

1945년 8월 10일. 소련이 참전한 다음 날 마오쩌둥(毛澤東, 1893~1976)이 이끄는 중국공산당은 일본에 전면전을 선포하였다. 인민해방군 총사령관 주더(朱德, 1886~1976)의 명령에 따라 린뱌오(林彪, 1907~1971)가 이끄는 10만 대군이 만주로 진입하면서 공산당 지배 지역은 116개 현에서 175개 현으로 늘어났다.

이에 장제스 총통은 기민하게 반응하였다. 공산당의 독자 행동을 비판했고 미국의 지원을 요청했다. 미군은 즉각 5만 명의 해병대를 주요 항구와 교통 중심지로 보내 국민당군을 지원하였다. 국민당군 3개 군난은 미군의 임호 아래 베이핑(베이징)·톈진·상하이·난징으로 공중 수송됐고, 이후 총 50만의 부대가 각지에 파견되었다. 그리고 8월 15일, 장제스는 중국 주재 총사령관 오카무라 야스지(岡村寧次)를 직접 만나 국민당군이 일본군을 통제한다는 명령을 내렸다. 일본은 이에 동의, 패전 이후의 과정을 공산당이 아닌 국민당을 통해 해결하고자 했다. 이를 통해 중국은 일본과의 기나긴 싸움에서 승리, 승전국이 되었다.

당시 만주에는 로디온 말리놉스키(Rodion Yakovlevich Malinovskii) 총사령관의 소련군이 들이닥쳤다. 소련은 만주 지역의 산업시설을 약탈해 20억 달러에 상당하는 전리품을 본국으로 실어 날랐다. 소련군은 중국공산당을 지원했으며, 무엇보다 국민당군의 만주 진출을 막았다.

장제스 또한 공세적이었다. 누가 국공합작을 주도하였고 오랜 기간 일본에 맞서왔던가. 장제스는 국민당 정권의 정통성을 의심하지 않았으며 중국 관내는 물론이고 만주 일대까지 중국 전체를 장악하고자 했다. 앨버트 웨드마이어 (Albert Coady Wedmeyer) 장군은 화북 지역에 대한 영향력을 높이라고 제안했지만, 장제스는 50만에 가까운 최정예 부대를 만주에 투입하였다. 1946년 5월, 소련군은 만주에서 철수했고 중국공산당 역시 대부분의 거점에서 쫓겨난다. 해방 이후 초기 상황은 장제스의 완벽한 승리였다.

하지만 이 시점부터 문제가 생긴다. 미국이 장제스와 마오쩌둥, 국민당과 공산당의 중재에 앞장섰고 두 지도자는 직접 담판을 하고 합의서를 작성하는 등 국공합작을 이어가고자 했다. 하지만 1946년 2월 25일에 체결한 국민당과 공산당 간의 합의는 채 두 달도 안 돼 휴지 조각이 되어버렸다. 국공내전이 시작된 것이다.

격전지는 만주! 공산당군은 국민당군에 치명타를 가하며 만주국의 수도였던 창춘을 점령하였다. 이에 격분한 장제스는 반격을 시도, 한 달 만에 창춘을 수복했고 1946년 7월부터 9월까지 모든 전선에서 공산당군을 압도하였다. 미국은 중국의 경제 붕괴를 우려하며 합작을 도모했지만 장제스는 말을 듣지 않았다. 1947년 1월 미국은 모든 중재를 포기한다. 3월이 되자 국민당군은 중국 공산당의 수도인 옌안까지 점령하였다. 이 시기 장제스는 모든 것을 군사력에 의존하는 경향을 보였다. 하지만 국민당의 부정부패는 하루 이틀의 일이 아니었고 미국이 예상한 경제 붕괴와 맞물려 민심 이반으로 이어졌다. 1946년 연합국구제부흥기관(United Nations Relief and Rehabilitation Administration, UNRRA)의 추정에 따르면 3,300만 명이 영양실조 상태, 그중 700만 명은 아사 직전의 상태였다. 인구의 7%가 피난민이었고 수많은 땅이 경작되지 않은 채 버려져 있었다. 광시성 인구의 80%가 천연두, 콜레라, 디프테리아, 이질, 장티푸스, 발진티푸스 등에 걸렸었다는 통계가 넘쳐났다.

　그리고 1947년 하반기, 공산당에 승리를 거뒀다고 믿은 지 6개월도 안 되는 시점에 국민당은 믿을 수 없는 속도로 패배하기 시작한다. 린뱌오가 이끄는 부대는 진저우, 창춘, 선양을 점령하면서 장제스의 최정예 부대에 심각한 손실을 입혔다. 천이(陳毅, 1901~1972)가 이끄는 야전군이 산둥을 점령했고, 공산당의 55만 대군이 쉬저우로 진격하였다. 이곳을 빼앗기면 중국 남부마저 위험해진다. 1948년 10월 국민당군 2개 사단이 정부에 반기를 들었으며, 11월에는 10만의 국민당군이 섬멸당했고 국민당의 두위밍(杜聿明), 황웨이(黃維) 장군이 포로가 되었다. 또 다른 공산당 80만 대군이 톈진과 베이징을 공략했고 1949년 1월 국민당의 푸쭤이(傅作义) 장군이 20만 군대와 함께 항복하였다. 만주부터 화북까지 중국의 절반이 단숨에 공산당 점령지가 되었고, 이 시기 370여 만에 달하던 국민당군 중 150만 명이 사라졌다. 장제스는 양쯔강을 방패 삼아 중국

중화인민공화국의 수립을 선포하는 마오쩌둥

남부를 지키려 했지만 뜻대로 되지 않았다. 어쩔 수 없이 국민당은 난징에서 광저우로, 다시 타이완으로 쫓겨나게 된다.

1949년 10월, 마오쩌둥은 중화인민공화국을 선포하였다. 동아시아의 가장 크고 오래된 나라 중국. 중국이 공산화가 된 것이다.

4강

1945년,
새로운 세상이 열리다

해방과 분단

일본이 패망했다. 상황은 급박했고 복잡했다. 일본은 미국에 항복했지만, 한반도에는 소련군이 먼저 들어왔다. 소련군은 8월 12일 웅기, 14일 나진, 16일 청진, 21일 원산, 22일 함흥 그리고 평양을 점령하였다.

조선총독부는 피해를 최소화하고 한반도에 거주하는 일본인들의 안전한 귀환을 도모했다. 미국과 긴밀한 접촉을 유지하였고 저명한 독립운동가 여운형(1886~1947)을 면담하여 조선인의 협력을 요청하였다.

미국은 38도선을 기준으로 만주와 한반도 북부는 소련이, 38도선 이남과 일본열도·동남아시아·태평양 섬들은 자신들이 관할할 것을 제안하였다. 소련으로서는 아쉬울 것이 없는 제안이었기 때문에 몇 시간 만에 위도 38도선을 기준으로 점령 지역 분할이 이뤄졌다. '일반 명령 1호'가 발효된 것이다. 데이비드 러스크(David Dean Rusk), 찰스 본스틸(Charles Bonsteel) 등 국무·전쟁·해군부 3부조정위원회(State-War-Navy Coordinating Committee, SWNCC)에 근무하던 장교 2명이 주도한 일인데, 일시적인 군사 합의가 분단체제의 기원이 될지

항복문서에 서명하는 조선총독
아베 노부유키

발언을 하는 미군정 하지 장관

내려지는 일장기

올려진 성조기

자료: 〈JAPANESE SURRENDER ON KOREA〉

는 당시 누구도 몰랐다.

38도선 분할이 급조된 합의인가에 대해서는 논란이 있다. 미 전쟁부 작전국 (Operation and Planning Division, OPD)은 한반도를 미·영·중·소 4국이 분할하여 관리하고자 했고, 전쟁부합동전쟁기획위원회(Joint War Plans Committee, JWPC)에서는 북위 40도 10분 분할안을 구상했고, 코델 헐(Cordell Hull)과 조지 링컨(George A. Lincoln) 장군 등은 38도선을 기준으로 한 사전 분할 계획을 준비했기 때문이다. 더구나 러일전쟁 직전 39도 분할선이 제안되거나 아프리카 대륙을 두고 영국·프랑스 같은 나라가 위도를 기준으로 식민지를 나눴듯, 위도를 기준으로 한 '영토 분할'은 오랜 관행이기도 했다. 여하간 해방 초기 상황은 매우 유동적이고 우발적이었다.

미군정이 들어오고
정치 세력간 경합이 시작되다

1945년 9월 8일. 인천항을 통해 미군이 들어왔다. 제24군단 제7보병사단의 입항을 시작으로 제40보병사단, 제6보병사단 그리고 군사 지원 부대인 제24기지창까지 상륙하였다. 10월 말 기준으로 7만 7,643명의 대규모 부대가 들어왔다. 제7보병사단은 우선 인천을 점령했고 산하 32연대와 184연대는 서울로 나아갔다. 제24기지창이 인천 지역에 도착하자 제7사단의 전 병력은 서울로 이동하였고 개성부터 수원, 춘천에 이르는 경기도 지역을 점령하였다. 이런 방식으로 10월 말 제6사단이 전라남북도에 진주하면서 남한 지역은 미군정의 통치 지역으로 변모하였다.

초기 미군정은 한반도의 상황에 대한 이해가 부족했다. 맥아더 포고령은 해방군이 아닌 점령군을 표방하였고, 미군정은 기존의 총독부 체제를 그대로 유지하려 했다. 12월 말 17만 6,000여 명의 일본군이 철수하는 와중에도 엔도 류사쿠(遠藤柳作) 정무총감 등 일본인 고위 관료들은 미군정의 고문 역할을 수행했다.

맥아더 미 육군 원수의 포고령 제1호
(Proclamation No. 1 by General of the Army Douglas MacArthur)

조선주민에게 포고함:

태평양 미 육군 최고사령관(Commander-in-chief, United States Army Forces, Pacific)으로서 다음과 같이 포고함.

일본국 천황(the Emperor of Japan)과 일본 정부(the Japanese Government)와 일본군 대본영(the Japanese Imperial General Headquarters)을 대표하여 서명한 항복문서의 조항에 의하여, 본관 지휘하의 승전군은 오늘 북위 38도 이남의 조선 지역을 점령함.

오랫동안 조선인의 노예화된 사실과 적당한 시기에 조선을 해방·독립시킬 결정을 고려한 결과 조선 점령의 목적이 항복문서 조항 이행과 조선인의 인권 및 종교상의 권리를 보호함에 있음을 조선인에게 확언함. 이 목적을 위하여 적극적 원조와 협력을 요구함.

본관은 본관에게 부여된 태평양 미 육군 최고지휘관의 권한을 가지고 이로부터 조선 북위 38도 이남의 지역과 동지의 주민에 대하여 군정을 설립함에 따라서 점령에 관한 조건을 다음과 같이 포고함.

제1조

북위 38도 이남의 지역과 주민에 대한 모든 행정권은 당분간 본관의 권한하에서 실행함.

제2조

정부 공공단체 또는 기타의 명예직원과 고용과 또는 공익사업 공중위생을 포함한 공공사

업에 종사하는 직원과 고용인은 유급, 무급을 불문하고 또 기타 제반 중요한 직업에 종사하는 자는 별도의 명령이 있을 때까지 종래의 직무에 종사하고 또한 모든 기록과 재산의 보관에 임할 것.

제3조

주민은 본관 및 본관의 권한하에서 발포한 명령에 즉각 복종할 것. 점령군에 대하여 반항 행동을 하거나 또는 질서 보안을 교란하는 행위를 하는 자는 용서 없이 엄벌에 처함.

제4조

주민의 소유권은 이를 존중함. 주민은 본관의 별도의 명령이 있을 때까지 일상의 업무에 종사할 것.

제5조

군정 기간 중 영어를 모든 목적에 사용하는 공용어로 함. 영어와 조선어 또는 일본어 간에 해석 및 정의가 불명확하거나 또는 같지 않을 때는 영어를 기본으로 함.

제6조

이후 공포하게 되는 포고 법령 규약 고시 지시 및 조례는 본관 또는 본관의 권한하에서 발포하여 주민이 이행하여야 될 사항을 명기함.

요코하마(Yokohama)에서

1945년 9월 7일

더글러스 맥아더(Douglas MacArthur)

최고사령관(Commander-in-Chief, United States)

태평양미육군(Army Forces, Pacific)

* 오랫동안 맥아더 포고령은 진보적인 역사학자들로부터 비판을 받아왔다. 제2조와 제3조에 문제가 있었기 때문이다. 제2조는 종래의 조선총독부 통치체제를 유지하고 일본인들과 함께 조선을 통치하겠다는 발상이었고, 제3조는 점령과 엄벌에 기초한 통치를 지향했기 때문이다.
더구나 서문과 제4조에 나온 조선인의 인권과 종교상의 권리, 소유권 등은 당시 조선인들의 기대나 한반도의 정치 상황과는 거리가 있다. 그럼에도 포고령은 일본에 의한 조선의 식민화, 일본 항복에 따른 조선의 해방과 독립을 명시하였고 대서양 선언과 카이로회담을 계승한다는 점에서 해방적 성격을 분명히 지니고 있다.

한편 국내에서는 활발한 정치적 움직임이 있었다. 대표적인 사건이 여운형을 중심으로 한 '건국준비위원회' 결성과 '인민공화국' 선포였다. 1944년 말 여운형은 비밀리에 '건국동맹'을 결성했고, 해방 직전 총독부와의 면담에서 '3개월 치의 식량 확보, 정치범의 석방, 치안대 결성' 등을 요구하였다. 그리고 안재홍(安在鴻 1891~1965), 송진우(宋鎭禹 1887~1945) 등을 만나면서 '건국준비위원회', 일명 '건준'을 만들었다.

안재홍은 이를 흔쾌히 받아들였다. 여운형, 안재홍 등은 일제의 모진 탄압과 회유에도 변절하지 않은 국내파 독립운동가들이었다. 이들은 소수였지만 민중의 존경을 받았으며, 그만큼 강력한 영향력을 가지고 있었다. 1920년대 이후 사회주의가 등장하면서 이념적 영향이 커짐에 따라 이들 또한 미묘한 입장 차이를 보이게 된다. 여운형과 안재홍은 중도파였다는 점에서 이념적 타협을 도모했던 인물들이다. 하지만 성향상 여운형은 좌익, 즉 사회주의 진영에 동조적인 태도를 보였고, 안재홍은 우익으로서 확고한 민족주의적 신념을 견지하였다. 이들의 만남과 건국준비위원회의 등장은 좌우합작 형태의 국내 조직이 등장했음을 의미한다. 하지만 송진우는 여운형의 제안을 받아들이지 않았다. 그는 임정봉대론, 즉 충칭에 있는 임시정부를 추대해야 한다고 주장했다.

건국준비위원회는 오래가지 못했다. 박헌영(朴憲永, 1900~1955)을 중심으로 사회주의 계열이 건국준비위원회에 대거 참여하면서 좌익적 성격이 강해졌고 안재홍 계열이 탈퇴했기 때문이다. 8월 15일 밤에 조직된 건국준비위원회는 9월 초부터 내부 갈등이 심각해졌다. 9월 6일에는 좌익 주도로 '인민공화국'을 선포하였고, 며칠 후인 9월 10일 안재홍이 공식 탈퇴를 선언하였다. 해방이 되자마자 정치 세력의 경합이 이루어진 것이다. 미군정은 인민공화국을 부정했으며 건국준비위원회는 '인민위원회'라는 이름으로 개편, 좌익 세력의 근거지가 되었다.

그리고 해외에서 활동하던 명망가들이 속속 귀환하였다. 10월에 이승만(李

承晩, 1875~1965)이, 11월에는 김구(金九, 1876~1949)를 중심으로 한 임시정부 요인들이 개인 자격으로 귀환하였다. 끝내 임시정부는 공인받지 못했다.

그사이 국내의 우익 세력은 송진우, 김성수(金性洙, 1891~1955) 등을 중심으로 한국민주당(한민당)을 조직했으며, 중도 우익 안재홍은 국민당을 만들었다. 중도 좌익으로 분류되는 여운형은 인민당을 조직하는 한편 인민위원회와 조선공산당에 영향력을 행사했으며, 조선공산당의 지도자 박헌영은 사회주의 진영에서 주도권을 잡았다. 하루아침에 독립운동가에서 정치가로 변신해야만 하는 현실. 따져보면 한반도에서는 정당정치도, 민주주의도, 이념의 각축도 존재하지 않았다. 조선은 봉건국가였고 일제강점기는 혹독한 총독부 통치 기간이었다. 수많은 사람이 더 나은 세상을 향한 의지를 품었지만 이는 뜨거운 감정적 열정이었을 뿐 숙련된 노하우도, 축적된 문화적 힘도 아니었다. 하지만 이들은 매우 빠른 속도로 이념적 태도를 지향하며 우익과 좌익으로 재편되었고 치열한 정쟁을 하는 데 주저함이 없었다. 숙련된 정치 문화가 부재하고 거친 정치적 야심이 난무하는 시대가 개막된 것이다.

김성수(좌)와 송진우(우). 이들은 일제강점기 국내 민족주의 세력을 대표했지만, 전쟁기 일제에 협력하기도 했다. 이들은 보수정당인 한민당을 결성하고 미군정의 지원을 받았으며 반공주의를 표방하였다. 지주들의 입장을 대변하며 농지개혁에 소극적이었다.

해방과 분단

모스크바 3상회의:
극단적인 좌우 갈등으로 치닫다

1945년 12월 16일. 미국, 영국, 소련의 외무부 장관을 비롯한 주요 수뇌부가 모스크바에 모였다. 이들은 한반도 문제에 관한 중요한 합의를 보았다. 조선을 민주주의 독립국가로 재건한다, 이를 위해 미국과 소련은 공동위원회를 설치한다, 그리고 최고 5년간의 신탁통치를 실시한다 등이 합의의 핵심이었다. 즉, 미국과 소련이 공동위원회를 설치하여 합의하에 한반도에 통일정부를 수립하겠다는 발상이었으며, 이를 위해 5년간 신탁통치를 실시하겠다는 구상이었다. 하지만 모스크바 3상회의에서의 합의는 전혀 다른 결과를 몰고 왔다. 1946년 한 해가 극단적인 좌우 갈등으로 점철되었기 때문이다.

5년간의 신탁통치가 문제가 되었다. 신탁통치란 무엇일까? 신탁통치는 미국이 제안한 개념으로, 민주주의를 보급하여 국가를 건설하겠다는 발상이었다. 영국·프랑스식 식민주의에 대한 미국식 대안이었다. 하지만 즉각적으로 반발이 일어났다. 신탁은 또 다른 식민이다! 이승만, 김구, 한민당이 중심이 된 우익은 즉각적이며 강력한 반탁운동을 벌여나갔다. 특히 김구와 임시정부 세력이 적극적이었다. 김구는 반탁운동을 통해 임시정부를 한반도의 공식 정부로 만들고 싶어 했다. 일명 '임정법통론'이 등장한 것이다. 그런데 이 와중에 묘한 사건이 발생한다. 일명 〈동아일보〉 오보 사건. 미국은 즉시 독립을 주장했지만, 소련은 신탁통치를 주장했다! 1945년 12월 17일, 모스크바 3상회의 결정서가 공식적으로 발표되기 하루 전, 미군정에 공식적으로 통보되기 이틀 전에 명백한 오보가 한반도를 뒤흔든 것이다. 더구나 결정서 관련 내용이 알려진 1월 3일경 좌익은 '3상회의 결정의 총체적 지지', 즉 '찬탁'으로 갑자기 입장을 바꾸었다.

이 시점부터 모든 것이 극도로 혼란스러워진다. 우익은 좌익에 극도의 배신감을 느꼈을 것이고, 실제로 이들을 매국노로 몰았다. 반탁운동은 좌익에 비해 세력이 약했던 우익에게는 정치적 호재였기 때문에 공세가 강화되었다. 자연스럽게 흐름은 반소반공 분위기로 흘러갔다. 더구나 미군정은 〈동아일보〉의 오보에 대해 해명하지 않았으며, 오히려 반탁운동으로 시작된 반소 분위기에 편승했다. 〈뉴욕타임스〉 통신원 리처드 존스턴(Richard J. H. Johnston)이 박헌영과의 기자회견 이후 "박헌영이 신탁통치에 적극 찬성하고 궁극적으로 한반도가 소련에 편입될 것"이라고 했다는 왜곡된 기사를 의도적으로 배포하기도 했다. 〈동아일보〉 오보 사건은 실은 오보가 아니라 미군정과 도쿄의 연합군 총사령부가 주도한 반공주의적인 음모가 아니었을까?

여하간 상황은 단숨에 좌익과 우익의 세력 대결로 변화하였다. 이는 친일파에게 결정적 기회를 제공했다. 반소반공 분위기에 편승하여 우익을 표방했기 때문이다. 좌익에 반대하고 소련에 반대하면, '비록' 친일의 과오가 있더라도 애국자가 되고 우익이 될 기회가 생겼으니 말이다. 미군정과 우익은 친일파의 재빠른 정세 판단을 묵인했다. 우익은 좌익과의 투쟁을 위해 친일파 처단에 신중함을 강조하며 유화적인 태도를 취했고, 친일파가 집중적으로 포진했던 경찰·관료 세력과의 제휴를 통해 강력한 물리력을 확보했다. 좌익을 억누르고 정치적 주도권을 장악해야 한다는 급박한 목표가 독립운동사를 감내한 민족주의 진영을 자기 파괴적 선택으로 내몰았다. 그리고 우익의 성격은 모호해져만 갔다. 민족주의인가, 반공주의인가. 공산주의를 반대하는 것이 민족을 위하는 것인가. 그렇다면 독립운동의 가치는 어디에 있으며 독립협회 시절부터 임시정부까지 수십 년을 버텨온 정통성이란 도대체 무엇이란 말인가. 예상치 못한 격렬한 정쟁은 우익, 즉 민족주의 진영의 보다 근본적이며 정신적인 영역에서의 위기마저 불러일으켰다.

당시 미 국무부의 동아시아 정책은 온건한 중도주의를 지향했다. 소련과의 타협, 우익과 좌익의 협력, 좌우합작을 통한 통일정부 수립 등이 목표였기 때문이다. 하지만 미군정은 달랐다. 맥아더를 비롯하여 극동아시아 사령부에는 반공주의자들이 득실댔으며 이들은 보다 호전적으로 상황을 해결하고자 했다. 미군정은 철저하게 우익을 지원했다. 민주의원, 과도입법의원 등 미군정의 주요 정책은 여운형을 제외한 나머지 좌익을 배제하는 방식으로 추진되었다. 흥미로운 점은 김구나 이승만보다는 한민당을 선호했다는 점이다. 김구와 임시정부 세력은 파시즘과 유사한 극우 민족주의자 정도로 여겼고 이승만은 지나치게 완고한 반공주의자로 여겼기 때문이다.

모스크바 3상회의의 결정에 따라 1946년 3월 20일 미소공동위원회가 열렸다. 소련은 반탁운동을 주도하는 우익 진영을 문제 삼았고 미국으로서는 우

좌익의 지도자 박헌영(좌)과 여운형(우). 박헌영은 미군정에 대항하는 신전술을, 여운형은 좌우합작운동을 하며 대립하였다.

익을 배제할 수 없었기 때문에 협상은 난항을 거듭하였다. 우익의 반탁운동은 이미 반소반공운동이라는 정체성을 명확히 했고, 이즈음 박헌영이 이끄는 좌익 역시 "반동적 정객들을 우리 정부에 하나라도 넣지 말아야 한다" 식의 발언을 하며 강경한 태도로 일관하였다. 미군정 장관 존 하지(John Reed Hodge, 1893~1963)가 타협안을 제시하면 우익 일부가 찬동하고 나머지 좌우익은 강고하게 맞서며, 이를 소련이 문제 삼는 행태가 반복되기도 했다.

끝내 미소공동위원회는 합의에 이르지 못하고 무기한 휴회에 들어갔다. 이즈음 이승만은 "남한만의 단독정부를 세우자"라는 정읍 발언을 하여 정치적 파문을 일으키기도 했다. 미군정은 좌우합작 활동을 지원함으로써 해결책을 모색하였다. 중도좌파 여운형과 중도우파 김규식(金奎植, 1881~1950)을 지원하였고, 이들이 좌우합작위원회를 구성하였다.

좌우합작위원회 합작 원칙(1946.10.7)

본 위원회의 목적(민주주의 임시정부를 수립하여 조국의 완전 독립을 촉성할 것)을 달성하기 위하여 기본 원칙을 다음과 같이 의논하여 정함

1) 조선의 민주 독립을 보장한 3상회의 결정에 의하여 남북을 통한 좌우 합작으로 민주주의 임시정부를 수립할 것
2) 미소공동위원회 속개를 요청하는 공동 성명을 발표할 것
3) 토지개혁에 있어서 몰수, 유조건 몰수, 체감매상(遞減買上) 등으로 토지를 농민에게 무상으로 나누어 주며, 시가지의 기지와 큰 건물을 적정 처리하며, 중요 산업을 국유화하며, 사회 노동 법령과 정치적 자유를 기본으로 지방 자치제의 확립을 속히 실시하며, 통화와 민생 문제 등등을 급속히 처리하여 민주주의 건국 과업 완수에 매진할 것
4) 친일파 민족 반역자를 처리할 조례를 본 합작위원회에서 입법 기구에 제안하여 입법

기구로 하여금 심리 결정하여 실시케 할 것

5) 남북을 통하여 현 정권하에 검거된 정치 운동가의 석방에 노력하고 아울러 남북 좌우의 테러 행동을 일절 즉시로 제지토록 노력할 것

6) 입법 기구에 있어서는 일체 그 권능과 구성 방법 운영에 관한 대안을 본 합작위원회에서 작성하여 적극적으로 실행을 기도할 것

7) 전국적으로 언론, 집회, 결사, 출판, 교통, 투표 등 자유를 절대 보장되도록 노력할 것

단기 4279년(1946) 10월 7일
좌우합작 위원회

1946년 10월 8일 〈동아일보〉에 보도된 좌우합작의 일곱 가지 원칙이다. 여운형과 김규식은 좌우 갈등을 해소하기 위한 구체적인 해법을 모색하였다. 미소공동위원회를 다시 열어 완전한 독립국가 단계로 빠르게 나아갈 것, 법 제정을 통해 친일파를 시급히 척결하며 좌우 정치 테러에 강력하게 대처하여 문제를 해결할 것, 무엇보다 토지개혁을 비롯하여 일제강점기 동안 누적되어온 사회경제 문제에 대한 근본적인 해결책을 마련할 것 등등 위원회는 적극적으로 활동하였고 현실적인 대안을 마련하였다.

하지만 좌우 갈등은 위원회의 노력을 간단히 무력화했다. 여운형이 합작 방해 활동을 통렬하게 비판하는 성명을 발표한 당일 밤, 평양에 머물던 박헌영이 서울로 돌아왔다. 그는 여운형에게 합작 반대를 통보했으며 좌우합작 7원칙에 전제 조건을 달며 위원회 활동을 방해했다. 우익 역시 비슷한 행보를 보였다.

미군정 또한 적극적이지 않았다. 친일파 숙청을 거부했고 좌익을 탄압했다. 좌익 3대 일간지에 무기 정간 조치와 박헌영·이주하(李舟河, 1905~1950)·이강국(李康國, 1906~1955) 등 조선공산당 지도자에 대한 체포령을 내렸다. 좌우합작

을 지지하지만 좌익은 탄압하겠다는 발상이었다. 결정적으로 '조선정판사 위폐 사건'이 터졌다. 조선공산당 간부들이 당 자금을 위해 위조지폐를 발행한 사건인데, 1946년 5월 4일 7명이 경찰에 체포되면서 세상에 알려졌다. 공판은 30여 회 열렸고 11월 28일 판결이 날 때까지 경찰과 좌익은 격렬한 갈등을 벌였다. 이후 조선공산당은 불법 조직이 되었다. 조선공산당 역시 '신전술'을 표방하며 더욱 적극적이고 공세적으로 미군정에 대항했기에 1946년 말 미군정과 조선공산당의 관계는 끝장나고 만다.

심각한 좌우 갈등은 해방 공간을 극단적인 폭력으로 물들였다. 〈동아일보〉 사장과 한민당 총무수석을 역임했던, 임정봉대론을 주장하며 건준에 참여하길 거절했던 송진우가 1945년 12월 30일에 암살을 당했다. 반탁 진영에 있음에도 모스크바 3상회의의 결정을 일정 정도는 수용해야 한다는 태도 때문이었다. 1946년 3·1절 기념행사 당시 좌익과 우익은 함께 행사를 진행하지 못할 정도로 사이가 나빠진다. 기념식은 따로 진행됐고 행사가 끝난 이후 좌우익 간에 무력 충돌이 일어났다.

미군정 경부부의 집계에 따르면, 1945년 8월부터 1947년 4월까지 27건의 테러가 발생했고 100여 명의 사망자와 1,000명의 부상자가 보고되었다. 곳곳에서 정치테러가 일어나기 시작했다. 1946년 1월 18일에는 우익청년단체인 반탁전국학생총연맹이 좌익단체인 조선인민보사, 조선인민당, 서울시 인민위원회를 동시에 습격하였고 경찰도 이에 호응하여 학병동맹본부를 포위 공격하였다. 이 사건으로 3명이 죽고, 140여 명이 체포되었는데 이런 일이 비일비재하였다.

우익은 청년 조직을 후원했다. 대한민주청년동맹(대한민청), 평안청년회(평청), 독립촉성국민회청년회(국청), 서북청년회(서청) 등이 만들어졌다. 이승만·김구·한민당으로 대표되는 우익 정치 세력이 자금을 대고, 경찰은 무기를 제공하였다. 대한민청은 60명 단위로 50개의 특공대를 조직했으며, 완장을 차고

해방과 분단

장총과 단검으로 무장한 후 예천·영천·왜관·청도·고령·성주 등 주로 경상북도에서 활동을 펼쳤다. 우익청년단의 일당이 300~500원 정도였는데 당시 노동자 하루 임금 평균이 61원이었으니 무려 6~8배에 달하는 액수였다. 해방 이후의 어마어마한 실업 상황이 폭력적인 청년단 활동을 부추긴 것이다.

　1947년 7월 19일 건국준비위원회·인민당·좌우합작위원회를 이끌던 여운형이 대학로 인근에서 총에 맞아 사망했고, 같은 해 12월 2일 한민당·독립촉성중앙협의회·비상국민회의 등에서 활약을 펼치던 장덕수(張德秀, 1894~1947) 또한 살해당했다. 그리고 1949년 6월 26일 임시정부 주석이자 대표적인 민족주의자 김구마저 암살을 당했으니, 독립국가를 세우기도 전에 피에 굶주린 비극이 연이어 벌어진 것이다. 그것도 우리끼리 말이다.

한·중·일 8·15의 기억

1945년 8월 15일. 해방에 대한 기억은 국가와 민족별로 다르다. 8월 15일 천황의 항복 소식은 빠르게 퍼져나갔다. 조선어학회 사건으로 감옥에 있던 국문학자 이희승(1896~1989)은 해방 당일 오후 1시 한국인 의무관이 항복 사실을 알려주어 같이 만세를 불렀다고 한다. 시민들은 만세를 부르며 거리로 쏟아져 나왔고, 청년들은 동네에 있는 신사나 봉안전 같은 일제가 강요했던 시설물을 파괴하면서 기쁨을 만끽했다. 농촌에는 하루가 지난 16일에 소식이 알려졌고 17일이 되자 모두가 해방의 기쁨에 동참했다. 감옥에서 만세를 불렀던 이희승도 17일에 석방되었고, 경성·평양·대전·충청·홍성·진남포·원산·해주 등지에서 민중대회와 만세 시위가 일어났다.

해방 이후의 좌우 갈등이 말해주듯 1946년 이후 매년 8월 15일은 해방의 감격보다는 자파의 세력을 과시하는 분열과 갈등의 날이 되어버렸다. 미군정은 승전 기념일이기 때문에 성대한 행사를 열었다. 1946년 미군정청은 8·15해방 기념위원회를 조직해 서울역 광장에서 행렬대 약 5만, 관람자 약 30만이 참석하는 기념식을 준비하였다. 다음 해인 1947년에도 대규모의 행사를 진행했다. 태극기와 성조기가 함께 걸렸고 퍼레이드를 위해 꽃전차를 만들기도 했는데 일제강점기 당시 총독부의 축하 행사와 유사했다.

1948년 대한민국 정부가 수립되면서부터 8월 15일은 '광복절', 국경일이 되었다. 그 전까지는 '해방절', '해방 몇 주년 기념' 등으로 불렸는데 1949년 10월 국경일 제정에 관한 '법률 제53호'가 공포되면서 용어가 정리되었다. 이 시기 3·1절, 제헌절, 광복절, 개천절 등 4대 국경일이 제도화되었다. 독립운동을 통해 대한민국이 세워졌음을 분명히 한 것이다. 개천절은 임시정부에서 진행되었던 대종교 계열의 어천절을 계승했기 때문에 이 또한 3·1절과 더불어 독립운동사를 기념하는 날로 보아야 한다. 국민의례를 실시하고 '순국선열과 호국영령'에 대한 묵념을 하는 방식 또한 만들어졌다. 북한은 8월 15일을 '민족해방기념일'로 지정하여 국가 행사로 치른다.

중국은 8월 15일이 아닌 9월 3일을 항일전승기념일로 지정해 기념한다. 9월 3일인 이유는 일본이 공식적으로 연합군 항복문서에 서명한 날이 1945년 9월 2일이기 때문이다. 해방 초기 민간에서는 8월 15일을 기념일로 여겨 축하하기도 했다. 중국은 우리와는 다르게 '항일전쟁'을 기준으로 중요 기념일을 지정했다. 7월 7일(중일전쟁의 촉발점이 된 루거우차오 사건 발생일), 9월 18일(만주사변이 일어난 날), 12월 13일(난징 대학살 기념일) 가운데 9월 3일이 있는 것이다. 우리에게 식민지 경험이 컸다면 중국은 전쟁에 대한 기억이 크기 때문이다.

일본은 정반대의 기억이 자욱하다.

천황 폐하의 온정을 마음으로부터 감사하면서 선생님과 모두 원통한 눈물을 흘렸다.

- 당시 11세 일본인 국민학생의 일기

분명 항복한 것이었다. 분하고 분하고 또 분하다. 아이들이 앞에 있건 말건 울었다. 아이들도 몇 명 따라 울었다.

- 당시 19세 일본인 교사

당시 기록을 보면 "패배해서 분하지만 천황의 결단에 대해서는 감격한다" 식의 입장이 주를 이루었다. 전쟁이 끝났다는 안도감, 집으로 돌아갈 수 있게 되었다는 기대감이 깔려 있었던 것이다. 일본은 8월 15일을 '종전기념일'로 부르다가 '전사자 추도 및 평화기원 기념일'로 바꾸었다. 그리고 이보다는 8월 6일 히로시마 '원폭기념일'을 더욱 성대하게 치르고 있다. 과거사 반성이 얼마나 부족한지를 알 수 있는 부분이다.

반성하지 않는 일본, 야스쿠니 신사 참배

8월 15일이 되면 일본의 우익 정치인들 중 일부가 야스쿠니 신사에 참배하여 물의를 일으키는 경우가 있다. 2000년대 초반 고이즈미 준이치로(小泉純一郎, 1942~) 전 총리가 야스쿠니 신사를 참배하면서 국제적으로 문제가 되기 시작했다.

야스쿠니 신사는 어떤 곳일까? 이곳은 별격관폐사(別格官幣社, 별도로 국가가 관리하는 신사)로 1869년 당시 메이지 천황에 의해 창건되었다. 이전까지의 천황들은 통상 이세신궁에 참배했는데, 메이지유신 이후의 천황들은 야스쿠니로 발걸음을 옮긴 것이다. 야스쿠니는 제국주의 국가의 새로운 참배 공간이었다. 과거 야스쿠니 신사는 군대가 관리했다. 신궁의 최고직인 궁사는 육군 대장이 맡았고 헌병들이 신사를 관리하고 해군성 또한 적극 참여하는, 군국주의 시대를 상징하는 신사였다.

무엇보다 이곳에는 제신, 즉 모시는 신이 246만 주나 되며 신사 창설 이래 제신이 계속해서 늘어나고 있다. 야스쿠니 신사는 메이지유신 당시 일어났던 보신전쟁(戊辰戰爭)과 세이난전쟁(西南戰爭)부터 청일전쟁, 러일전쟁, 중일전쟁, 태평양전쟁에 이르는 전사자들이 참배된다는 점에서 일본 내에서도 유례가 없다. '천황을 위해 충의를 다했는가!' 보통 일본의 신사는 저명한 인사들을 신으로 추앙하였는데 이곳에서는 천황을 위해 죽어간 평범한 이들이 제신이 되었다. 더구나 이곳에는 태평양전쟁의 A급 전범 또한 합사되어 있다. 도조 히데키(東條英機, 수상), 히로타 고키(広田弘毅, 수상), 마쓰이 이와네(松井石根, 중국 파견군 총사령관), 도이하라 겐지(土肥原賢二, 봉천 특무기관장), 이타가키 세시로(板垣征四郎, 관동군 참모, 육군 대신), 기무라 헤이타로(木村兵太郎, 육군 차관), 무토 아키라(武藤章, 육군성 군구국장) 등 재판에서 사형당한 7명, 구류 또는 복역 중에 사망한 우메즈 요시지로(梅津美治郎, 육군 참모총장), 고이소 구니아키(小磯國昭, 수상), 히라누마 기이치로(平沼騏一郎, 수상), 도고 시게노리(東郷茂德, 외무 대신), 시라토리 도시오(白鳥敏夫, 이탈리아 대사), 마쓰오카 요스케(松岡洋右, 외무부 장관), 나가노 오사미(永野修身, 해군 사령부 총장) 등 7명까지 총 14명이 '쇼와 순난자(昭和 殉難者)'란 이름으로 합사되었다. '히로히토 천황 시절 충의를 다한 인물들'이라는 뜻이다. 메이지 천황은 7회, 다이쇼 천황은 2회 참배했다. 태평양전쟁 당시의 천황인 쇼와는 28회를 참배했고, 그중 20회는 육·해군 최고통솔자의 복장으로 참배했다.

1945년 12월 15일 연합군 최고사령부는 '국가 신토(神道, 일본의 토착 종교)에 관한 각서' 명령을 내렸다. 정부를 비롯한 국가 기관의 신토 지원 금지, 공립학교에서 신토 교육 금지, 공무원의 신사 참배 금지 등의 내용을 담고 있었고 이에 따라 야스쿠니 신사 역시 종교 법인으로 격하되었다. 미군 점령기 당시 각종 전쟁기념비가 철거되었고 군사박물관이던 유슈칸(遊就館)도 폐관되었으며, 러일전쟁 등을 기념하는 조각상이 콘크리트로 덮이는 등 일본 군국주의를 지우기 위한 강력한 조치들이 있었다.

　하지만 세월이 흘러 1980년 스즈키 젠코(鈴木善幸) 내각 당시 수상 이하 19명의 각료가 8월 15일 야스쿠니 신사에 참배하는 사건이 발생한다. 그리고 다음 해에는 중의원·참의원 259명이 '모두 함께 야스쿠니 신사에 참배하는 국회의원의 모임'을 발족했고, 그해 8월 15일에 국회의원들이 집단 참배하는 모습까지 연출되었다. 1982년에는 나카소네 야스히로(中曽根康弘) 수상이 '야스쿠니 신사 참배 문제'를 두고 정부 차원의 연구를 지시하였다. 자민당 정무조사회 내각부회 내부에 '야스쿠니 신사에 관한 소위원회'가 만들어지고, 다섯 차례의 공청 과정을 거친 후 '오쿠보 견해'라고 불리는 입장이 발표되었다. 국가나 정부, 정치인들의 공식 참배가 합당하며 헌법에 저촉되지 않는다는 것이 요지였다. 이에 한국과 중국은 격렬히 반발했고 외교 문제로 비화되기도 했다. 반성하지도 기억하지도 않는 과거, 양심적인 평화주의 세력의 몰락. 1980년대에 강력한 일본을 희구하며 등장한 새로운 우익적 경향이 만들어낸 풍경은 여전히 계속되고 있다.

5강

누가 승자이고, 누가 패자인가

해방 후 3년

1947년 5월 21일부터 약 6개월간 제2차 미소공동위원회가 열렸다. 회담 초기에는 협상이 순조롭게 진행되었지만 결국 의견 차이를 좁히지 못했다. 회담이 실패한 이후 미국은 한반도 문제를 UN에 넘겼고 UN은 총회를 열어 총선거에 의한 정부 수립을 의결하였다. UN이 한반도에 임시위원단을 파견했지만 소련의 반대로 38선 이북 지역은 들어가지 못했고 남한 지역만을 대상으로 활동하였다. 이후 UN은 소총회를 다시 열어 '가능한 지역'에서의 총선거를 결의했다. 남한만의 총선거. 이는 무엇을 의미하는가. 분단. 정말로 한반도가 두 동강 나게 된 것이다.

분단에 대한 반발은 즉각적이었다. 김구와 김규식은 남북협상을 추진하였다. 이들은 김일성(金日成, 1912~1994), 김두봉(金枓奉, 1889~1960) 등 북한의 지도자들에게 '남북 정치 지도자 회담'을 제안하였다. 하지만 북한은 소련의 지원 하에 남한보다 훨씬 체계적으로 정부를 수립하고 있었기 때문에 남북협상은 성과를 거두지 못했다.

1948년은 대한민국 정부가 수립된 해이자 분단이 확정된 해이다. 5월 10일 초대 국회의원 선거를 통해 제헌의원을 선출했고, 7월 17일에는 제헌의원들이 대한민국 헌법을 만들었으며, 제헌헌법에 따라 8월 15일 대한민국 정부가 수립됐다. 김구와 김규식 등은 분단체제에 반대하고 통일정부를 촉구하면서 5·10총선거에 불참했다. 제주도에서도 4월 3일 좌익 무장대를 중심으로 5·10총선거를 반대하는 폭동이 일어났고, 같은 해 10월 19일에는 전남 여수의 군대 내 좌익 세력 반란이 일어났다. 제주4·3사건과 여수·순천 10·19사건이 발발한 것인데 이는 조만간 끔찍한 민간인 학살로 번지고 만다.

분단체제에 대한 반발에도 불구하고 투표 열기는 높았고 제주도를 제외한 전국에서 5·10총선거는 무사히 치러졌다. 이승만과 한민당의 압승을 예상했으나 다양한 정치 세력이 참여하면서 제헌국회는 다채로운 성격을 지니게 된다. 제헌헌법에 따라 국민은 2년 임기의 국회의원을 뽑고, 다시 국회의원이 대통령을 뽑는 간접선거 방식을 취했다. 대통령으로는 이승만이 당선되었다. 그리고 기다렸다는 듯이 9월 9일 북한은 '조선민주주의인민공화국' 수립을 선포한다. 해방 3년 만에 한반도가 둘로 갈라진 것이다.

이승만은 어떻게 승리했을까?

초대 대통령 이승만. 그는 어떻게 해방정국의 혼란을 딛고 승자가 될 수 있었을까? 1945년 10월 16일 이승만은 해외 독립운동가 중 가장 먼저 귀국하였다. 김구와 임시정부 인사들이 입국한 11월 23일보다 한 달 이상 빨랐다. 입국 과정은 그야말로 드라마틱했다. 이승만은 미국 국무부, 전쟁부, 백악관 그리고 맥아더 등에게 직접 귀국 요청을 하며 8월에만 다섯 차례나 적극적인 입국 로비를 시도하였다. 이 와중에 이승만은 맥아더와 뜻이 통하게 된다. 둘 다 강경한 반공주의자였기 때문이다. 이승만은 1945년 7월 27일 맥아더에게 보낸 전문에서 "한인들이 태평양전쟁에 참여하고 싶지만 소련의 방해 때문에 참여하지 못한다"라고 주장하였고, 맥아더는 7월 30일 답신을 보내면서 이승만의 '숭고한 정신(splendid spirit)'을 찬양하였다. 8월 27일 자 전문에서 이승만은 다시 한번 강력한 반공반소노선을 표방하였다.

> 우리는 공동 점령이나 신탁에 반대한다. 만약 점령이 필요하다면, 미국이 흘린 핏값과 소모한 막대한 비용의 대가로 미군만의 단독 점령을 환영한다. 대일본전은 민주주의를 위한 세계 안보를 위해 승리한 것이다. 왜 우리가 러시아로 하여금 한국에 들어와 공산주의 정부를 수립하고 한국에서 유혈 내전의 씨앗을 뿌리도록 허락해야 하는가.
>
> — 정병준, 《우남 이승만 연구》 중

이승만은 맥아더에게 몇 차례에 걸쳐 강경한 입장의 전문을 전달했고 9월 29일경 맥아더는 이승만의 입국을 허가하였다. 국무부가 요청한 여타 재미 한인의 입국 신청은 허가하지 않은 채 말이다. 이때 제이 윌리엄스(Jay Jerome Williams), 프레스턴 굿펠로(Preston Goodfellow) 같은 로비스트들이 이승만을 위해 로비 활동을 벌이기도 했다. 미국에서의 오랜 활동이 빛을 발한 순간이었다. 윌리엄스는 대한민국임시정부를 승인하고 이승만을 한국 정부의 수반으로 인정해서 한반도로 파견해야 한다고 주장했다. 이승만은 좀 더 조심스러운 태도를 견지했다. 매번 임시정부를 존중하며 자신이 초대 대통령이었던 것을 드러냈지만 임시정부를 뛰어넘는 초월적 지도자임을 강조했으니 말이다.

여하간 그는 국무부 인사들의 부정적인 평가에도 불구하고 여러 보수 인사의 지원을 받으며 10월 5일 샌프란시스코에서 출발해 몇 번의 비행기를 갈아 탄 끝에 10월 12일 도쿄 근처 가나가와현 아쓰키 미군 비행장에 도착한다. 그 리고 이곳에서 도쿄 주재 정치고문 애치슨(George Atcheson Jr.), 군정장관 하지 등을 만났다. 맥아더는 이승만과 두 차례 만났다. 당시 기록에는 1919년 '임 시' 대통령(former Commissioner of Korea and in 1919 was 'provisional' President) 자 격으로 맥아더와 면담했다. 애치슨은 미군정의 통제하에 이승만·김구·김규 식 등 임시정부 세력을 중심으로 한반도를 운영해야 한다고 주장했다. 당시만 하더라도 이승만과 임시정부는 하나로 인식되었던 것이다.

귀국 직후 이승만은 안재홍, 백관수, 김준연, 김병로, 김활란, 이묘묵, 백낙준 등 우익 인사들과 만남을 가지며 정치적 주도권을 확보하고자 했다. 좌익도 초 기에는 이승만에 호의적이었고 이승만은 '대동단결'이라는 기치 아래 초월적 지도자상을 추구하였다. 반향 또한 상당했다. 한민당, 안재홍의 국민당, 여운형 의 인민당 그리고 박헌영의 조선공산당은 민족통일전선을 모색했고 이승만은 민족통일기관인 '독립촉성중앙협의회(독촉)' 회장에 추대되었다. 박헌영은 독 촉에 친일파 참여 배제를 요구했고 이승만도 이에 동의하면서 좌익과의 연대 도 성사되었다. 여운형 역시 이승만을 전폭 지지했다.

하지만 이승만은 다소 엉뚱한 난관에 봉착한다. 귀국한 김구와 임시정부 세 력이 독촉 활동에 반응을 하지 않았기 때문이다. 김구와 임시정부 세력은 개인 자격으로 들어오기는 했지만 한반도를 대표하는 절대 유일의 기관이 임시정 부라고 확신했다. 이승만은 김구를 설득하지 못했고 이후 좌익과도 사이가 나 빠지게 된다. 1945년 가을에 이루었던 성과는 몇 달이 지나지도 않은 겨울이 되자 시들해지고 말았다.

1946년 초반 반탁운동이 진행되면서 이승만은 한층 위축된다. 반탁운동의 선봉장으로 김구가 전면에 등장했기 때문이다. 더구나 1946년 3월 18일 미군 정 자문기관 역할을 하던 민주의원 의장직에서 사임하는 등 이승만은 최대의

1946년 창덕궁에서의 이승만(좌)과 김구(우). 대표적인 민족주의 독립운동가였지만 해방 후 각자 다른 길을 걸었다.

정치적 위기를 맞이한다. 소련공산당 중앙기관지 〈프라우다(Pravda)〉는 이승만이 새뮤얼 돌베어(Samuel H. Dolbear)에게 한국 광업권에 관한 광범위한 권리를 넘겨주는 대가로 100만 달러를 받기로 했다는 보도를 했다. 곧이어 〈뉴욕타임스〉를 비롯하여 미국의 언론도 관련 보도를 하였다. 보도의 출처는 미주 민족혁명당 기관지 〈독립〉이었다. 미주 지역의 라이벌이었던 한길수(1900~1976)가 주도한 사건이었다.

이승만은 하지의 권유로 1946년 4월 15일부터 6월까지 '남선순행(南鮮巡行)', 즉 지방 순회를 떠나게 된다. 정치적 궁지에 몰려 마뜩잖게 선택한 지방 순회였는데 뜻밖에도 이 선택이 이승만의 정치적 성공에 결정적인 기회가 되었다. 당시만 하더라도 정치인이 지방을 순회하는 경우는 드물었는데, 이승만은 저명한 독립운동가이자 명연설가였기에 호응이 엄청났다. "공산주의자는 소련으로 보내야 한다. 가족의 일원이라도 거부하라. 공산주의자는 파괴주의자다. 그러므로 공산주의자는 전부 체포하라." 목포에서 했던 연설 중 일부인데 이승만은 노골적으로 반소반공 노선을 표방하였다. 심지어 "남조선에 단독정부를 세워 병력으로 38선을 깨뜨리고 소(련)군을 내어 쫓고 북조선을 차지하겠다"라는 주장까지 했다.

이처럼 강경한 태도에 미군정 그리고 경찰과 지방관리, 마지막으로 친일파들이 적극적으로 호응하였다. 순천에서는 경찰이 이승만 도착 전에 170여 명의 좌익 인사를 검거하였다. 이승만은 미군 헌병대와 무장경찰의 경호를 받으며 환영식에 참가했다. 연설이 끝나자 환영회에 참가한 우익 세력 수백 명은 시내를 행진하면서 각종 좌익 사무소를 습격, 간판을 떼어버리는 등 위세를 부렸다. 친일 경력이 있던 지역 유지들은 이 기회에 이승만이 이끌던 독촉국민회 지회를 결성하는 등 세 과시를 했다. 정치인 이승만의 화려한 성공이었으며 지역 사회에서 우익의 힘이 강성해지는 결정적 계기였던 셈이다.

이승만은 6월 초 정읍, 전주, 이리, 군산 등을 순방하면서 이곳에서 단독정부 발언을 했다. 당시 군산을 방문하기 위해서는 8개의 마을을 지나야 했는데 마을 주민들이 거리로 쏟아져 나왔고, 이리에서는 8,000명의 군중이 빗속에서 2시간 동안 이승만을 기다렸다. 6월 22일 이승만은 개성을 방문해 2만 명 앞에서 연설을 하였다. 3만 명의 공산주의자를 제외한 2,997만 명의 한국인은 통일과 독립을 원한다면서 자신과 미군정은 한뜻이라며 확신에 찬 발언을 하였다. '독립을 위해 우리 투쟁을 도와주는 사람은 모두 친미파이다!' 그는 확신에 찬 연설을 이어갔다. 이승만의 주장 중 크게 문제가 되었던 부분은 '정읍 발언', '남한만의 단독정부를 먼저 세우자'라는 주장이었다. 당시 누구도 분단을 생각하던 때가 아니었기 때문이다. 이승만은 기민하게 대처했다. 때로는 자신의 발언을 수정하는 모습도 보였고 '자율정부', '과도정부' 같은 정치적 수사를 통해 논란을 피해 갔다.

또한 이 시기에 이승만은 중요한 경제적 성공을 거둔다. 결국 정치란 자금이 있어야 가능한 것 아니겠는가. 미군정은 대한경제보국회에 2,000만 원의 불법성 대부를 승인하여 그 절반이 이승만에게 돌아가도록 조치했다. 당시 미군정은 엄청난 액수의 현금을 우익 진영에 제공했다. 한 연구에 따르면 미군정의 지원 자금은 1946~1947년에 약 5,300만 원. 당시 미군정이 좌우합작위원회에 지원한 액수가 1,000만 원이고, 정보참모부 핵심 기관인 방첩대가 사용한 예산이 300만 원을 넘지 않았던 것과 비교해보면 몇 배에 달하는 엄청난 금액이었다. 미군정은 우익을 양성하는 데 매진한 것이다.

대한경제보국회 사건. 즉, 이승만이 미군정으로부터 1,000만 원을 받은 과정은 참으로 흥미롭다. 1945년 12월 일제강점기 경제 인사들인 전용순, 조준호, 박기효 등 친일파들이 주도하는 대한경제보국회라는 단체가 만들어진다. 금맥을 발견하면서 사업에 성공한 유명한 친일파 최창학이 위원으로 있었고 대지주이자 해방 후 일본 군수품을 은닉했던 이상옥, 역시 일본 군수품을 은닉한 허택 등도 모두 이 단체에 참여했다. 이들이 뭉친 이유는 명확했는데 일제가 남기고 간 수많은 광산, 공장, 기업, 토지 등 소위 적산(敵産)에 손을 대고 싶었기 때문이다. 또한 미국에서 들어오는 각종 물자를 손에 넣기 위해서이기도 했다. 이들은 이승만의 알선을 통해 미군정의 허락을 받아 조선은행으로부터 2억 원의 대부를 받고자 하였다. 하지만 뜻대로 일이 풀리지 않았는데 결국 대한경제보국회 10명의 회원이 보증하는 가운데 2,000만 원을 차입하는 데 성공한다.

미군정이 개입한 명백한 특혜 불법 대출이었는데 이후가 더 가관이었다. 대한경제보국회는 이승만과 미군정의 압력에 못 이겨 2,000만 원 중 절반에 달하는 금액을 '국부 이승만'에게 기부하였다. 이승만은 2,000만 원을 모두 받지 못한 것에 격분했다고도 한다. 미군정 역시 이 자금이 우익의 정치 자금으로 쓰이기를 원했다. 이승만과 미군정의 강한 압박으로 대한경제보국회는 대출받은 돈을 의도대로 활용하지 못했고 단체 또한 흐지부지 사라지고 말았다. 이 사건은 매우 상징적이다. 친일파와의 관계에서 이승만은 정치적 성공을 거뒀으며 막대한 정치 자금으로 우익 진영을 주도할 수 있었기 때문이다.

이승만은 더욱 강력한 정치적 모험을 감행한다. 도미 외교. 미국으로 떠나기 전에 이승만은 김구와 중요한 합의를 보았다. 반탁운동을 더욱 격렬하게 추진하면서 여차하면 김구가 국내에서 반란을 일으키고, 이승만이 미국에서 여론을 도모하여 즉각 독립을 이루어내자고 의견을 모은 것이다.

하지만 1946년 12월 미국에 도착한 이승만은 전혀 다른 행보를 보였다. 우선 이승만은 미군정 장관 하지를 집중적으로 공격하였다. '하지가 빨갱이들을 두둔하고 있다. 맥아더는 민주주의를 지향하는데 미군정은 군사독재를 실시한다.' 미군정의 중도파 포용 정책, 좌우합작위원회 지원 정책을 빨갱이 육성 정책으로 몰아붙였고 맥아더와 하지를 이간질하여 연합군 총사령부와 주한미군정 사령부의 사이를 갈라놓고자 했다. 애초 도미의 명분은 유엔 총회에 한국 문제를 상정하겠다는 것이었는데, 이에 대해서는 노력도 성과도 없었다. 그럼에도 국내 언론은 이승만의 도미 외교를 과장 보도하였다. 〈뉴욕타임스〉가 보도한 3년간 6억 달러의 대한 원조 검토안 역시 이승만의 성과인 양 포장되었다.

이승만의 강력한 반공주의 노선은 점증하는 소련의 위협, 공화당의 반공주의에 영합하며 큰 성공을 거두었다. 미국에서는 이승만을 장제스에 버금가는 동아시아의 정치 지도자로 인식하는 계기를 만들었는데, 돌아오는 길에 이승만은 또다시 맥아더를 만났고 중국에 들러 장제스까지 만났다. 이승만은 장제스가 제공한 전용기 '자강호'편으로 광복군 총사령관 지청천(1888~1957)을 대동하고 돌아왔다. 임시정부 초대 대통령이었던 자신의 위엄을 높이고자 한 것이다. 이때 장제스가 김구에게 지원하고자 했던 정치 자금을 확보하려 했지만 실패하고 만다. 이승만의 활동에 충격을 받은 하지는 그의 귀국을 강력하게 반대했지만 맥아더의 지지하에 이승만은 개선장군처럼 서울로 돌아왔다.

하지의 분노는 대단했다. 그는 이승만을 대체할 인물을 찾았다. 서재필(1864~1951)을 미국에서 데려온 후 최고의정관으로 임명하고자 했는데 당시 서재필은 이미 80이 넘었고 한국어조차 잃어버린 말기 암환자였다. 하지는 김규식이나 안재홍 같은 중도파를 활용하고자 했고 김규식을 대통령으로 만들려는 계획도 세웠으나 이 또한 실패한다. 이승만이 미군정 장관을 상대로 정치적 승리를 거둔 것이다.

이승만의 성공은 김구에게 정치적 위기를 불러일으켰다. 당시 김구는 미군정과 극도의 갈등 상태였고 세력 통합에 실패하는 등 총체적인 위기를 겪고 있었다. 돌아온 이승만은 김구에게 임시정부 추대론을 포기하라고 종용했고, 김규식에게는 좌우합작 활동을 그만하라고 요구했다. 떠나기 전 했던 김구와의 약속은 정치적인 제스처에 불과했던 것이다. 그리고 정읍 발언 이후 꾸준히 문제가 된 단독정부론에 대해서 현실적 이유를 들어가면서 사람들을 설득하기 시작하였다.

> (…) 단독정부란 말은 애초에 누가 만들어낸 말인지 모르겠으나 (…) 과도정부로 남북을 대표한 정부를 수립하기로 한 것인데 선거를 반대하는 사람들이 단독선거라는 언론을 내서 인심을 현혹한 것이니 이들은 총선거도 말고 정부도 수립하지 말고 가만히 앉았다가 공산화하고 말자는 것이다.
>
> – 정병준,《우남 이승만 연구》중

"살아 있는 편이라도 완전히 살려서 죽은 편을 살리기를 꾀할 것." 이승만은 단독정부론이 가장 현실적인 판단이었음을 강조하였다. 해방 공간에서 이승만은 철저한 현실주의적 선택으로 일관한다. 그는 김구와 김규식을 이상주의자로 여겼으며, 미군정과 친일파를 다루는 데 점점 능숙해졌다. 이승만은 친일파와의 정치·경제적 투쟁에서 승리하였으며, 미국과 직접적인 관계를 구축하여 자신의 영향력을 극대화하였다. 또한 지방 순행 같은 조직적인 정치활동을 통해 저명한 독립운동가에서 어느덧 최고의 정치가로 부상하게 되었다.

따져보면 이승만은 오랫동안 명성만 있는 독립운동가에 불과했다. 독립협회 급진파, 최초의 박사 학위자 그리고 임시정부 초대 대통령. 그의 이력은 여기에 멈추어 있었다. 1920년대 이후 이승만은 독립운동사에서 미미한 존재였고 미주 지역에서도 그의 삶은 대부분 사업적인 활동이었다. 이승만은 안창호(安昌浩, 1878~1938)나 김구와는 전혀 다른 삶을 살았다. 안창호는 끊임없이 대안을 마련하고자 세계 곳곳을 돌아다녔으며 동포 사회를 기반으로 단위를 만들어 갔다. 김구는 의혈투쟁, 장제스의 지원 그리고 광복군 건설 등 임시정부에 헌신하면서 3·1운동의 정통성을 극적으로 확대해나갔다. 그때 이승만은 무엇을 했던가. 이승만은 국제 정세가 불안해지고 기회다 싶을 때 열강의 도움을 요청하는 활동에만 머물러 있었다. 소위 현실주의적인 선택만을 반복했을 뿐이다. 그랬던 그에게 1945년 해방 이후의 환경이 극적인 기회를 제공한 것이다.

운이 크게 따랐음을 부정할 수 없다. 안창호의 죽음 이후 그와 견줄 만한 미주 지역의 독립운동가는 등장하지 않았으며 한민당에 그의 적수가 될 만한 인물은 없었다. 오랜 미국 생활을 통한 인맥 형성, 냉전으로 인한 반공주의 열풍 등 모든 것이 이승만에게 유리했으니 말이다. 이승만의 현실주의적 선택은 대통령 이승만이라는 현실 권력으로 귀결되었다. 이승만이 이끄는 대한민국이 시작된 것이다.

김구와 중도파의 패배

왜 김구는 패배했을까? 독립운동가가 아닌 정치가로서 김구는 유능하지 못했다. 1945년부터 1948년까지 김구는 갈팡질팡했고 지속적으로 패배했다. 김구는 스스로 이인자를 자청했다. 우익의 단합을 강조하며 언제나 이승만을 최고 지도자로 깍듯이 예우했고 존중했다. 편의적으로 김구를 대했던 이승만과는 너무나 대조되는 모습이었다. 당시 대부분의 우익이 그러했듯 김구 역시 친일파 문제 앞에 주춤거렸고, 그 때문에 좌익의 공세에서 자유롭지 못했다. 극우 청년단체나 테러단체를 지지·지원하기도 했다.

무엇보다 김구는 미군정과의 관계가 원만하지 못했다. 반탁운동 가운데 김구는 미군정의 권위를 거역하며 임시정부 추대론을 주장하였으며 미군정을 상대로 쿠데타를 시도하기도 했다. 그는 반탁운동에 집중하면서 친일파들에게 기회를 주었고, 좌우합작운동 당시에는 운동의 맥락을 깊이 이해하지 못했고 뒤늦게, 사실상 분단이 확정된 상태에서 남북협상에 뛰어들었다. 이승만 못지 않은 저명한 지도자였고 국민들 사이에서 인기가 대단했음에도 그는 노련한 정치가로 거듭나지 못했다.

하지만 이승만의 성공이 그렇듯 김구의 실패 역시 사정을 자세히 들여다볼 필요가 있다. 우선 김구와 임시정부는 오랜 기간에 걸쳐 충칭에서 결성된 연합 세력이었다. 통합임시정부는 귀국과 동시에 눈 녹듯 사라져버리고 말았다. 좌우 갈등 가운데 여러 분파가 각자의 길을 갔기 때문이다. 임시정부에서 야당 노릇을 했던 김원봉(1898~1958)의 민족혁명당이 대표적인 경우다. 김원봉은 임시정부의 일원으로 귀국했지만, 얼마 후 좌익 연합 단체인 민주주의민족전선에서 활동하다 북행을 결정했다. 한국광복군 총사령관 지청천은 대한청년당을 세웠고 임시정부 외무상이었던 조소앙(趙素昻, 1887~1958) 역시 사회당을 세우며 혁신계의 거두가 되었다. 사실상 김구와 그를 추종하던 한국독립당(한독당) 계열의 인사들만이 임시정부 세력임을 표방하고 있었던 것이다.

김구와 한독당은 한민당, 국민당 등 국내에서 결성된 우익 정당과의 관계 또한 원만히 풀어가지 못했다. 한민당과의 갈등은 유명한 일화를 남겼다. 여운형이 송진우에게 건국준비위원회 결성을 제안했을 때 거절의 명분이 '임시정부가 유일 정부다'라는 것이었을 만큼 한민당이 임시정부에 거는 기대는 매우 컸으며 당시 대다수 국민의 마음이기도 했다. 하지만 귀환한 임시정부 세력은 미미했고 그만큼 실망이 컸다. 한민당이 마련한 환영 자리에서 두 세력은 감정싸움을 벌였다. 임시정부 세력 입장에서 한민당은 친일파와 다를 게 없는 무리였으니 말이다. 이승만이 유연하게 한민당을 활용한 것에 비해 임시정부 세력은 경직된 태도를 보였다.

귀국 후 김구와 임시정부 세력, 정확히 말해 한독당은 한결같은 방향을 지향했다. 대한민국임시정부는 한반도를 대표하는 유일한 정부이다! 김구와 한독당은 1946년 초반 반탁운동을 통해 두각을 나타냈다. 어떤 우익 진영보다 가장 적극적으로 움직였다. '신탁통치반대국민총동원위원회'를 구성하였고 이를 임시정부의 국무위원회 산하에 두고 9인의 위원이 관리하게 했나. 비록 개인

김규식, 조소앙, 안재홍(왼쪽부터 차례로). 당대의 대표적인 중도파 인사들이다.

신분으로 귀국했지만 경교장에 모여서 끝까지 정부 형태로 조직을 운영한 것이다.

반탁운동에 대한 국민들의 지지는 대단했다. 김구와 한독당은 이 기세를 이용해 '임정봉대론', 즉 임시정부를 정식 정부로 만들겠다는 목표로 치열하게 활동했다. 1945년 12월 31일 '국자(國字) 1호', '국자 2호'가 발표되었다. 미군정 산하 기관 및 직원을 임시정부가 직접 접수해 통치하겠다는 포고문이 서울 시내에 부착됐고 지방에도 전달되었다. 임시정부 산하 정치공작대 대원들이 저지른 일이다. 김구가 미군정을 대상으로 쿠데타를 시도한 것이다. 1946년 1월 1일 하지가 김구를 소환했고, 김구는 이에 격분해 자살 소동까지 벌였다. 하지만 결과는 미군정의 승리. 김구는 중앙방송을 통해 반탁운동을 위한 파업을 포기하라는 지시를 내렸고, 미 방첩대는 임시정부 정치공작대 중앙본부에 출동해 서류 일체를 압수하였다. 이때부터 미군정은 김구를 경계하게 된다.

반탁운동이 본격화되는 시점에 이승만의 독립촉성중앙협의회와 김구의 신탁통치반대국민총동원위원회가 통합해 '대한독립촉성국민회(대한독촉국민회)'가 된다. 김구와 임시정부 세력은 대한독촉국민회를 확실하게 장악하기 위해 노력했다. 또한 안재홍이 이끌던 국민당, 신한민족당 등을 한독당에 통합하였고 한민당까지 흡수하고자 했다. 이 시기 김구는 임시정부라는 큰 그릇에 이승만을 포함시키고자 했다. 이승만이 지방 순회를 떠나기 직전, 김구는 이승만에게 한독당 중앙집행위원장이 되어달라고 부탁했다.

하지만 상황은 김구의 뜻과는 반대로 흘러갔다. 임시정부 내무부장이던 신익희(申翼熙, 1894~1956)가 이승만 진영에 가담한 것이다. 신익희는 정치공작대, 행정연구위원회 등을 이끌면서 반탁운동을 주도했던 인물이다. 하지만 반탁운동 과정에 정치공작대가 급성장하고 신익희가 이를 사조직화하면서 내부 갈등이 심각해졌다. 신익희는 정치공작대를 이끌고 이승만과 연합하였고, 그 대가로 대한독촉국민회 부의장을 맡았다. 결국 우익이 결집했던 대한독촉국민회는 이승만이 장악하게 된다.

패배는 계속되었다. 1947년 5월에는 전당대회를 통해 신한민족당계의 권태석·김일청을 제명하고, 6월 19일에는 국민당 당수였던 안재홍을 비롯하여 46명의 당원을 제명하였다. 국민당과 신한민족당은 당시 중요한 세력이었다. 더구나 이승만이 대한독촉국민회를 장악하고 한민당이 이를 떠받치는 상황에서, 한독당과 국민당 그리고 신한민족당의 연합체는 어쩌면 김구와 임시정부 세력 최후의 보루였다. 하지만 2차 미소공동위원회가 진행되면서 안재홍 등이 반탁운동보다는 미소공동위원회 참여를 주장했고, 이것이 원인이 되어 분열에 이르게 된 것이다. 더구나 당시 안재홍은 미군정이 임명한 민정장관이었고 여운형, 김규식에 버금가는 우익 진영의 중도파 지도자였다. 한독당은 어처구니 없는 오판을 이어가고 있었다.

당시 김구는 장제스의 지원을 받았다. 장제스는 20만 달러와 3명의 무전사, 무전기를 제공하였는데 미군정의 승인을 받지 못했기 때문에 주미 중국 대사관 등을 거쳐 김구에게 전달되었다. 우선 10만 달러가 들어왔고, 나머지 10만 달러는 이승만이 가로채려 했으나 결국엔 김구에게 전달되었다. 이후에도 김구는 장제스에게 자금 지원을 요청하였다. 하지만 국공내전이 시작되었고 장제스는 조만간 타이완으로 쫓겨 갈 처지였으니 김구는 가장 중요한 조력자를 잃을 운명이었다. 이 와중에 김구는 미군정을 상대로 또 한 번의 조악한 쿠데타를 일으켰고 이승만의 도미 외교에 환상을 품는 등 무모한 정치활동으로 허우적거렸다.

이것이 위대한 독립운동가의 비극적인 정치적 말로인가? 마냥 그렇게 해석할 수는 없다. 그는 20년 이상 임시정부를 이끌었고 사실상 김구에 의해 임시정부는 활기를 찾고 크게 성장할 수 있었다. 이봉창·윤봉길 의거를 기획한 사람이 김구이고, 거사가 성공하자 국민당의 지원을 받으며 임시정부 세력을 확장할 수 있었다. 김원봉과의 경쟁에서 승리하였으며, 동시에 수많은 독립운동가를 끌어들여 통합임시정부를 세웠고, 광복군을 건설하여 대일 선전포고를 했으며, 대한민국건국강령을 만장일치로 끌어냈다. 중국이라는 독립운동의 험지에서 거의 유일하게 단위를 만들어내고 독립운동의 길을 확장시킨 인물이 김구라는 말이다.

그런데 해방 후 그는 왜 이토록 힘겨울 수밖에 없었을까? 이질적인 국제 정세가 도래하였고 남한의 정치 환경은 그가 쌓아 올린 성취와는 무관하거나 적대적인 것들이었다. 더구나 임시정부 정통론, 민족 지상주의 등 그의 사상적 지평은 미국과 소련 같은 강대국이 선호하는 생각도 아닐뿐더러 좌우 갈등의 이념적 공세하고도 거리가 먼 것들이었다. 독립운동가가 이루어낸 성취가 무용해져버린 시대가 도래한 것이다.

이제 그는 끝났는가? 하지만 그는 감당하기 힘들 정도의 엄청난 정치적 전향을 통해 새로운 영향력을 확보하였으며, 1949년의 비극을 통해 한민족의 역사에 남을 인물이 된다. 남북협상이라는 더욱더 무모한 길을 선택했기 때문이다.

6강

신생 공화국, 대한민국

불완전한 출발

지금 독립정부의 수립이 당장에 가망 없다고 해서 단독정부를 세울 수는 없는 것이다.

삼천만 동포 자매형제여, 지금 나의 하나뿐인 염원은 삼천만 동포와 손잡고 통일정부를 세우는 일에 공동 분투하는 일이다. 조국이 원한다면 당장에라도 이 한목숨 통일제단에 바치겠노라.
나는 통일정부를 세우려다가 38선을 베고 쓰러질지언정 일신의 구차한 안위를 위해서 단독정부를 세우는 일에는 가담하지 않겠노라.

고요한 밤에 홀로 앉으면 남북의 헐벗고 굶주린 동포들의 원망스러운 용모가 눈앞에 어릿거린다. 붓이 여기에 이름에 가슴이 막히고 눈물이 앞을 가려 말을 이으지(잇지) 못하겠노라.

삼천만 동포 자매형제여, 나의 이 애달픈 고충을 명찰하고 다시 깊이 생
각하시라.

1948년 2월 10일에 발표된 김구의 '삼천만 동포에 읍고(泣告)함'이라는 글
이다.

조선은 역사적으로 남북이 분할된 일이 없었다. 그러므로 나는 단정(單
政)이란 말은 모른다. 세계 어느 나라든지 중앙정부는 있으나 단정이 정
부 행세하는 일이 없다. 38선은 미소 양국 간에 만든 것이며 한인이 만
든 것은 아니다. 그러므로 이 38선 경계선은 결자해지(結者解之)로 만든
자가 제거시켜야 할 것이다.

〈경향신문〉 1948년 1월 28일 자에 실린 김규식의 글이다.

분단을 막기 위한 중도파의 헌신

김규식은 오랫동안 일관되게 치열히 싸워왔다. 독실한 기독교 장로이자 확고
한 우익적 신념에도 불구하고 그는 오랫동안 좌우합작을 위해 헌신했다. 독립
운동 당시에도 여운형, 김원봉 등과 연대하며 연합 노선을 지켜왔고 해방 후에
도 마찬가지였다. 그는 민주의원 의장직에서 이승만을 밀어냈고, 좌우합작위
원회 운동을 주도했으며, 친일파의 발호와 미군정의 편의적인 정치 행태를 두
고 안재홍과 함께 치열하게 맞싸웠다.

김규식 역시 험난한 길을 걸었다. 이승만은 김규식을 좌우합작위원회 활동에 적극 추천했다. 하지만 막상 김규식이 좌우합작 활동에 나서자 이를 매섭게 공격했다. 과도입법위원 선거가 부정적인 형태로 진행돼 이승만-한민당 계열의 압도적 승리로 끝나자 김규식은 적극적으로 이에 항의하였다. 결국 재선거를 치러 김성수, 장덕수 등 한민당의 주요 지도자들을 낙선시켰지만 그로 인해 테러 위협에 시달렸다.

1947년 7월 2일 입법위원장 김규식, 민정장관 안재홍을 중심으로 '만족반역자·부일 협력자·모리간상배에 관한 특별조례'가 만들어진다. 친일파를 처단하고자 한 것이다. 하지만 반발이 거셌다. 괴청년들이 김규식의 집을 둘러싸고 위협시위를 벌였고, 안재홍의 사무실도 습격을 당했다. 경찰은 독자적으로 격렬한 청원운동을 벌이며 특별법을 무력화하고자 했다. 미군정은 인준을 보류하는 방식으로 특별법을 외면하였고, 김규식과 안재홍을 중심으로 한 중도파의 노력은 끝내 실패하고 만다.

분단이 확실시되자 김규식은 '민족자주연맹'을 결성해 중도파 세력의 결집을 도모했으며, 마음을 고쳐먹은 김구와 연합해 '남북협상운동'에 매진하였다. 김구, 김규식, 조소앙, 김창숙, 조완구, 홍명희, 조성환 등은 5·10총선거를 공개적으로 반대하는 '7거두 성명'을 발표하고 '북행 5원칙'을 통해 북한의 결단을 촉구하였다.

> 소련은 조선의 김구에게서 그 충실한 대변인을 발견했다고 생각할 것이다. (…) 그의 자살적 행동으로서 참으로 해괴한 일이라고 하지 아니할 수 없다. (…) 김구를 조선민족의 지도자로는 보지 못할 것이(다)
>
> — 1949년 1월 29일, 한국독립정부수립대책협의회 성명 중

분단의 위기 앞에서 김구는 그간 견지해온 정치적 입장을 완전히 포기했다.

비서 선우진, 김구, 김구의 아들 김신(왼쪽부터 차례로). 1948년 4월 북으로 가던 도중, 개성에서 북서쪽으로 7킬로미터 떨어진 여현의 38도선 앞에서 기념촬영을 하였다.

(자료: 백범김구선생기념사업회)

임시정부의 정통성, 우익의 단결 이런 것들이 민족의 분단 앞에 무슨 가치가 있는가. 김구는 분단을 막기 위해 중도파로 돌아섰고 정치적 운명을 걸고 남북협상에 나섰다. 그러자 한민당을 비롯한 우익 세력은 김구를 빨갱이로 몰기 시작했다. 북한 역시 정치적이었다. 남북협상은 원만하게 진행되지 않았다. 김일성은 끊임없이 김규식과 김구에게 자신들이 원하는 방향으로 행동하라고 다그쳤고, 그러지 않는 것은 '민족이나 통일에 대한 배신적 행위'라고 성명서를 발표하기까지 했다. 김구와 김규식은 5·10총선거에 불참하였다. 민족적 대의를 견지했을 뿐 분단 앞에 이들이 할 수 있는 것은 없었다. 대의도, 민족적 이상도 정치적 득실 앞에서 맥을 추지 못했다.

농지개혁의 성공:
토지는 농민에게

1948년 8월 15일 제헌국회와 대통령 이승만이 주도하는 대한민국 정부가 들어섰다. 이들이 이끄는 대한민국은 어떠했을까? 5·10총선거의 결과는 의외였다. 무소속이 85명이나 당선됐고 이승만 계열의 대한독촉국민회가 55명, 한민당은 29명이 당선되었다. 무소속 의원 중 20여 명은 이승만 계열 혹은 한민당 계열이었지만 당선을 위해 무소속으로 나왔다. 정치적 승리가 민심을 대변하는 것은 아니었다. 김구와 김규식은 패배했지만 여전히 상당수의 국민이 이들을 지지하고 응원하였다. 분단에 대한 거부감, 친일파 처단에 대한 열망, 토지개혁 같은 강력한 사회개혁에 대한 욕구가 넘쳐나는 시대였던 것이다.

국회가 구성되자 조봉암(曺奉岩, 1898~1959) 등 무소속 의원 60여 명은 '무소속구락부'를 만들었다. 개혁적인 성향이 강한 소장파 의원들이었다. 이승만은 이들을 주목했고 이들을 이용해서 미군정 이래 세력을 쌓아온 한민당을 견제했다. 한민당은 이승만에게 협조하며 집권을 꿈꿨지만, 이승만은 한민당을 철저하게 소외시킨다. 무소속구락부의 리더 조봉암을 초대 농림부 장관으로 임명한 것도 그 때문이었다.

대통령 이승만과 무소속구락부의 합작은 농지개혁법의 견인차가 되었다. 5·10총선거 당시 후보자들은 하나같이 '토지는 농민에게'를 외쳤다. 제헌헌법에도 농지개혁이 명문화되어 있었다. 그만큼 지주·소작제 문제가 심각했으며 농민들은 강력한 개혁을 원하고 있었던 것이다. 국회 위원회가 구성되고 약 5개월간의 노력 끝에 조봉암이 이끄는 농림부는 '연간 수확량의 15할, 3년 거치 10년 상환', 상환 지가는 '12할, 6년 상환' 등의 구체적인 조항을 마련했고 농지개혁 이후 농지 매매, 특히 소작 임대차를 금지하는 등 매우 체계적이고 구체적인 방안을 내놓았다.

반발이 컸다. 국무회의에서는 이례적으로 농림부가 제안한 개혁안에 대해 기획처의 재심사를 지시했다. 재심사를 맡은 인물들은 대부분 한민당이었다. 지주 정당의 노골적인 저항이었던 것이다. 이들은 기존의 안보다 훨씬 완화된 수준의 개혁안을 제시하였고 정치 공세를 통해 조봉암을 농림부 장관직에서 물러나게 했다. 같은 시기 한민당이 장악하고 있던 국회 내 산업위원회에서도 보수적인 농지개혁안이 제시됐고 그나마 제안된 개혁안조차 국회에서 계류되면서 농지개혁은 1년 이상 미뤄지게 된다. 그러다 보니 농지개혁을 한다는 소문만 파다한 상황에서 지주들이 소작인들에게 토지를 팔고, 소작농의 비율이 급격히 줄어드는 등 예상치 못한 상황이 생겨났다.

흥미로운 점은 최종적으로 통과된 농지개혁법이 애초의 농림부 안과 유사했다는 점이다. 1949년 6월 21일 기준으로 농가 실태 조사를 마쳤으며, 1950년 5월 이후 농지개혁 사업이 진행된다. 유상매입·유상분배. 3정보를 초과하는 토지에 대해서 지주의 소유권을 박탈한 후 국가가 지주에게 지가 증권을 발급하였다. 소유권에 대한 보상 차원이었다. 토지를 분배받은 농민들은 소유권을 인정받았으며 5년간 균분하여 낮은 이율로 지가를 상환하였다. 애초에 상환 단가가 낮았으며 사업이 진행된 해를 기준으로 증권과 지가 상환액이 설정되었다. 이후 한국전쟁이 발발하며 물가가 폭등했기 때문에 지가 증권은 휴지조각처럼 돼버렸고 농민들의 토지 소유권은 수월하게 확립된다. 한계도 있었다. 학교 법인 토지에 대한 면제 조치 등으로 대지주들이 사학 법인을 설립하여 재산을 보존하는 등 새로운 문제가 발생했기 때문이다.

농지개혁법의 실시는 두 가지 중대한 의의를 지닌다. 우선 조선 중기 이래 농촌 모순이 근본적으로 해결되었다. 가진 자들이 토지를 장악하고 노동의 대가를 과도하게 가로채는 구조적 문제가 비로소 해소된 것이다. 농지개혁은 경자유전(耕者有田)의 원칙을 확립하였다. 즉, 농토를 일구는 사람들이 토지 소유권을 갖는다는 원칙이 관철된 것이다. 이는 오늘날에도 견지되는 원칙이다. 또한 농지개혁은 산업화 과정에도 이득이 되었다. 지주제가 해체되면서 지주들의 토지 지배력이 약화되었기 때문에 토지 매매가 수월해졌으며 농민들이 노동자가 되기에도 유리했다. 즉 국가나 자본가는 보다 수월하게 필요한 토지를 구매할 수 있게 되었고, 농민들 역시 고율의 소작료에서 벗어났기 때문에 스스로의 선택에 따라 도시로 가서 노동자가 될 수 있었던 것이다. 그리고 토지에서 벗어난 자본가와 노동자들은 자신들의 노력에 따라 부를 축적할 기회를 얻게 된다. 1960년대 이후의 산업화가 성공을 거둔 배경에 농지개혁이 있었던 것이다. 라틴아메리카나 동남아시아의 여러 국가는 토지개혁 없는 산업화를 추진하였고, 그 결과 산업화 과정이 수월하지 않았으며 지주가 자본가가 되면서 계급 모순이 심화되는 현상까지 일어났다. 당시에 농지개혁이 이러한 미래를 예상하며 이루어졌다고 할 수는 없겠지만 결과적으로 농지개혁은 당시의 모순, 미래의 사회적 발전 모두에 긍정적인 영향을 미쳤다고 평가할 수 있다.

하지만 무소속구락부, 즉 소장파의 도전은 농지개혁법 수준에서 멈추고 만다. 지방자치법, 통일 문제, 미군 철수 문제 등 개혁적인 의제들이 모두 실패했기 때문이다. 무엇보다 친일파 처단 활동에서 처절하게 패배했다. 이승만의 견제 때문이었다.

반민특위:
친일파 처단에 실패하다

친일파 처단은 당시 가장 시급한 문제였다. 새로운 민족국가를 건설하기 위해서는 일제강점기의 잘못된 유산을 청산해야 했고, 무엇보다 친일파 처단을 통해 민족정기를 바로 세워야 했기 때문이다. 극우 파시즘 시대에 대한 부역자 처벌은 당대 세계적인 추세였다. 프랑스는 나치 독일에 협력한 이들에 대한 광범위한 숙청 사업을 전개하였고 중국 역시 친일파 처단에 엄격했다. 국민당과 공산당은 각각 강력한 형태로 친일파 처단에 성공하였다. 북한에서도 광범위한 친일파 숙청이 진행되었다. 하지만 남한에서의 친일파 처단은 순탄치 않았다.

미군정은 집권 초기 현상 유지 정책을 실시했는데 반발이 심각했다. 3부조정위원회(SWNCC)는 맥아더에게 일본인 간부들의 조속한 해임을 권고하였다. 하지만 하지의 정치고문 베닝호프(Merrell H. Benninghoff)는 '유능한 조선인이 전혀 없다'는 이유를 들어 일본인 관리 해임을 반대했다. 그럼에도 어쨌든 일본인 관리들은 빠르게 해임되었고 국장급 고위 관료들은 미군으로 교체되었다. 문제는 개혁 과정에서 선임된 미군정청 중앙행정기구의 조선인 고위 관료 중에 상당수가 친일 경력이 있었다는 점이다. 문교부에서 일한 유억겸은 일본 동경대학교 법학부를 졸업한 후 조선임전보국단 이사, 일본기독교청년회 조선연합회 경성 대표, 시국대응전선사상보국연맹 역원, 흥아보국단 경기도 위원, 임전대책협의회 위원 등 화려한 친일 경력을 쌓아왔다. 체신부 길원봉과 토목부 최경렬 등은 조선총독부 관리로 복무했고, 한때 젊고 유능했던 민족주의자 조병옥(趙炳玉, 1894~1960) 역시 '조선인은 일제의 충량한 병사가 되어야 한다' 식의 강연을 진행하는 등 큰 잘못을 저질렀다. 고위 관료의 면면을 살펴보면 미국 컬럼비아대학교 경제학 박사(경무 조병옥), 미국 매사추세츠 주립공과대학교 졸업(상무 오정수), 미국 시카고 노스웨스트대학교 졸업(보건후생 이용설), 미국 컬럼비아대학교 졸업(공보 이철원), 미국 예일대학교 졸업(노동 이대위) 등 주로 영어에 능통하며 연희전문학교, 세브란스 의학전문학교 등 기독교 계통의 학교를 졸업하고 교수로 활동하던 자들이 다수였음을 알 수 있다. 친미 계열을 대거 등용한 것이다. 하지만 이들 중 상당수가 친일파였다는 것이 문제였다.

중하위직 관리들은 더욱 심각했다. 중하위직으로 내려갈수록 일제강점기 관리들이 다수를 이루었다. 1946년 기준 충남도청의 부·과장 22명 중 18명이 일제강점기 때 관리였고, 대전부청은 부윤을 제외한 5개 부서의 과장 그리고 부청의 240명 관리 전체가 일제강점기 때 관리였다. 미군정 기간에 경상북도 국장으로 임명된 18명 중 10명, 과장 71명 중 39명, 부윤·군수로 기용된 71명 중 47명이 일제강점기 때 관리였다.

사법부, 검찰, 경찰, 군의 고위직에서는 오히려 친일파의 비율이 높아졌다. 미군정기 대법원장, 공소원 원장, 지방법원 원장 13명 중 12명이 조선총독부 판사, 검사 또는 군인이었고 검사장 17명 중 14명 역시 비슷했다. 미군정기 동안에는 늘어나는 행정수요에 대처하기 위해 259명의 판사와 161명의 검사를 새로 임명했는데, 그중 절반 정도가 일제강점기 때 관리들이었다. 그중 대구공소원 원장 이호정은 고려혁명군 사건 당시 신의주 지방법원 판사였고, 서울 지방법원 부장판사 류영도 일제강점기 때 26년간 판검사로 활동하면서 독립운동을 탄압하는 데 일조한 인물이었다.

무엇보다 경찰이 심각했다. 윌리엄 매글린(William H. Maglin) 대령이 작성한 '조미공동소요대책위원회' 보고 내용에 따르면 8개 도 경찰청장 중 5명, 6명의 경찰청 차장 가운데 4명과 치안감 1명, 총경 30명 가운데 25명, 경감 139명 가운데 104명, 경위 969명 가운데 806명이 일제강점기 때 경찰이었다. 1946년 현재 전체 2만 5,000명의 경찰 중 5,000명이 일제강점기 때 경찰이었다.

군대 역시 비슷했다. 국군의 전신은 조선국방경비대였다. 간부를 양성하기 위해 군사영어학교가 만들어지는데, 이곳의 주요 멤버가 일본군과 만주군 출신이었다. 군사영어학교는 1946년 4월까지 약 5개월간 운영되었는데 배출한 110명의 장교 가운데 일본군 출신이 87명, 만주군 출신이 21명으로 108명이나 되었다. 이렇게 된 데에는 광복군 계열이 임시정부의 법통을 강조하며 미군정이 주관한 간부학교에 참여하지 않은 부분도 있다. 또한 무장독립운동을 했던 인

불완전한 출발

물들 상당수가 고령이거나 무능했기 때문이기도 하다. 여하간 미군정기 조선경비대 주요 간부의 경력을 살펴보면 끔찍하기 짝이 없다. 조선경비대 총사령관 원용덕은 만주군 군의장교로서 만주군 중령을 역임한 인물이었고, 이형근은 일본 육사를 졸업해 일본군 대위가 되었다. 총참모장 정일권은 만주군관학교와 일본 육사를 졸업해 만주군 대위를 역임하는 등 대부분의 이력이 이러했다.

대한민국 정부가 수립된 이후에도 별반 차이가 없었다. 대통령 이승만은 편의적인 발상으로 친일파를 대했다. 친일파가 포진된 관료·경찰 세력을 통치 수단으로 이용한 것이다. 이들은 좌우 갈등이라는 정치 상황에 부응하며 반공 세력의 주축이 되었고 우익을 자처하였다. 이러한 상황에서 1948년 8월 헌법 제101조에 의거, 국회에 반민족행위처벌법기초특별위원회가 구성되었고 반민족행위처벌법이 만들어졌다. 이를 바탕으로 반민족행위특별조사위원회, 일명 반민특위가 구성된다. 친일파 처단에 대한 열기는 대단했고 국민들은 반민특위의 활동을 주시했다.

반민족행위처벌법
(시행 1948.12.28) (법률 제13호, 1948.12.7, 일부개정)

제1장 죄
제1조 일본 정부와 통모하여 한일합병에 적극 협력한 자, 한국의 주권을 침해하는 조약 또는 문서에 조인한 자와 모의한 자는 사형 또는 무기징역에 처하고 그 재산과 유산의 전부 혹은 2분지 1 이상을 몰수한다.

제2조 일본 정부로부터 작을 수한 자 또는 일본제국의회의 의원이 되었던 자는 무기 또는 5년 이상의 징역에 처하고 그 재산과 유산의 전부 혹은 2분지 1 이상을 몰수한다.

신생 공화국, 대한민국

제3조 일본치하독립운동자나 그 가족을 악의로 살상박해한 자 또는 이를 지휘한 자는 사형, 무기 또는 5년 이상의 징역에 처하고 그 재산의 전부 혹은 일부를 몰수한다.

제4조 좌의 각호의 1에 해당하는 자는 10년 이하의 징역에 처하거나 15년 이하의 공민권을 정지하고 그 재산의 전부 혹은 일부를 몰수할 수 있다.

1. 습작한 자

2. 중추원 부의장, 고문 또는 참의 되었던 자

3. 칙임관 이상의 관리 되었던 자

4. 밀정 행위로 독립운동을 방해한 자

5. 독립을 방해할 목적으로 단체를 조직했거나 그 단체의 수뇌간부로 활동하였던 자

6. 군, 경찰의 관리로서 악질적인 행위로 민족에게 해를 가한 자

7. 비행기, 병기 또는 탄약 등 군수공업을 책임 경영한 자

8. 도, 부의 자문 또는 결의기관의 의원이 되었던 자로서 일정에 아부하여 그 반민족적 죄적이 현저한 자

9. 관공리 되었던 자로서 그 직위를 악용하여 민족에게 해를 가한 악질적 죄적이 현저한 자

10. 일본 국책을 추진시킬 목적으로 설립된 각 단체본부의 수뇌간부로서 악질적인 지도적 행동을 한 자

11. 종교, 사회, 문화, 경제 기타 각 부문에 있어서 민족적인 정신과 신념을 배반하고 일본침략주의와 그 시책을 수행하는 데 협력하기 위하여 악질적인 반민족적 언론, 저작과 기타 방법으로써 지도한 자

12. 개인으로서 악질적인 행위로 일제에 아부하여 민족에게 해를 가한 자

제5조 일본치하에 고등관 3등급 이상, 훈 5등 이상을 받은 관공리 또는 헌병, 헌병보, 고등경찰의 직에 있던 자는 본 법의 공소시효경과 전에는 공무원에 임명될 수 없다. 단, 기술관은 제외한다.

불완전한 출발

제6조 본법에 규정한 죄를 범한 자, 개전의 정상이 현저한 자는 그 형을 경감 또는 면제할 수 있다.

제7조 타인을 모함할 목적 또는 범죄자를 옹호할 목적으로 본 법에 규정한 범죄에 관하여 허위의 신고, 위증, 증거인멸을 한 자 또는 범죄자에게 도피의 길을 협조한 자는 당해 내용에 해당한 범죄 규정으로 처벌한다.

제8조 본 법에 규정한 죄를 범한 자로서 단체를 조직하는 자는 1년 이하의 징역에 처한다.

* 반민족행위처벌법의 일부이다. 법문은 구체적으로 친일의 죄를 규명한 후 분류하고 있다. 죄의 무게에 따라 처벌의 수위를 나누었으며, 죄에 대한 책임을 엄중히 묻고자 했다. 또한 친일파를 공직에서 퇴출시키는 등 공민권 제한 같은 보다 구조적인 형태의 친일파 처단 조항까지 담고 있다.

하지만 반발 또한 심상치 않았다. 김준연·곽상훈·황호현·서성달 등은 반민족행위처벌법이 시행되면 사회가 혼란해진다면서 제정 자체를 반대했고, 제정하더라도 처벌 대상을 축소하고 관대하게 처벌해야 한다고 주장했다. 특히 김준연의 활약이 대단했다. 그는 반민족행위처벌법의 조항을 축소하고 공소시효도 1년으로 하자고 제안하였다. 또한 수사를 위한 특별재판부 설치도 반대하는 등 시종일관 반민특위를 무력화하기 위해 노력하였다.

하지만 반민족행위처벌법은 찬성 103명, 반대 6명으로 통과되었다. 그리고 이 법에 근거해 반민특위, 특별검찰부, 특별재판부가 구성되었다. 반민특위 조사위원은 국회의원 가운데 10명, 특별검찰부는 9명으로, 특별재판부는 국회의원 5명, 고등법원 이상의 법관 또는 변호사 6명, 일반 사회 인사 5명 등 16명으로 만들어졌다.

특위 위원장은 김상덕으로 2·8독립선언서를 주도했고 김원봉, 김구 등과 연대해 치열한 독립운동을 벌인 민족 지사였다. 그 밖에 오기열, 김경배, 이종순 등 총 6명의 위원이 독립운동가였다. 이들을 중심으로 지방 조사부도 체계적으로 구성되었다. 문제는 이렇게 구성된 위원회 내에도 친일파 처단에 소극적인 인사, 심지어는 친일파가 다수 있었다는 점이다. 반민족행위처벌법 반대에 앞장섰던 한민당의 김준연 역시 반민특위 위원이었고 특별검찰부 검찰관 곽상훈도 비슷한 입장이었다.

무엇보다 행정부가 문제였다. 이들의 지원이 있어야 반민특위가 정상적으로 활동할 수 있는데, 당시 정부 조직은 반민특위에 유리하지 않았다. 1949년 8월 기준 중앙정부 차관·차장 30명 중 12명이 친일파였고, 이 시기 국방부·농림부·사회부를 제외한 각 부처의 비서실장과 국장으로 임용된 83명의 관리 중 47명이 친일 행적이 있었으며, 이러한 경향은 하위직일수록 심각했다.

사법부와 검찰도 못지않았다. 대법원장 김병로를 제외한 대법관 5명 전원이 일제강점기 때 판사였고 검찰총장 김익진도 마찬가지였다. 대검찰청 검사로 기용된 4명, 즉 당시 고등법원 원장, 지방법원 원장, 고등검찰 검사장, 지방검찰 검사장 또한 비슷한 이력이었다. 사실상 인권변호사 출신의 독립운동가였던 대법원장 김병로가 친일파에 포위된 형국이었다.

어려운 조건임에도 반민특위는 강력한 의지로 친일파 처단을 시도하였다. 친일 기업가 박흥식을 비롯하여 이종형, 방의석, 김태석, 조병삼을 체포하였다. 박흥식은 당시 외무부 장관 장택상의 도움을 받아 미국 도피를 시도했고, 방의석·김태석·조병삼 등은 일본으로 도피하고자 준비했다. 당시 눈에 띄는 인물이 이종형이었다. 그는 가장 공격적으로 친일파 처단에 반대했다. 반공구국총궐기대회를 열었고 반민족행위처벌법을 주도한 국회의원들을 '김일성의 주구'라고 비난하며 친일파 처리 반대 운동을 전개하였다. 1948년 하반기에 활동을 시작한 반민특위는 1949년 1월에 들어서며 지방에 거주하던 친일파들을 체포했다. 일제강점기 제국의회 의원을 지낸 대구의 박중양과 중추원 참의를 지낸 부산의 김우영을 체포했고, 부산에서는 고등계 형사로 악명을 떨친 하판락 등을 체포하였다. 거물급 친일파를 속속 잡아들이는 와중에 이광수, 최린 등 변절한 민족주의자들도 체포했으며 현직 국회의원, 정부 관리에 대한 수사도 시작하였다.

반민특위 활동에 대한 반발은 조직적이었다. 대통령 이승만은 김활란을 도피성 특사로 외국에 보냈다. 반민족행위처벌법 제5조에 따라 정부 부처에 대한 조사가 진행되자 이를 중단시키기도 했다. 특히 악명을 떨치던 친일 경찰 노덕술이 체포되자 이승만은 직접 반민특위 위원장 김상덕, 부위원장 김상돈을 경무대로 불러 노덕술의 석방을 요구했다. 국방부는 반민특위에 협조하지 않았고, 심지어 군에 입대한 백원교·이용규 등을 체포했을 때 국방부가 석방하는 일까지 발생했다. 상공부 광무국장, 김제경찰서 서장, 전북경찰국 수사과장, 경북경찰국 수사과장 등 현직 관리를 체포했지만 정부의 비협조로 1949년 5월 반민특위는 80여 명을 체포했을 뿐이다. 미적지근한 성과 때문에 세간의 비난이 확산되었다. 반민특위 인천지부에 체포된 양제박은 불구속으로 석방되자 보궐선거에 출마했고 그 때문에 '잠자는 특위'라는 소리까지 나왔다.

반발은 집요했다. 김준연은 반민특위 조사위원이 된 후 내부 분열을 도모했다. 반민특위 활동이 시작됐음에도 법 개정을 요구했고 중추원 참의를 지낸 거물급 친일파 현준호의 체포를 반대했다. 또한 반민특위가 현준호를 체포하려 하자 자수를 도모했고 노덕술의 도피를 지원했다. 김준연은 반민특위를 '공산당의 소굴'로 규정하며 노골적으로 반발하던 국민계몽회의 지도자였으며 88구락부 멤버로서 국회 프락치 사건, 김구 암살 사건 같은 중요한 사건에 관여했다. 반민특위 중앙사무국 조사관 양회영은 반민특위를 수호하는 특경대원과 공모해 친일파 이문환의 조사 서류를 없애기도 했다.

내부 갈등도 심각해졌다. 친일 기업가 박흥식이 수면장애 등을 이유로 보석을 요구하자 특별재판부가 이를 받아들였고, 이에 반발하며 특별검찰관과 특별검찰관 서기 전원이 사표를 제출했다. 특별재판관 홍순옥과 김장렬은 내부 갈등과 친일파 처벌에 문제가 있다며 사표를 제출하기도 했다.

경찰은 조직적으로 반민특위 반대 투쟁을 벌였다. 반민족행위처벌법 통과가 확실시되자 수도경찰청 김태일을 비롯하여 종로서장, 중부서장, 서대문서장, 마포서장, 용산서장, 영등포서장, 성북서장, 성동서장 등 친일 경찰들이 회의를 열고 집단 퇴진을 결의하기도 했다.

반민특위 활동이 본격화되자 친일 경찰들은 특별검찰관 노일환·김웅진과 특별재판관 김장렬의 납치, 암살 계획을 세웠다. 암살 계획은 광범위했다. 반민특위 위원장 김상덕, 부위원장 김성돈, 특별검찰관장 권승렬, 특별검찰관 곽상훈·서용길·서성달, 특별재판부장 김병로, 특별재판관 오택관·최국현·홍순옥 그리고 국회의장 신익희, 국회의원 지청천, 심지어 친일파 처단에 적극적이던 청년단 간부 유진산·이철승·김두환까지 물망에 올랐다.

친일 경찰 노덕술이 테러리스트 백민태를 추천했고 1948년 12월 초 서울시 경찰국 수사과장실에서 박흥식이 제공한 10만 원이 백민태에게 건네진다. 1949년 1월 8일에는 수류탄 5개, 권총 1정, 탄환 3발, 현금 7만 원 그리고 보증수표 2만 원까지 받았다. 하지만 심경의 변화를 일으킨 백민태의 자백으로 이 음모는 무위로 끝난다. 1949년 3월 28일에는 강원도 조사부 사무실에서 조사부 책임자 김우종에 대한 암살 시도가 있었다. 호위 경관이 오발 사건을 가장해 권총을 쏜 것이다.

반민족행위처벌법이 공포되자 검사 10여 명이 퇴진 성명을 발표한 후 출근을 거부했고 이종형이 이끌던 한국반공단은 반공구국총궐기 국민대회를 열었다. 이 대회는 내무부 장관 윤치영의 지원하에 이뤄졌으며, 이승만의 축사가 대독됐고 국무총리 이범석이 직접 참석했다. 이승만을 필두로 한 집권 세력과 친일파의 유착 관계를 엿볼 수 있는 사건이다.

반민특위 활동은 1년을 가지 못했다. 국회 프락치 사건과 반민특위 습격 사건 때문이었다. '국회 안에 북한과 내통하는 자가 있다!' '여수·순천 10·19사건'을 빌미로 1949년 5월 18일 임시국회 개원 직전, 이문원·최태규·이구수 등 3명의 의원이 체포된다. 물증이 발견되지 않았음에도 체포는 이어졌다. 6월 21일에는 김병회·김옥주, 6월 22일에는 박윤원·강욱중·황윤호·노일환, 6월 25일에는 김약수, 7월 30일에는 서용길·신성균, 8월 14일에는 배중혁이 경찰과 헌병대에 붙잡혔다. 결정적 증거로 여겨지던 암호문서의 소지자 정재한, 소장파 의원들과 연계되었던 남로당원은 재판에 출석하지 않았지만 일방적이고 삼엄한 분위기 속에서 대부분의 의원이 유죄 판결을 받았다. 특별검찰관 노일환이 징역 10년, 특별검찰관 서용길이 징역 3년을 받는 등 이 사건은 반민특위 활동에 치명타를 가했다.

서울시경 사찰과장 최운하와 종로경찰서 사찰주임 조응선이 체포되자 경찰은 이에 강력하게 항의했으며 수차례 반민특위 위원들을 찾아가 실력 행사를 운운했다. 실제로 6월 6일 중부경찰서 서장 윤체병의 지휘하에 약 50명의 정복경찰과 사복경찰이 반민특위 사무실을 습격, 특경대원을 무차별 폭행하고 체포했으며 서류와 집기를 탈취했다. 이날 오후 서울시경 경찰 간부들은 '반민특위 간부의 쇄신, 특경대의 해산, 경찰의 신분 보장' 등의 요구사항을 이승만에게 전달하였다. 경찰은 반민특위 관계자들의 가택을 수색했으며 경기도 조사부 사무실도 봉쇄했고 강원도에서도 비슷한 일이 일어났다.

이틀 후인 6월 8일 이승만은 선처를 약속했고 각 도 경찰국은 반민특위 지역 조사부에 파견된 특경대원과 경찰을 철수시켰다. 내무부 차관 장경근, 치안국장 이호, 서울시경 국장 김태선 등이 주도한 사건이었다. 반민특위 습격 사건은 엄청난 파문을 일으켰으며 국회와 정부, 국회와 경찰 간의 극한 대립으로 이어졌다. 대통령 이승만은 타협을 도모하는 등 유화 제스처를 취했지만 반민특위가 삼권분립을 위협한다고 보았으며 경찰을 동요시키는 행동에 대해 공개적으로 반대했다. 더구나 국회 프락치 사건으로 소장파가 몰락하면서 국회는 정부와 경찰에 패배하고 만다. 반민특위가 취급한 사건 총 682건 중 기소 221건, 재판부의 판결 건수 40건. 하지만 사형 집행은 단 한 명도 없었고 형을 받았던 14명 역시 곧바로 풀려났으니, 반민특위의 활동은 완벽하게 실패하고 말았다. 친일파 처단에 실패한 것이다.

김구 암살 사건과 그 배후

1949년 6월 26일 12시 36분. 김구가 경교장에서 육군 포병 안두희에게 암살을 당한다. 반민특위가 무력화되고 국회 프락치 사건으로 국회 소장파가 몰락하는 와중에 일어난 일이다. 이승만에 비견될 유일한 정치력과 지지도를 가지고 있는 인물, 임시정부주의자에서 분단체제에 저항하는 진정한 민족 지상주의자로 거듭난 인물이 하릴없이 역사 속으로 사라져버린 것이다. 암살에 대한 소문은 이미 오래전부터 떠돌았고 해방 공간에서 테러는 범람했다. 김구뿐 아니라 김규식, 안재홍, 조소앙 또한 암살 명단에 오르내렸다. 김구가 암살되기 직전 황당한 소문이 떠돌았다. "김구가 이끄는 한독당과 지하에 숨은 박헌영의 남로당이 연합해 쿠데타를 일으킨다"라는 소문이었다.

통상 암살의 배후는 '88구락부'로 간주된다. 반민특위에 그토록 저항하던 국회의원 김준연, 육군 참모총장 채병덕, 수도경찰청장 김창룡, 친일 경찰 노덕술·최운하 등이 참여한 정치공작이라고 할 수 있다. 88구락부에는 허정 교통부 장관, 윤보선 상공부 장관은 물론 신성모 국방부 장관까지 포함된다. 3일 만에 평양을 점령할 수 있다며 북진통일론을 외치던 인물, 거창양민학살사건

안두희의 총탄이 경교장 유리창을 뚫고 나간 모습. 사건이 알려지자 많은 이들이 모였고 이를 〈라이프〉 기자 칼 마이댄스(Karl Mydans)가 찍었다. 제목은 '혼란 속의 한국, 호랑이를 잃다'이다.

(자료: 경향신문)

을 축소 조작하기 위해 노력했던 인물이 신성모이다. 김창룡은 일본군 출신의 친일파로 특무대라는 군대 내 정보기관에서 활약하며 이승만의 각별한 신임을 얻은 자이다. 또 다른 멤버인 장은산은 만주군관학교 후보생 출신이었고 전봉덕은 해방 당시 조선인으로 경시까지 올라간 8인 중 1인이다. 전봉덕은 1945년 8월 8일 경기도 경찰부에서 오카마 경찰부장, 최연 형사과장 등과 패전에 대비하는 회의를 열 정도로 열렬한 친일파였다. 이들은 이승만의 열렬한 추종자이기도 하고 광적인 반공주의자이기도 했다.

장은산 중령은 육군 포병사령부 초급 장교 안두희, 오병순, 강창걸, 한경일 등에게 암살을 지시하였다. 다른 한편으로는 김지웅을 통해 홍종만, 한국용, 김충일, 엄승용 등 서북청년회원을 통해 암살을 도모했다. 6월 23일과 25일, 두 차례 암살 시도가 있었지만 실패했다. 그러자 장은산은 안두희 등 4명의 군인을 불러 기합을 주고 안두희에게 단독범행을 명령하였다.

이미 특무대 감창룡은 안두희에게 '김구 접근 지령'을 내린 상태였고 3개월 만에 안두희는 한독당 당원증을 받는 데 성공한다. 안두희는 서북청년회 간부였고 그의 아버지는 북한에서 대지주였다가 토지개혁으로 모든 것을 잃었다고 한다. 군과 서북청년회가 김구 암살에 개입되었던 것이다.

전봉덕 헌병사령부 부사령관을 중심으로 헌병대 또한 개입되었다. 암살 전인 10시 45분경, 당직사관도 모르는 비상이 발령됐고 사건이 발생하기도 전에 헌병대가 경교장에 출동하였다. 당시 서대문경찰서 서장, 최대교 서울 지방검찰청 검사장도 헌병의 제지로 현장에 접근하기 어려웠다. 안두희가 경비경찰관에 체포되자 헌병대가 안두희의 인도를 요구했으며, 더구나 전봉덕 부사령관은 사건 발생 1시간 24분 만에 암살 사건을 '단독범행'으로 발표하였다.

하지만 암살은 이보다 훨씬 높은 수준에서 계획되고 진행되었다. 사건 발생 후 채병덕 육군 총참모장은 백선엽 육군정보국장에게 지시를 내려 안두희를 특무대로 이첩하였다. 그리고 채병덕이 직접 찾아가 "안두희 사건은 취급하지도 말고 곁에도 가지 말라"라고 지시했다. 그래서 김안일 특무대장은 수사에 손을 대지 못했고 육군법무관실 홍영기 검찰과장이 시체를 검증하려고 했는데, 채병덕이 "거, 시체검증이 뭐가 필요하나. 이번 사건은 범인의 진술대로만 처리하면 그만이야"라고 말했다고 한다. 심지어 채병덕이 홍영기를 불러 구형량을 10년 정도로 하자고 했는데 총살형을 구형하자 홍영기를 검찰과장직에서 해임하기도 했다.

이상한 점은 이뿐만이 아니다. 사건 당일 서울지검 검사장 최대교는 권승렬 법무장관에게 연락해 이범석 국무총리의 집을 찾아갔다. 하지만 집에는 '수렵 중'이라는 안내문만 붙어 있었다. 6월인데 꿩 사냥을 나간 것이다. 신성모 국방장관 집을 찾아가니 경호원이 병환이라며 면회를 막았다. 항의 끝에 겨우 들어가서 암살 얘기를 전하자 신성모는 "이제 민주주의가 되겠군"이라는 여운이 있는 말을 남겼다고 한다. 다시 이들은 경무대로 갔으나 대통령 이승만 역시 아침부터 낚시를 떠난 상태였다.

이승만과 안두희는 구면이었다. 1949년 4월 이승만이 포병사령부 사격대회에 예고 없이 참석해 시상한 일이 있었는데 이때 안두희를 처음 만난 것으로 보인다. 또한 안두희는 암살 며칠 전인 6월 21일 경무대에서 이승만을 만났다고 김구암살진상규명위원회에서 증언하기도 했다. 안두희의 증언에는 흥미로운 점이 있다. 암살 전에 미 정보계통의 중령과 중위를 만났는데 그들이 "백범이 국론통일의 암적 존재로 김구 밑에서 수많은 빨갱이가 연막을 치고 활동하고 있다"라는 말을 했다고 증언하였다. 미국 배후설의 결정적 증거로 평가되는 부분이다.

실제로 당시 미 대사관은 김구에 대해 무자비하고(ruthless) 파렴치한(unscrupulous) 기회주의자(opportunist)라고 묘사하였다. 또한 그의 죽음은 별 영향을 미치지 않을 것이고 국회 내 추종자들 역시 별다른 문제를 일으키지 않을 것으로 평가하였다. 심지어 장례식에 몰려온 40만의 인파에 대해서도 단순한 호기심(only mild and normal curiosity)에 불과하다고 평가했다. 당시 정세에 대한 객관적 태도라고 보기에는 어려운 모습이다.

암살 이후에는 어떤 일이 벌어졌을까? 사후 수습은 초법적인 형태로 이루어졌다. 담당 검사 모르게 검찰총장이 영장을 신청하고 법원장이 발부해 사건을 처리하고자 했다. 6월 27일 최대교가 출근하자 한격만 서울 지방법원장이 "암살 사건과 관련해 안두희를 배후 조종한 김학규 조직부장 등 한독당 간부 7명에 대해 살인교사죄로 구속영장을 발부했다"라고 통보하였다. 최대교의 회고에 따르면 김익진 검찰총장에게 가서 어떻게 이런 식으로 일을 처리하느냐고 따지자, 그가 "저 영감이 망령이 들어 이런 짓을 했나 보네. 최 검사장 모르게 일을 처리하라고 지시해서…. 이번 한 번만 양해해주게"라고 했다고 한다.

정부는 김구 암살 사건을 '한독당의 집안싸움'으로 몰았다. 안두희를 김구에게 소개한 한독당 조직부장 김학규를 구속했는데, 김구와 김학규의 갈등이 암살의 직접적 원인이라고 암시한 것이다. 7월 20일 군 당국은 최종 수사 결과를 발표하였다. "한독당이 대한민국 정부를 전복하려 했다. 한독당은 소련의 주장에 따라 미군의 완전 철수를 추진시키는 데 주력했고 이를 위험하다고 느낀 안두희가 '의거'한 것이다." 당국의 입장은 명확했다. 더불어 한독당 정치 노선의 친공 사례를 일일이 열거했다. "5·10총선거에 의한 대한민국 정부 수립을 부인했다. 평화적 통일이라는 미명 아래 공산당과의 제휴를 기도했다. 북로당원을 주요 간부로 포섭했다. 미군 철수를 주장했으며 미국의 대한 원조를 반대했다. 북한 정책을 찬양했다." 꿰맞춘 듯이 안두희 역시 법정에서 비슷한 주장을 펼쳤다. "국가를 위해 선생을 죽이는 것이 좋겠다고 나는 단정했다. 만일 이 자리에서 공산당과 한독당이 같은 노선이 아니라는 사람이 있으면 손들어라." 암살 직전의 유언비어가 사실이라는 것이 수사 결과의 요지였다.

이를 빌미로 이승만과 주요 국무위원들은 한독당을 반국가단체로 몰아갔다. 김태선 서울시경 국장은 "(김구의) 국민장 당일에 공산 계열의 책동으로 특공대가 잠입해 소란을 일으키게 할 우려가 있으니 각별히 경계하라"라는 담화를 발표했다. 이승만은 공개적인 장소에서 김구와 한독당이 커다란 부정을 저지른 것처럼 인터뷰를 했고, 같은 논조로 미국에 극비 서한을 보냈다. 이승만 정권의 김구 탄압은 집요했다. 1960년 4·19혁명 때까지 사복경찰이 김구가 묻혀 있는 효창공원에 잠복근무를 섰고, 묘소 참배를 막았으니 말이다. 심지어 효창공원을 국제운동경기장으로 만들어 김구의 흔적을 지우려고 했다.

중도파의 실패, 남북협상 실패, 국회 소장파 활동의 실패 그리고 김구의 암살과 임시정부 세력의 완전한 와해. 이제 남한과 북한에는 서로를 적대적으로 생각하는 사람들이 권력을 장악하였고 그들에 의해 역사가 움직이기 시작한다.

7강

끔찍한 비극, 민간인 학살

제주4·3사건

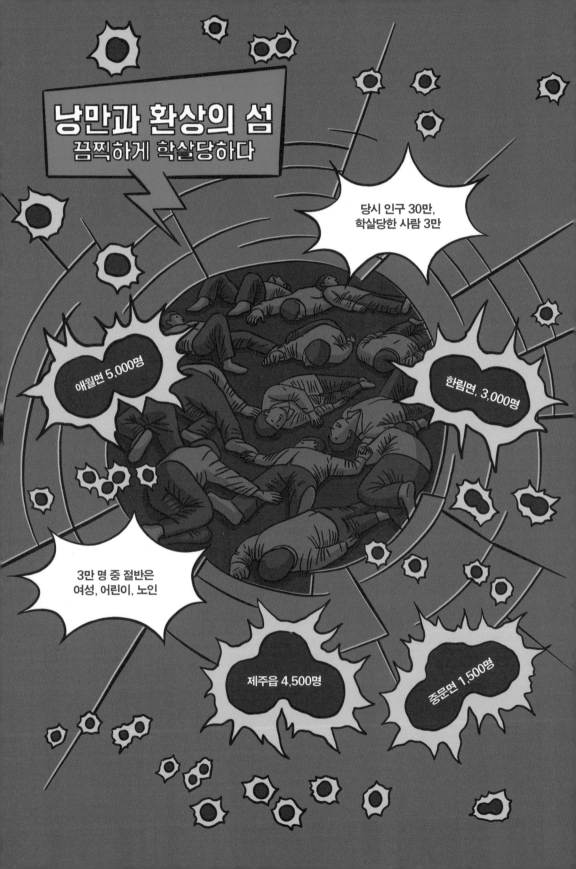

낭만과 환상의 섬?
빨갱이들의 섬!
제주 4·3사건
조병옥 경무국장
김달삼의 좌익 모험주의
김익렬 장군 평화협상 실패!
미군정
이승만 정부
남로당
친일 경찰

좌우 갈등은 민간인 학살이라는 끔찍한 비극을 만들어냈다. 한두 명이 하루 이틀 사이에 죽은 사건이 아니었다. 수천수만의 사람들이 수십, 수백의 사건에 연루되어 죽어 나갔다. 미군과 국군에 의한 민간인 학살, 공산군에 의한 민간인 학살. 좌우 갈등은 사람들의 정신을 마비시켰고 격렬한 정쟁은 국민을 제물로 삼는 데 주저함이 없었다.

좌익은 일찍부터 민중을 조직화하였다. 이들은 민중의 요구를 정치적으로 전환하고자 했다. 미군정의 무능한 경제정책, 해방 이후 뜨거운 사회개혁적 열망 등으로 상당수의 민중은 좌익의 정치적 모험주의에 반응하였다. 정치적 주체로서 이념에 대한 이해는 매우 낮았다. 그래도 혹은 그렇기 때문에 좌익의 편에 서서 강력한 정치 투쟁에 나섰다고 볼 수 있다.

이에 대응하여 미군정과 우익은 공권력을 사용해 좌익이 주도하는 민중 봉기를 탄압하였다. 친일파가 다수 존재하는 경찰력을 이용했고 이에 민중은 더욱 강력하게 저항하였다. 사태는 점점 복잡해지고 심각해져만 갔다.

대구10·1사건:
쌀을 달라

그때는 진보 세력이 기세가 대단했지. 우익단체 사람들은 행세도 못 해. 조직 없고 사람도 안 보이고, 나중에 들으니 하양읍 내 어느 교회당에 모여 삼일절 행사를 했다는 얘기가 있더라고. 우파는 주로 기독교인들이 많더라고…. 좌익 쪽에서 대중을 모을 수 있었던 거는 토지 문제야. 인권, 평등, 이런 거는 둘째 문제고, 우선 땅 준다니까. 이제는 우리 꺼 된다 이거라. 그러니 인민공화국이 최고라는 거라.

- 2013년 9월 26일. 강창덕의 회고 중

1946년 당시 대구·경북 지역에 관한 소고이다. 1946년 대구·경북에서는 9월 총파업이 일어났고 10·1사건(혹은 10월항쟁)으로 이어졌다. 해방 이후 대구, 경북은 좌익 세력이 강력했다. 전국적으로 보더라도 민중을 조직화하고 해방정국을 주도했던 세력이 좌익이었다고 할 수 있다. 대구·경북 지역에는 조선공산당과 조선인민당이 가장 먼저 결성됐고, '전평'으로 불렸던 조선노동조합전국평의회 산하 대구 지방평의회와 10개 산업별 노조가 결성되었다. 김회준, 백상윤, 서영덕, 김재용 등 대구철도노조 등을 이끌던 이들은 모두 조선공산당 당원이었다. 하지만 좌익 조직 역시 한계는 여실했다. 훈련된 활동가가 부족했고, 정치 투쟁 또는 진보적인 노동운동을 이해하는 사람들이 많지 않기 때문이다. 좌익 지도부는 '사람이 없다'는 한계를 절감했고, 우익 주도의 정치조직과 노동조직들이 생각보다 빠른 속도로 만들어지고 있었다. 이념에 대한 이해가 희박하면서도 과잉된 시대의 행태였다.

경제 상황은 극히 안 좋았다. 강제 징용 등 여러 이유로 해외에 있던 사람들이 돌아오면서 1944년에서 1946년 사이 경상북도 인구는 20~30%가량 급증한다. 약 20만 명이 실업자였으니 경제활동 인구의 절반이 넘었다. 절도를 비롯하여 경제사범의 수가 급증했고, 설상가상으로 1946년 5월 콜레라에 수해까지 발생한다. 5,348명이 감염돼 4,332명이 죽었는데 방역 때문에 교통이 차단되고 식량 반입도 금지되었다.

이 와중에 미군정의 식량 공출 정책이 문제가 된다. 자유곡가제·공정가격제·미곡수집령 같은 경제정책이 성과를 내지 못하는 가운데 미군정은 쌀 통제 정책을 실시했고, 이 때문에 아사자가 속출하는 등 사정이 급속도로 나빠졌다. 마침 북한의 토지개혁 소식이 전해져 불만이 극에 달하게 된다.

학생들은 1945년 10월부터 동맹휴학을 벌이며 항의했다. 경북중학교에서 시작돼 11월에는 대구사범학교와 대구의전, 1946년 4월에는 대구여상, 5월에는 경북고녀의 학생들이 동맹휴학을 했다. 교육 현장의 민주화를 요구하는 시위였다. 1946년 초부터 농민과 노동자 그리고 빈민들이 모이기 시작했다. 3월에는 미곡정책을 두고 수백 명이 도청에서 시위를 벌였고, 4월에는 극빈 가정 부녀자 80여 명이 대구부청 앞에서, 7월에는 수천 명의 빈민이 대구부청 앞에서 시위를 벌였다. 8월에도 수백 명이 부청과 도청 앞에 모여 불만을 쏟아냈다. 소작쟁의도 빈번하게 일어났다. 1946년 한 해 동안 대구·경북에서만 1,552건의 쟁의가 발생했다. 2월부터 4개월간 남선합동전기주식회사 대구지점 노동자들이 친일파 사장을 배격하는 투쟁을 벌였고, 대구 전매국에서도 노동 조건 개선 투쟁이 일어났다. 월성고무공장과 삼원제지공장 노동자들이 4월경에 임금 인상 투쟁을 벌였고 8월에는 전매국 연초공장에서 파업이 일어났다.

그리고 1946년 9월. 부산철도노조 파업을 필두로 조선노동조합전국평의회가 주도한 총파업이 진행되었다. 대구·경북에서도 철도노조원 1,000여 명을 중심으로 30여 개 기업 노동자 5,000여 명이 파업에 들어갔다. 이 시기 좌익 활동이 불법화되었고, 미군정은 총파업을 가혹하게 진압하였다.

제주4·3사건

10월 1일 오전 10시 30분경, 대구부청 앞에 여성과 어린이가 중심이 된 1,000여 명이 '쌀을 달라'면서 시위를 벌이고 있었다. 해산을 종용하며 경찰 1명이 공포탄 3발을 발사했고, 이에 분노한 군중이 몰려들어 경찰을 구타하였다. 10월 1일과 2일 사이에 대구부청, 경북도청, 대구역 광장, 대구경찰서 앞 등에서 빈민, 파업노동자 등의 시위가 있었는데 대구역 광장에서도 경찰의 발포가 있었다. 당시 미 제24군단 사령부 감찰참모실의 〈한국 대구에서 발생한 소요 사태에 관한 조사 보고서(Report of Investigation regarding Disturbances at Taegu, Korea)〉에 당시 정황이 묘사되어 있다.

> 오후 5시쯤 군중의 숫자가 3,000~4,000명으로 증가. 군중은 돌과 몽둥이 등으로 무장. 경찰들이 군중의 공격을 받음. 해산시키는 과정에 총을 발사. 민간인 1명 피살. 사격은 밤 11시까지 계속됨.
>
> – 〈한국 대구에서 발생한 소요 사태에 관한 조사 보고서〉 중

10월 1일 시위 현장에서 노동자 이상익과 김용태 등 2명이 총격을 당했고, 다음 날인 10월 2일 학생들이 김용태의 시신을 들고 나와 시신 시위를 벌었다. 당일 사망자와 시위 때 등장한 시신의 용처 등 초기 상황에 대해서는 여전히 이견이 있다. 하지만 사건이 자연 발생적으로 일어났고 시위에 몰려든 민중의 주된 요구는 경제적 어려움이었다는 점, 그리고 경찰은 강경 대응으로 일관했고 '진압 과정' 중 발포로 인해 사망 사건이 발생했다는 점만큼은 분명하다.

경찰이 민간인을 총으로 쏘았다! 10월 2일부터 상황이 걷잡을 수 없는 수준으로 확산됐고, 오후 5시 계엄령이 선포되었다. 최문식, 이재복, 손기채 등 조선공산당 간부들이 체포되었다. 하지만 10월 3일이 되자 병원, 관공서 그리고 상인까지 합세하여 파업은 더 확산됐고 대구 지역에서는 10월 8일까지 여파가 이어진다. 같은 시기 경북 22개 군에서도 상황은 비슷했다. 이 여파는 전국

으로 퍼져나갔다. 10월 7일부터는 경상남도, 10월 17일부터는 충청남도와 충청북도 그리고 10월 20일부터는 경기도와 황해도, 10월 29일부터는 강원도와 전라도, 12월 18일에는 전라북도 등 전국 73개 시군에서 수일간의 강력한 민중항쟁이 일어난 것이다.

> 10·1사건 원인은 지주소작 그거지. 양반들은 돈 있고 땅 있다고 소작 줘 놓고, 조그만 아이들이 할아비 영감에게도 반말하고 사람을 노비나 개 취급했어. 가을에 논 한 마지기 탈곡해놓으면 70퍼센트를 가져갔어요. 섣달쯤 되면 양식이 떨어지고 보릿고개 때 되면 마을의 70퍼센트는 못 먹어서 퉁퉁 부었어요.
>
> – 2013년 9월 5일, 함태원의 회고 중

　경상북도 영천읍에서의 저항은 더욱 인상적이었다. 임장춘, 임대식, 이상문, 박학덕 등이 주도하여 군청, 경찰서, 우체국, 재판소, 등기소, 신한공사 출장소 등을 습격했다. 군수 이태수와 최소 19명의 관리, 경찰 15명이 살해됐고 지역 대지주이자 한민당 관계자인 이인석도 공격을 받았다. 비슷한 사건이 동리마다 일어났다. 금호면에서는 구장 이영우가 살해당하고, 대창면에서는 지주이자 우익 인사였던 노한용 등 친일파의 집이 공격을 당했다. 북안면은 면장 서형석이 목을 졸려 살해당했고 면사무소가 불에 탔다. 고경면에서는 지서를 점령해 경찰을 가두고 우익 인사 안상식을 폭행해 죽였다. 임고면에서는 면서기 김규익이 살해당하고 정만용 등 친일파들의 집, 대지주 이인석의 정자 등이 공격을 당했다. 자양면에서는 지주 정형식과 경찰 1명이 살해됐고 신녕면에서는 목사 손해조, 면서기 나산도를 포함한 우익 인사 5명이 인민재판 이후 살해당했다. 청통면에서는 면장 이종문이 지서에서 불타 죽었고 박동성, 박이수 부자 등이 살해당했다.

상황은 최악으로 치달았다. 미군정은 대구·경북 지역에서만 8,000여 명을 검거했고, 재판을 벌여서 경우에 따라 사형까지 선고하였다. 가장 시끄러웠던 영천 일대에서의 저항은 미군과 충남 경찰부대 등이 급파되어 진압됐는데 이 와중에 무차별 구타, 무차별 발포, 민간인 학살 등이 벌어졌다. 선산 지역에서는 박정희(朴正熙, 1917~1979) 전 대통령의 형인 박상희의 주도로 항쟁이 일어났는데 경기도 경찰부대가 진압했다. 박상희는 논바닥에서 사살되었다. 미군 G-2 보고서에 따르면 1946년 12월 1일 기준 대구·경북에서만 경찰과 국방경비대 사망자 82명, 부상자 129명, 실종 및 포로 151명이었으며 시위대는 사망자 88명, 부상자 55명, 체포 33명이었다.

여파는 계속되었다. 극렬 우익단체 서북청년단이 대구·경북 지방에서 활개를 쳤고, 여러 우익단체가 결성되어 좌익과 대립하였다. 탄압이 심해지자 좌익 계열 청년들이 산으로 들어가서 '남조선 인민유격대'가 되었다. 빨치산의 시대가 도래한 것이다. 미군정과 경찰을 상대로 한 무장투쟁이 시작됐으며, 기존의 민중항쟁과는 질적으로 다른 변화가 일어났다.

제주4·3사건

제주도에서는 더욱 끔찍한 일이 벌어졌다. 이곳에서도 경찰의 발포가 시작이 었다. 1947년 3월 1일. 10월항쟁의 여파가 가신 지 오래되지 않은 때였다. '제 28주년 3·1절 기념 제주도대회'가 제주북국민학교에서 열렸다. 약 3만 명이 모였고, 오후 2시 기념행사가 끝난 후 허가받지 않은 가두행진이 시작되었고 430명의 경찰이 함께했다. 대열은 두 갈래로 나뉘어 한쪽은 미군정청과 경찰서가 있는 관덕정 광장을 거쳐 서문통으로, 다른 대열은 감찰청이 있는 북신작로를 거쳐 동문통으로 행진하였다. 오후 2시 45분, 관덕정 광장에서 6세가량의 어린이가 갑자기 튀어나오는 바람에 기마경관의 말굽에 채이는 사건이 발생했다. 상황을 몰랐는지 기마경관이 그대로 가려고 하니까 군중이 달려들었고 "저놈 잡아라!" 하는 고함소리와 함께 여기저기서 돌멩이가 날아들었다. 기마경관은 말을 경찰서 쪽으로 몰았고, 따라오는 성난 군중이 경찰서를 습격한다고 여겼는지 경찰들이 발포를 했다.

6명 사망, 6명 중상. 제주북교 5학년생이던 15세의 허두용, 젖먹이를 안고 있던 21세 여성 박재옥을 포함해 오문수·김태진·양무봉·송덕수 등이 사망하였다. 이들은 광장 복판이 아니라 근처 식산은행 앞 노상 그리고 도립병원으로 가는 골목 모퉁이에 쓰러져 있었다. 단 한 명을 제외하고 모두 등 뒤에서 총탄을 맞았다.

같은 날 도립병원 앞에서도 발포 사건이 일어났다. 전날 교통사고를 당한 경찰 1명이 입원해 있었고 동료 2명이 병원에 있었는데, 밖에서 총소리가 들리고 부상자들이 실려 오자 공포감에 총을 난사해 행인 2명에게 중상을 입힌 것이다.

발포 직후 감찰청 앞에서는 학생들과 좌익 계열의 부녀동맹 소속 부녀자들이 무장경관 50여 명과 대치를 벌였다. 존 패트리지(John S. Partridge) 대위가 직접 지휘했는데 대규모 유혈 사태가 우려되는 가운데 〈제주신보〉 기자들의 설득으로 대치가 풀렸다. 하지만 경찰은 당일 저녁 3·1행사위원회 간부와 중등학생들을 검속해서 다음 날 곧바로 25명의 학생을 연행했고 발포가 정당했다는 담화를 발표하였다. 곧이어 연행된 학생들이 구타와 고문을 당한다는 소문이 돌았고, 좌익은 이 흐름을 경찰 반대 운동으로 발전시키고자 했다.

그 결과 3월 10일에는 총파업이 일어난다. 좌익의 지원에 힘입어 관공서, 통신기관, 운송 업체, 공장 근로자, 각급 학교 심지어 미군정청 통역단을 포함

제주 4·3사건

한 공무원, 회사원, 노동자, 교사, 학생까지 참여하였다. 30만 인구의 섬에서 166개 기관 및 단체 4만 1,211명이 참여한 것이다. 심지어 중문지서 등에서는 경찰관들이 파업에 동참했다. 저항은 거셌고 요구 또한 명확했다.

그럼에도 경찰은 강경했다. 조병옥 경무국장은 제주 방문 첫날 파업 중인 공무원을 상대로 "제주도민들은 사상적으로 불온"하니 "건국에 저해된다면 싹 쓸어버릴 수도 있다"라는 연설을 했다. 경무부 최경진 차장은 "원래 제주도는 주민의 90%가 좌익 색채를 가지고 있다"라는 기자 브리핑을 했다. 파업 5일째 김두훈·고창무 등 좌익 계열을 구속한 것을 시작으로 3월 18일에는 200명, 3월 말에는 300명, 4월 10일경에는 500여 명을 검거하였다.

제주도민과 경찰의 충돌은 심각한 양상으로 변해갔다. 3월에는 중문리, 6월에는 종달리, 8월에는 북촌리에서 격심한 충돌이 일어났다. 우도에서는 경찰관 파견소 간판이 파괴 소각됐고, 중문리에서는 경찰이 시위 군중을 향해 발포해 8명이 부상을 당했다. 종달리에서는 좌익 계열 청년들과 경찰이 충돌해 경찰관 3명이 중상을 입었고 이 때문에 71명이 수배되어 42명이 검거되었다. 조천면 북촌리에서는 불법 '삐라'를 단속하던 중에 경찰과 지역 주민들이 충돌해 부상자가 발생했다.

그리고 1948년. 5월 10일 총선거를 앞둔 상황에서 좌익은 강경파가 주도했다.

우리의 지식과 수준이 그 정도밖에 되지 않았다. 우리가 정세 파악을 못하고 신중하지 못한 채 김달삼의 바람에 휩쓸린 것이다. 그러나 봉기가 결정된 후 고문치사 사건이 발생하니까 '우리의 결정이 정당한 것 아닌가' 하는 분위기였다. 김달삼은 '내가 군사총책을 맡겠다'며 날짜를 통보했다.

무장투쟁이 결정된 신촌회의에 관한 이삼룡의 증언이다.

우리는 북한이 1949년에 쳐들어올 것으로 예상했다. 그러니까 미군이 철수하고 남로당 세력이 강하고 이북에는 팔로군이 들어와 있어서, 국제정세나 국내정세가 모두 유리하다고 보았다. 강경파들은 그래서 무장투쟁을 하며 조금만 견디면 된다고 본 것(이다).

남로당에서 활동하다가 전향해 경찰관이 된 김생민의 증언이다. 3·1사건 이후 쌓여온 제주도민들의 억울함과 경찰 공권력의 부조리가 좌익 모험주의의 추진력이 된 것이다. 남로당 제주도당은 조직을 투쟁위원회로 개편하여 군사부를 신설한다. 총 320명의 유격대를 편성했고 99식 소총 27정, 권총 3정, 수류탄 25발, 연막탄 7발 그리고 죽창을 준비해 무장 훈련에 들어갔다. 3월 20일경, 애월면 중산간지대 새별오름에서 좌익 무장대와 경찰 간의 첫 충돌이 발생했다. 당시 67명이 합숙하며 훈련을 받고 있었는데 애월지서 경찰과 청년단 단원 9명이 급습했으나 큰 충돌로 비화되지는 않았다.

그리고 4월 3일 새벽 2시. 좌익 무장대가 23개 경찰지서 가운데 12개 지서를 습격한다. 삼양, 함덕, 세화, 신엄, 애월, 외도, 조천, 한림, 화북, 남운, 대정, 성산 지서였다. 우익 인사의 영향력이 컸던 애월면 구엄리에서는 120명의 좌익 무장대가 소총 4정과 다이너마이트 5발 그리고 죽창을 들고 습격했으며, 송원화 순경이 칼과 죽창으로 14군데나 찔리는 부상을 입었다. 이날 우익 인사와 그 가족까지 공격을 당했다. 문영백의 10대 딸 2명이 살해되는 등 우익 인사와 가족 5명이 죽고 10여 명이 부상을 당했다. 애월지서에는 80명이 동원됐고 폭탄을 던졌으나 터지지 않았으며, 외도지서에서는 선우중태 순경이 피살되었다. 조천지서에서는 40명이 총 2정을 들고 포위했으나 사전에 발각됐고, 한림지서에서는 경찰 1명이 죽고 현주선을 포함해 8명의 우익 인사와 단체원이 다쳤다. 화북지서는 무장대의 방화로 숙직을 하던 사환이 불에 타 숨졌고 김장하 순경과 아내가 살해당했다. 무장대 14명이 소총 1정을 들고 벌인 일이다. 남원지서에는 10명이 총 2정과 일본도 등을 들고 쳐들어가서 고일수 순경을 칼로, 우익단원 방성화를 총으로 사살했다.

김익렬과 평화협상

당시 제주도뿐 아니라 전국이 좌우충돌로 몸살을 앓고 있었다. 1948년 2월과 3월 두 달 사이 경찰 55명, 좌익청년 144명이 충돌 가운데 죽었다. 미군정은 제주도 경찰력을 강화하고 함정을 동원해 해안을 봉쇄하였고 서북청년단을 비롯한 우익청년단을 파견하였다. 조병옥 경무부장이 서북청년단 중앙단장 문봉제에게 '반공정신이 투철한 사람들로 500명을 보내달라'고 직접 요청을 했다. 모든 것이 극단으로 치닫는 상태에서 윌리엄 딘(William Frishe Dean) 군정장관은 중요한 지시를 하달한다.

> (…) 제주도의 폭도들을 진압하고 법과 질서를 회복하는 데 군부대를 이용하라. (…) 공격에 임하기 전에 귀관은 소요집단의 지도자와 접촉해서 그들에게 항복할 기회를 주는 데 모든 노력을 다하라. (…) 경비대의 작전에 의해 붙잡힌 포로들은 경찰에게 인계하지 말라.

좌익 무장대와의 평화협상, 냉정히 말해 귀순공작을 미군정이 명령한 것이다. 제주도 국군경비대 제9연대장 김익렬(金益烈, 1919~1988)이 이 임무를 담당하였고 4월 22일 김익렬은 비행기로 평화협상 전단을 살포하였다.

(…) 우리 국방경비대는 정치적 도구가 아니다. 나는 동족상잔을 이 이상 확대시키지 않기 위해서 형제 제위와 군은 악수를 하고자 만반의 용의를 갖추고 있다. 본관은 이에 대한 형제 제위의 회답을 고대한다.

김익렬은 대정면 구억리에서 4월 28일 좌익 무장대의 지도자 김달삼을 만났다. 그리고 4시간에 걸친 협상을 통해 중요한 합의를 본다.

첫째, 72시간 내에 전투를 완전히 중지하되 산발적으로 충돌이 있으면 연락 미달로 간주하고, 5일 이후의 전투는 배신행위로 본다.
둘째, 무장해제는 점차 하되 약속을 위반하면 즉각 전투를 재개한다.
셋째, 무장해제와 하산이 원만히 이뤄지면 주모자들의 신병은 보장한다.

안타깝게도 평화협상은 3일을 넘기지 못했다. 오라리 방화사건이 일어난 것이다. 5월 1일, 좌익 무장대에 살해된 여성의 장례식을 치른 후 경찰 몇 명과 서북청년단, 대동청년단원 30명이 좌익 계열로 추정되는 사람들의 집을 찾아다니면서 불을 지르기 시작했다. 이를 계기로 다시 좌익 무장대와 경찰 간의 충돌이 벌어졌고 사상자가 발생했다. 소식이 알려지자 김익렬은 직접 마을을 방문해 현장 조사를 벌였으며 우익청년단체의 방화라는 사실을 미군정에 보고했고 다음 날 방화 주동자로 지목된 사람을 체포해 구금 조치하였다.

이틀 후인 5월 3일, 평화협상에 따라 산에서 내려오던 사람들이 정체불명의 총격을 받는 사건이 벌어졌다. 김익렬은 이 사건을 추적해 총격을 가한 자를 잡아냈다. 취조 결과 경찰이었으며 "상부의 지시에 의해 폭도와 미군과 경비대 장병을 사살해 폭도들의 귀순공작을 방해하는 것이 목적이었다"라는 자백을 받아냈다.

또 이틀 후인 5월 5일, 딘 군정장관을 비롯하여 수뇌부가 모인 자리에서 조병옥 경무부장은 김익렬을 공산주의자로 몰았고, 5월 6일 연대장이 박진경으로 전격 교체된다. 미군정의 입장이 강경책으로 굳어진 것이다.

좌우익의 갈등에서 초유의 인권 유린으로

상황은 최악을 향해 치달았다. 연대장 김익렬이 좌천되자 5월 20일에는 41명의 병사가 집단 탈영해 무장대에 합류하는 사건이 일어났고, 6월 18일 새벽 급기야 문상길 중위와 손선호 하사가 연대장 박진경을 M-1 소총으로 암살하는 사건이 발생하였다. 김익렬은 배후로 의심받아 고초를 치렀고, 문상길 중위와 손선호 하시는 9월 23일에 총살형을 당했다. 김익렬과 박진경의 빈자리는 최경록 중령, 송요찬 소령 등 과거 일본군 출신의 인물들로 채워졌고 이들은 한층 강경한 진압 작전을 진행하였다. 6월 21일, 22일, 25일, 26일 수색 작전으로 253명의 '무기가 없는 폭도'를 체포하기도 했다. 서울제우회, 광주제우회, 부산제우회 등 당시 여러 정당, 사회단체가 문제를 평화적으로 해결할 방안을 제안하는 청원 활동을 적극적으로 벌였지만 받아들여지지 않았다.

1948년 7월 중순경, 북한에 정권이 수립됨에 따라 남한 전역에서는 좌익에 의한 '지하선거'가 열렸다. 각 시군에서 5~7명씩 총 1,080명의 대표자를 뽑고, 해주에서 남조선인민대표자회의를 열어 최고인민회의 대의원 360명을 선출한다는 계획이었다. 대남 갈등을 부추기는 동시에 분단체제의 원인을 남한 탓으로 돌리려는 정치 공세였다. 미군정과 우익은 긴장할 수밖에 없었다.

좌익 무장대의 지도자 김달삼은 8월에 제주도를 탈출해 해주로 갔다. 8월 21일 열린 남조선인민대표자대회에 참여했는데 남한에서 넘어온 총 1,002명, 제주 대표 6명 중 1명이었다. 김달삼은 허헌, 박헌영, 홍명희 등이 포함된 주석단의 일원이 되었다. 그는 제주도에서 5·10총선거를 막아냈다는 '전과'를 자랑스럽게 나열하면서 "민주조선 완전자주독립 만세! 우리 조국의 해방군인 위대한 소련군과 그의 천재적 영도자 스탈린 대원수 만세!"로 연설을 마쳤다.

선거 이후 남한 정부가 수립되는 가운데 미국과 남한은 한미군사안전잠정협정을 맺었고, 이에 따라 미국은 임시군사고문단(Provisional Military Advisory Group, PMAG)을 남겨 한국군을 지도하였다. 한독당을 비롯하여 22개 정당 및 사회단체는 일찍이 7월부터 제주도사건대책위원회를 구성해서 평화적 해결을 요구했지만 영향을 미치지 못했다.

1948년 7월 11일, 8월 17일, 10월 8일. "인민공화국 깃발을 매단 괴선박이 제주도 일대에 출현"했다는 괴선박 출현설이 보도되면서 위기가 고조되었다. 11월 17일에는 괴전투기 출현 보도, 해를 넘긴 3월에는 소련 선박 출현 보도가 이어졌다. 그사이 서북청년회는 진압 작전의 중추로 성장했는데, 경찰이 서북청년회 위주로 재편되고 군대에는 '서청중대'가 별도로 만들어졌다. 11월, 12월 사이에 최소 1,000명 이상의 단원이 경찰이나 군인이 되어 진압 작전에 참여했고 정부가 들어서자 대통령 이승만이 이를 지원했다. 또한 민보단이라는 경찰 외곽 조직이 만들어졌는데 단원들은 밤낮으로 죽창과 철창을 들고 보초를 서면서 진압 작전을 위한 부대사업을 지원했다. 1948년 11월 17일 대통령 이승만은 제주도에 계엄령을 선포한다. 이때부터 1949년 3월까지 약 4개월간의 끔찍한 '민간인 학살'이 시작되었다. 언론이 통제되는 가운데 〈서울신문〉 제주지사장 이상희가 처형을 당하기도 했다.

중산간지대, 해안 지역과 산악지대를 연결하는 완충지이자 오름을 비롯하여 오늘날 제주 관광의 중추를 담당하고 있는 생태 지역의 수많은 마을이 초토화되었다. 15세 이하 어린이 희생자 중 76.5%, 61세 이상 희생자 중 76.6%가 계엄령 이후 4개월간의 진압 작전에서 발생했다.

> 제주도 주둔 연대장은 11월 20일부터 11월 27일까지 122명의 반란자들을 생포했고, 576명을 사살했다고 보고했다. 10월 1일에서 11월 20일 사이에는 1,625명을 사살했고 1,383명을 생포했다고 보고했다. 많은 물건들이 노획되었으나 무기는 약간의 일본식 소총이 노획되었을 뿐이다. 2개월 동안 총 60여 개의 무기가 노획되었다.
>
> – 1949년 12월 1일, 〈임시군사고문단 보고서(Report from PMAG to USAFIK)〉 중

이 시기 보고서에는 무장대 수십 또는 수백을 사살했다는 기록이 빈번하게 등장한다. 놀라운 사실은 노획된 무기가 거의 없었다는 점, 그리고 진압군의 희생자가 거의 없었다는 점이다. '국군 측 희생자는 없다', '국군 측에는 아무런 손해가 없다' 식의 보고가 반복적으로 올라왔다. 더구나 대규모 토벌이 진행되었는데도 '폭도의 수'는 여전히 동일하다는 섯 역시 기괴하다. 4·3사건이 발생했을 당시 경무부 공보실장, 제9연대장 등의 보고에서 '폭도들의 수는 전 도를 통틀어 300~400명 정도'로 추정되었다. 그런데 초토화 작전이 끝난 1949년 3월 국무총리 보고, 내무부 장관의 보고에도 여전히 '무장폭도는 150~600명'이었다.

모든 것이 이상했다. 초토화 작전이 진행되던 당시 희생자는 현재 1만 5,000명에서 2만 명 정도로 보고 있다. 4·3사건이 발발하던 때부터 마무리되는 시점까지를 계산해보면 확인된 숫자가 2만 7,719명이고 4만 명까지 추정된다. 심지어 6만 5,000명이라고 주장하는 학자도 있다. 제주읍에서 4,500명, 애월면에서 5,000명, 한림면에서 3,000명, 조천면에서 2,000명, 구좌면에서 1,000명,

중문면에서 1,500명, 서귀면에서 1,000명 등. 4·3사건 발발부터 9월까지는 매달 100~300명 정도가 희생되다가 10월에 800명을 넘었고 계엄령이 선포된 11월에는 2,205명, 12월에는 2,974명, 1949년 1월에는 2,240명이 희생되었다는 신고 자료도 있다. 줄지 않는 무장 폭도의 숫자, 지속적으로 강화되는 진압군의 무장 수준, 그리고 계속되는 민간인 학살. 사태의 본질이 좌우익의 갈등에서 '초유의 인권 유린'으로 변질된 것이다.

학살의 방식도 다양했다. 대정면 상모리와 하모리 주민 48명은 도피자 가족으로 찍혀서 총살당했다. 가족 중 1명이 무장대였기 때문에 책임을 물어서 '대살(代殺)', 대신 처형한 것이다. 심지어 다른 마을 사람들을 모아 총살을 구경시키기도 했다. 이를 '관광 총살'이라고 했는데, 희생자 중에는 73세 할머니도 있었다.

'자수 사건'도 많았다. '이미 관련 명단을 가지고 있다. 자수하면 살려주겠다' 하는 식으로 사람을 꾀어내 살상을 저지른 것이다. 조천면 관내에서 자수한 200명 중 150명을 제주읍 '박성내'라는 하천 변에서 집단 총살한 것이 대표적인 예이다.

'함정 토벌'도 있었다. 토벌대가 무장대 복장을 하고 협조를 요청한 후 이에 응한 사람들을 죽이는 방식이었다. 제주읍 도평리 주민들의 희생이 대표적인 예이다. 북한 국기인 인공기를 들고 '동무, 동무' 하면서 악수를 청하거나 사람들이 모인 곳에 들이닥쳐 '왜 너희는 산(무장대)에 협조하지 않느냐' 식으로 다그치는 방식이었다. 이를 눈치챈 양경하는 '빨갱이면 맞서 싸우겠다'고 나섰고 김병해는 '대한민국 만세'를 외치면서 저항했으나, 이들조차 다른 주민 70명과 함께 총살을 당했다.

남녀노소는 의미가 없었다. 전체 민간인 학살의 거의 절반이 어린아이와 노인 그리고 여성이었다. 구좌읍 중산간지대 다랑쉬굴에서 발견된 유골 11구 중에는 여자 3명과 9세 어린이의 유골이 있었다. 이런 식의 사례는 흔하디흔했다. 표선면 가시리에서 간신히 목숨을 건진 안홍규는 가족 8명이 모두 살해당하는 비극을 겪었다. 고신춘(여, 42), 강매춘(여, 37), 안재원(남, 20), 안영순(여, 19), 안재순(여, 15)은 물론 호적에도 못 올린 어린이 안일진, 안옥희, 안옥순이 그들이다. 안홍규의 누이 안규반(40)과 누이의 자식인 강재호(남, 12), 강순이(여, 7), 이름을 확인하기 어려운 4세의 어린 자식도 함께 살해되었다.

천연기념물 342호로 지정된 빌레못굴에 숨었던 사람들 역시 진압군에 발각돼 사살당했다. 현용승(75), 이름을 알 수 없는 현용승의 아내(75), 변용옥(현병구의 아내, 28), 현병구의 아들(1), 양기원(여, 67), 진승희(남, 54), 김정현(남, 53), 현원학(51), 이름을 알 수 없는 현원학의 아내(50대), 현규칠(33), 이름을 알 수 없는 현규칠의 아내(30), 안인무(29), 진관행(80대), 변정옥(여, 29), 변정옥의 어린 자식 2명(5세, 3세) 등 모두 난리를 피해 숨어든 노약자와 여자, 어린이들이었다. 사람의 목숨이 파리 목숨만도 못한 세상, 민간인 학살이라는 핏빛 비극이 제주도 전체를 뒤덮은 것이다.

국가보안법 제정

끝이 아니었다. 속칭 '여순반란사건'과 '대구반란사건'이 연이어 발발했다. 정부는 전라남도 여수에 주둔하고 있던 국방경비대 제14연대에 제주4·3사건 진압 명령을 내렸다. 당시 좌익 일부가 군대에 침투해 세력을 형성하고 있었는데 제14연대 병사 중 일부가 명령에 불복종하고 반란을 일으켰다. 반란군은 여수 일대의 경찰과 친일파 등을 처단하고 잠시나마 순천 일대를 장악하였다. 일주일도 안 되는 기간이었지만, 여수·순천·고흥·보성·광양·구례·곡성 등 전라남도의 주요 지역을 점거했기 때문에 파급력이 엄청났다. 군 수뇌부는 즉시 숙군 작업, 즉 군대 내 좌익 세력 박멸 작업에 들어갔다. 이때 박정희가 남로당에 가담했다는 사실이 밝혀졌는데 백선엽 등 만주군관학교 인맥 덕분에 간신히 살아남게 된다. 박정희 같은 경우는 예외였고 숙군 작업을 통해 군대 내 좌익 세력은 뿌리가 뽑힌다.

11월 2일 대구 지역 제6연대에서는 곽종진 특무상사와 이정택 상사 등 200여 명이 반란을 일으켰다. 숙군 작업에 대한 반발이기도 했다. 여순반란사건의 주도자들은 진압군이 닥치기 전에 지리산 일대의 빨치산에 합류하였다. 하지만 남아 있는 일반인들이 고초를 겪게 된다. 여수 지역에 거주하던 일반인들은 5개의 수용소에 갇혔고, 이들 중 상당수가 즉결처분으로 총살을 당한 후 만성리 굴 등에 버려졌다. 민간인 학살이 벌어진 것이다.

민간인 학살 문제가 이슈화된 것은 안타깝게도 세월이 한참 지난 1990년대의 일이다. 당시에는 좌익의 반란으로 규정되었으며, 그 결과 신생 공화국 대한민국은 서둘러서 '국가보안법'을 만들었다. 제주4·3사건 약 5개월 후인 9월 20일 김인식 의원 등 34명이 대한민국의 국체보전을 위한 '내란행위특별조치법' 제정을 촉구했다. 이 법안은 '여수·순천 10·19사건(여순사건)'이 진압되던 10월 27일 법사위원회를 통과한 후, 제주4·3사건의 절정기인 11월 9일 국회 본회의에 제출되었다.

윤치영 내무부 장관은 '여순사건'을 과장 보고해 분위기를 돋우었다. 반란군은 국회의원·정부 요인·기업인 등 약 8만 명을 암살 명단에 올렸으며, 순천에서만 324명의 경찰이 죽었고 경기도 강화도에는 3,000명의 반란군이 침입했다고 보고했다. 인권 유린 따위는 '한가한 소리'라고 비판하며 '공산당취체법'을 시급히 제정할 것은 물론 '영장 없는 체포' 또한 가능하게 해달라고 요구하였다.

국무총리 이범석은 '제14연대 반란사건'을 발표하고, 수도경찰청장 김태선은 '혁명의용군 사건'을 발표하였다. 최능진·오동기·서세충·김진섭 등이 북한과 결탁해 정부를 전복했다는 것인데, 거론된 면면이 충격적이었다. 최능진은 경찰 출신으로 조병옥 경무국장을 비롯한 친일 경찰과의 알력으로 쫓겨난 인물이었다. 서재필 대통령 후보 추대운동을 벌이기도 했고, 무엇보다 5·10총선거 당시 동대문구에 출마한 이승만 후보에게 도전했다. 서북청년단이 입후보 과정을 방해했음에도 어렵사리 후보 등록을 마쳤는데, 선거관리위원회의 개입으로 입후보 등록이 취소되고 말았다. 이후 그는 김진섭, 서세충과 함께 김구 노선을 지지하는 활동을 벌였다. 오동기는 광복군 출신으로 당시 소령이었다.

> 김구가 쿠데타를 일으킨다면 공산주의자들이 결과적으로 생긴 혼란을 재빨리 활용할 것이라고 생각할 수 있다. 대한민국은 공산주의자 단독의 공격을 막아낼 수 있지만 또 쿠데타도 진압할 수 있지만, 양자를 동시에 견뎌낼 수 있는지는 매우 의심스럽다.
>
> — 1948년 11월 4일, 〈주한미국대사관 주간보고서〉 중

여순반란사건의 배후에는 김구의 추종자들이 있으며 김구가 공산 세력과 연합해 쿠데타를 일으킬지도 모른다는 루머가 퍼졌고, 미국 대사관 역시 이에 호응하는 보고서를 발행한 것이다. 분단을 반대하는 '김구 같은 생각 자체'를 막으려는 시스템이 '국가보안법'으로 구체화된 것이다.

해방 후
북한은 어떻게 변화했는가

김일성 체제

과감한 토지개혁
북한 지역의 민심을
재빨리, 확실하게 확보하다
친일파 처단
민족주의자들도 함께 처단!
어차피 반동분자야
소련이 후원하다
모름지기 핵심은 정치 투쟁이라우.
무정? 연안파? 찌그러지라우!
- 중국의 마오쩌둥도 지지하다
- 스탈린, 북조선의 지지자를 선택하다
- 우익과 자주 세력 남한으로 도망치다

북한 정부의 수립 과정은 남한과 판이했다. 1945년부터 1950년까지 조만식(曺晩植, 1883~1950), 조선민주당 등 우파는 손쉽게 제압됐고 1946년 실시된 토지개혁은 광범위한 대중적 지지를 확보하는 계기가 되었다. 북한 지역의 우익, 기독교, 지주 세력은 대부분 저항하기보다는 남하하기를 선택했다. 10만 명 정도로 추정되는 이들은 남한 내에서 좌우 갈등을 심화시켰다.

소련은 해방군을 표방하면서 미군정에 비해 수월하게 북한 전역을 장악했고, 소련의 후원으로 무명의 김일성이 지도자가 되었다. 그렇다고 북한 정권이 소련과 하수인 김일성만으로 이루어졌던 것은 아니다. 박헌영과 남로당, 무정(武亭, 1905~1952)과 연안파 그리고 소련파 등 1920년대 이후 성장해온 한국 사회주의의 역사가 큰 영향을 미쳤다.

박헌영과 남로당

해방 후 사회주의의 출발점은 서울이었다. 1945년 8월 18일 서울 중심가 장안빌딩에 '조선공산당 서울시당부'라는 간판이 걸린다. 이를 주도한 사람들을 '장안파'라고 한다. 일제강점기 서울파, ML파의 리더 최익한과 이영 그리고 화요회의 조동호 등이 모였다. 하지만 바로 다음 날 박헌영이 전면에 등장한다. 그는 '조선공산당재건위원회'를 별도로 결성했으며 장안파가 결성한 조선공산당의 해산을 요구하였다. 박헌영 계열을 '재건파' 또는 해외파와 구별하기 위해 '국내파'라고 불렀다. 9월 8일 서울 계동에는 공산주의자들이 몰려들었고 박헌영의 재건파가 당권을 장악하였다. 10월 이후 평양에 결성된 조선공산당 '북조선분국'은 박헌영을 인정하며 장안파를 격렬하게 비난했고, 11월에 장안파가 해체되었다.

공산당이 결성되는 와중에 다양한 유관 조직이 만들어진다. 9월 26일에는 노동조합전국평의회(전평) 준비위원회가 결성되어서 11월 5일에 전국단위 노동조합인 전평이 만들어졌다. 전국 13개 도에서 50만 노조를 대표하는 505명이 서울에 모여 〈애국가〉와 〈적기가〉 등을 부르면서 박헌영, 김일성, 세계노동조합연맹 총서기 루이 사양(Louis Saillant), 마오쩌둥 등 4명을 명예의장으로 선출하였다. 이 대회를 통해 북한의 노동조합은 '자치'를 인정받았는데, 미·소 분할 통치로 공산주의 운동은 남북으로 분리되다가 북

1945년 10월 14일 평양시 군중대회에 등장한 김일성. 소군정의 지도자들이 함께하고 있다.

한이 남한을 흡수하게 된다.

12월 8일에는 전국 330만 조합원을 대표하는 545명의 대의원이 모여 전국
농민조합총연맹, 일명 '전농'이 결성되었다. 이 밖에도 '청총'으로 불리는 조선
청년단체총동맹이 만들어진 후 '민총', 즉 민주청년총동맹으로 새롭게 조직되
었고, '부총'으로 불리는 '조선부녀총동맹'도 만들어졌다.

소련이 선택한 지도자, 김일성

북한의 중심지 평양은 오랫동안 한국 개신교의 구심점이었다. 선교 활동의 성
과는 평양을 중심으로 한 서북 지방, 즉 평안도 지역에서 이루어졌다. 안창호
로 대표되는 개신교 민족주의가 태동한 곳으로, 평양대부흥운동을 통해 신자

수가 급증한 곳이기도 하다. 또한 평양은
조만식이라는 걸출한 개신교 민족주의자
가 평생 활동한 곳이다. 1920년대 물산장
려운동을 이끌었으며 평생 기독교적 신념
에 근거한 평화주의자로서의 삶을 살았기
때문에 전국적으로 명망을 얻었던 인물이
다. 해방이 되자 조만식을 중심으로 평안
남도 치안유지위원회가 조직되고 며칠 후
평안남도 건국준비위원회로 개편되었다.
위원장 조만식과 부위원장 오윤선은 모두
개신교 장로였고, 20명이 넘는 초기 위원

평양의 민족주의자 조만식

중에 공산주의자는 거의 없었다.

하지만 소련군이 들어오면서 사정이 급변하였다. 북한 주둔 소련군 최고사령관 이반 치스차코프(Ivan Mikhailovich Chistyakov)는 조만식을 비롯한 평안남도 건국준비위원회 간부들을 만난 자리에서 "도(道)의 모든 행정에 있어서 공산당의 지도를 받아야 한다"라고 선포했다. 현장에서는 즉각적인 반발이 쏟아져 나왔고, 어쩔 수 없이 '협력'을 요청하면서 이야기를 마무리했다. 하지만 소군정은 기존의 조직을 해체했으며, 공산주의자 16명과 비공산주의자 16명으로 평안남도 인민정치위원회를 새롭게 구성하였다.

그리고 현준혁(玄俊爀, 1906~1945)이 암살을 당한다. 박헌영을 제외하고 가장 유명한 토착 공산주의자였고 많은 지식인과 민족주의자에게 신망받는 인물이었다. 당시 그는 평양에서 공산당 재건 운동을 하고 있었다. 1945년 9월 28일 조만식과 함께 트럭을 타고 가던 중 평양시청 앞에서 한낮에 암살을 당했고, 진상은 끝내 밝혀지지 않았다. 암살범이 잡히기는커녕 정상적인 수사조차 진행되지 못했는데, 당시 소군정과 현준혁은 격렬히 갈등하고 있었다. 이 사건은 현장에서 조만식이 살아남았다는 이유만으로 우익에 의한 '백색테러'로 치부됐고, 이후 현준혁은 '공산당의 탈을 쓴 민족주의 전략분자'라는 매도를 당했다.

소련이 선택한 지도자를 세운다! 소련의 입장은 명확했다. 처음부터 소련군은 소련계 한인들을 대동하여 국내에 들어왔다. 10월 초 안드렐 로마넨코 (Andrel Alekseevich Romanenko) 장군은 김일성을 '일본에 반대해 싸운 최대의 애국자'라고 치켜세우며 조만식을 비롯한 북한 지역의 지도자들과 만나게 했다. 1945년 10월 14일 평양 공설운동장에서는 김일성 장군 환영대회가 열렸다.

소련은 1930년대 만주에서 항일투쟁을 벌이던 김일성과 '갑산파(만주파라고도 함)'를 후원했다. 하지만 이들이 무시할 수 없는 세력이 있었다. 박헌영을 중심으로 한 '국내파'인데 이들은 서울을 기반으로 활동하였다. 그리고 무정, 김두봉, 최창익(崔昌益, 1896~1956) 등을 중심으로 '연안파'가 있었다. 연안은 '옌안', 즉 중국공산당의 수도를 의미한다. 1930년대 후반부터 중국공산당은 옌안을 수도로 삼아 항일투쟁을 벌였는데, 그곳에 무정과 김두봉이 이끄는 조선독립동맹과 산하 부대인 조선의용군이 있었다. 중국공산당 산하 한인 사회주의자들의 조직이었다.

소련은 연안파를 경계했다. 김강, 김호 등이 이끄는 2,000여 명의 조선의용군 병사가 압록강 일대에 도착한 후 정식 입국 신청을 했지만 약 한 달간 입국 허가가 나지 않았다. 11월경이 되어 간신히 신의주에 들어왔지만 무장해제 명령이 떨어졌고, 시가행진을 마친 후 대부분이 만주로 추방을 당했다. 1945년 말 모스크바 3상회의가 발표되기 전부터 갑산파, 국내파, 연안파 간에는 치열한 주도권 투쟁이 벌어졌다. 12월 17~18일 조선공산당 북조선분국 제3차 확대집행위원회에서 김일성과 갑산파가 승리를 거두었고, 이때부터 김일성과 갑산파는 북한 정권의 중추를 담당하게 된다.

조만식과 조선민주당 등 개신교 민족주의 세력은 반탁운동 당시 소군정의 탄압을 받으며 힘없이 몰락했다. 조만식은 감금되었고 대다수의 민족주의자는 남쪽으로 도망쳤다. 소군정의 후원 가운데 북한 지역에서 공산당은 빠르게 성장하였다. 1945년 12월에는 2만 6,000명이었던 당원이 단 1년 만에 40만 명으로 불어났다. 연안파는 여전히 자리를 잡지 못했고 박헌영과 국내파 역시 남한에서의 정치 투쟁으로 큰 피해를 입는 가운데 김일성과 갑산파가 두각을 나타냈다.

1947년 말 이미 '조선임시헌법제정위원회'를 조직해 1948년 2월에 헌법 초안을 정식으로 상정했는데, 이때 김일성은 정부 구성에 관한 권한을 확보하였다. 제도는 소련을 본떴다. '민주집중제'라는 원칙에 따라 인민회의, 인민위원회를 기반으로 공산당 지도부가 전권을 행사하는 형태로 구조화된 것이다. 특기할 점은 이미 강력한 무장력을 확보한 군대가 있었다는 점이다. 1946년 7월

최용건(1900~1976)이 보안간부 총훈련소 총사령관에 취임했으며, 1947년에는 최신 소련제 장비를 갖춘 12~15만 정도의 군사력이 미군정에 의해 가늠될 정도였다.

북한 지역에서 공산당은 급속도로 성장하였고 조직은 물론 인원 면에서도 여타 정당을 압도했다. 농민·노동자를 비롯한 전국단위의 직업총동맹은 북한 지역에서 '분국' 형태로 독립한 후 전국단위 조직을 지도하였다. 치열한 좌우 갈등이 서울에서 벌어지고 있던 그때 평양은 단숨에 한반도 공산주의 운동의 중심지가 되었다.

북한의 정세 인식

이 시기 '민주주의민족전선', 일명 '민전'이라는 단체가 등장한다. 당시 남북한 공산주의 조직의 총연합체였다. 남한 지역에서 박헌영·여운형·백남운(1894~1979) 등이 이끌던 조선공산당·인민당·신민당을 비롯하여 각종 좌익 계열의 단체가 참여해 '남조선' 민전을 만들었고, 북한에서는 '북조선' 민전을 만들었다. 이후 남한에서 민전의 활동이 불법화되면서 북한에서는 두 단체를 통합해 '조국통일민주주의전선', 약칭 '조국전선'을 만든다.

> 미군을 즉시 철거케 하며, 이른바 '유엔위원단'을 물러가게 하고 조국
> 의 완전독립을 위해 투쟁 (…) 조선민주주의인민공화국 정부 적극 지지
> (…) 전 조선적으로 광범위한 민주개혁을 실시 (…) 남조선에서 인민위
> 원회를 부활시키며, 그 합법화를 위해 투쟁 (…)

'조국통일민주주의전선 강령' 13개 중 일부 내용이다. '미국은 제국주의 국가이고 남한을 침략한 상태이니 물러가야 한다. 한반도의 정통 정부는 대한민국이 아니라 조선민주주의인민공화국, 즉 북한이다.' 조국전선의 입장은 명확했다. 이들은 처음부터 대한민국 정부를 협상의 대상으로 삼지 않았고 김구와 김규식의 남북협상만을 대우하였다. 그렇다고 김구와 김규식이 주창한 평화통일론을 수용한 것은 아니었다. 김구와 김규식은 소련과 미국 주도의 분단체제 자체를 거부한 반면 조국전선은 오직 미국만을 문제 삼았으며, 남한에서 수립된 정부의 정통성을 부정하는 데 급급했다. 또한 이들은 다음과 같은 주장을 반복했다. "남조선에서 인민위원회를 부활시켜야 한다. 남조선에서 광범위한 민주개혁을 실시해야 한다." 민주개혁은 북한에서 공산주의자들이 실시한 사회개혁을 의미한다. 조국전선은 실상 김구와 김규식 등이 추구한 이상과는 정반대의 길을 추구하였다. 분단체제의 모순을 직시하고 이념을 뛰어넘어 타협과 공생의 길을 모색하는 것이라기보다는 대한민국 정부를 부정하고 이승만 세력과 싸움을 벌이겠다는 발상이었다.

조국전선은 자신감이 넘쳤다. 국공내전에서 중국공산당이 승기를 잡아가고 있었기 때문에 "국제적으로 사회주의가 승리"하고 있다고 주장했다. 또한 남한에서의 좌익 활동은 "천추의 원쑤들을 향해 용감하게 반항하는 영웅적인 애국 투쟁"으로 규정하였고 빨치산 같은 유격대 활동 또한 "정의로운 테러"라고 주장하였다. 조국전선은 유격대 활동에 적극적이었다. 1949년 6월부터 전쟁이 발발하기 3개월 전인 1950년 3월까지 2,000명 이상의 훈련된 유격대원이 남파되었다. 초기에는 주로 산악을 거점으로 경찰서를 공격하거나 '악질분자'를 처단하는 것이 목표였다면, 이후에는 지방 행정 중심지나 경찰과 군대의 거점을 공격하는 형태로 발전하였다.

김일성 체제

토지개혁과 동원체제를 구축하다

북한은 남한에 약 3년 앞서 토지개혁에 성공하였다. 토지개혁의 효과는 즉각적이었다. 민중의 대대적인 지지가 있었기 때문이다. 많은 학자가 지적하듯 오늘날까지 북한 사회를 주도하는 사람들은 대부분 토지개혁의 수혜자들이다. 1946년 초 북한 주둔 제25군 사령관 이반 치스차코프와 참모장 펜코프스키가 농림국장과 각 도 위원장에게 토지조사 사업을 명령했으며, 북조선 임시인민위원회 결성대회에서는 김일성이 토지개혁을 핵심 사업으로 지정하였다.

북한에서의 토지개혁은 소작제도 혁파 이상이었다. 남한에서의 농지개혁이 근대적인 자본주의 생산 방식을 도입하기 위한 토대였다면 북한은 '친일파, 민족 반역자'의 처단과 결부시켜 공산주의 사회로 진입하는 것을 목표로 했다. 5정보 이상의 토지를 대상으로 개혁을 진행했으며 무상몰수 무상분배 방식으로 추진했으나, 실상은 달랐다. 무상몰수 무상분배 방식은 러시아혁명 당시 최초로 실시한 급진적인 방법이었다. 루마니아, 폴란드, 동독, 체코, 슬로바키아, 헝가리, 불가리아 등의 동유럽 공산국가들조차 전 과정을 무상으로 진행하진 않았다. 불가리아는 남한의 농지개혁과 같이 유상매입 유상분배 방식을 취했고, 대부분 나라에서는 무상몰수 유상분배 방식을 취했다. 사실 북한 역시 토지현물세 등을 도입했기 때문에 문자 그대로의 무상 토지개혁으로는 보기 어려운 측면이 있고, 개혁 과정을 비교하면 남한의 농지개혁과 별 차이가 없다는 지적이 있다.

여하간 소련과 공산주의자들이 선도하고 농민들이 적극적으로 참여하면서 토지개혁은 커다란 효과를 발휘했다. 곳곳에서 열린 농민대회에서는 〈토지분여탄원서〉, 〈토지요구결의문〉 등이 채택돼 중앙에 전달되었는데 농민들의 서신만 해도 3만여 장에 달했다고 한다. 심지어 3·1운동 기념 시위에서는 300만

농민이 낫과 호미를 들고 토지를 요구하는 진풍경이 벌어지기도 했다.

소군정은 '토지개혁 지원대'를 농촌에 파견하여 농촌위원회를 조직했다. 당시 농촌위원회 총수는 1만 2,000개, 참가 농민은 9만 697명이었다. 토지개혁 과정은 동원체제의 형성 과정과 맥을 같이했다. 중앙에는 보안대가 창설됐고 민간에선 농촌자위대가 조직되었기 때문이다. 리에는 분대, 면에는 소대, 군에는 대대, 도에는 지대라는 수직적이며 조직적인 체계가 만들어졌다. 토지개혁을 통해 전국 6개 도에 6개 지대, 90개 대대, 740개 중대, 8,480개 소대, 2만 2,666개 분대, 21만 2,194명의 대원이라는 엄청난 조직이 만들어진 것이다.

총 100만 325정보, 당시 북한 경지 면적의 거의 절반을 몰수했다. 이 중 96%는 지주 및 민족 반역자의 토지로 총 40만 5,603가구였는데, 당시 농가의 3분의 1을 넘는 엄청난 수준이었다. 5정보 이상 소유한 지주들은 평균 8정보 이상을 몰수당했고 일본인 소유의 토지는 4% 미만이었기 때문에 토지개혁의 전 과정은 사실상 지주와 농민의 관계를 재편성하는 데 집중되었다. 98만 1,390정보를 72만 4,522가구에 약 1.35정보씩 분배했는데 이 중 44만여 가구는 자기 소유의 토지가 전혀 없었던 이들이다. 즉, 당시 농가 3분의 1의 지주계급이 혁파됐고 동시에 농가 3분의 1이 처음으로 '자기 땅'을 갖게 된 것이다. 가공할 사회변화가 일어났다.

지주는 "축력, 농업기구, 주택의 일체의 건물 및 대지"까지 완전히 몰수당했다. 이들은 기존의 거주지에서 쫓겨나 새로운 땅에 정착해야 했는데, 총 3,911가구로 고작 13%밖에 안 되었다. 나머지 87%가 남쪽으로 도망갔다는 말이다. 지주 세력이 남쪽으로 도망치는 것을 북한 지도부가 몰랐을 리 만무하다. 결국 남·남 갈등을 부추기거나, 남한의 혁명적 상황을 가속화하기 위한 정치전략으로 해석할 수 있다.

'반동분자'라는 말은 친일파만 의미하지 않았다. 물론 친일파에 대한 체계적인 숙청이 이루어졌고 남한과는 확연히 달랐다. 하지만 이들은 '친일파와 우익 인사'를 함께 처단의 대상으로 삼았다. 〈친일파, 민족 반역자에 대한 규정〉 등을 보면 '반동적 요소'가 강조되고 공산주의 지도자에 대한 '암살 음모'를 비롯하여 '반동단체 가담자'에 대한 처단이 규정되어 있다. 공산주의 지도부에 저항하는 우익 민족주의자들을 '반동분자'로 정의한 것이다. 이에 따라 수많은 민족주의자가 잡혀가거나 영향력을 상실했다. 1946년 1~6월 황해도 보안부에 체포된 정치범은 1,752명이었고 이 중 186명은 소련군이 직접 관리했다. 이후 7월 한 달 동안 숙청된 이들의 숫자가 1,247명에 달했는데, 말 그대로 우익에 대한 조직적인 탄압이 있었던 것이다.

강력한 정치 공세와 민중 조직화를 기반으로 진행된 토지개혁은 북한식 공산주의체제의 성격을 여실히 드러냈다. 당시 북한은 거대한 토목공사까지 병행했는데, 소군정의 후원하에 1946년 초 김일성은 평양의 보통강 개수공사를 지시하였다. 강의 물줄기를 바꾸는 대규모 공사를 50일 만에 끝내는 '속도전'으로 치렀다. 총길이 5,000미터, 총토량 42만 제곱미터의 공사에 연인원 57만 9,328명이 동원되었다. 이는 당시 평양시민이 1인당 평균 2회를 참여할 때 가능한 숫자다. 또한 80일간 진행된 단천 축항공사를 비롯하여 압록강 방축공사, 용흥강 개수공사, 평양-경흥 간 철도 개량공사, 해주 축항공사 등이 혁명 사업이라는 이름으로 추진되었다. 엄청난 대중동원이 이뤄졌는데 레닌과 스탈린의 산업 부흥 정책과 유사했다. 그만큼 북한은 이미 남한과는 질적으로 다른 공산국가가 되어가고 있었다.

김일성, 무력통일을 준비하다

상황은 더욱 극적으로 전개되었다. 1949년 말 남한에서는 군경 합동으로 '동계 대공세'를 펼쳐 빨치산을 궤멸시켰다. 북한에서는 이 시점부터 새로운 통일 방안이 모색되었다. "이제는 중국의 통일이 완료되었으므로 남한을 해방시킬 차례이다." 1950년 1월 19일 테렌티 스티코프(Terenti Fomitch Stykov) 장군과 만난 김일성의 발언이다. 김일성은 스탈린, 마오쩌둥 등과 수차례 만나면서 적극적으로 무력통일, 즉 전면적 남침을 준비했다. 빨치산 투쟁의 한계를 역설하고 마오쩌둥의 적극적 지지를 강조하면서 매우 미온적이던 스탈린의 마음을 돌려놓는 데 성공하였다.

1950년 2월 4일 김일성은 스티코프에게 3개 보병사단을 추가로 창설해 10개 사단 체제를 갖추는 것에 대한 동의를 요청했으며, 1951년에 예정된 원조를 1년 앞당겨달라고 했다. 김일성과 스탈린 사이에서 스티코프는 가교 역할을 했으며 김일성의 요청은 대부분 동의를 받았다. 3월이 되면서 무기 원조와 물자 지원 부분에 대한 논의가 집중적으로 이루어졌고, 4월부터 소련제 무기와 장비들이 북한으로 쏟아져 들어왔다. 무상 지원이 아니었다. 대금 지불이 광물 자원으로 약정되었다. 일례로 3월 9일 전문에 나온 총 1억 3,805만 500루블의 무기대금은 금 9톤, 은 40톤과 기타 광석 15톤으로 지불하겠다는 식이었다. "미국은 개입하지 않을 것이다." 스탈린과 담판을 벌이던 김일성은 미국이 개입하지 않을 것임을 수차례 강조하였다. 그리고 김일성과 스탈린은 3단계 전략에 합의를 본다. 체계적인 무력 증강과 더불어 38도선에 병력을 집중한다. 그리고 남한에 평화통일을 제안한다. 남한은 반드시 거부할 것이다. 마지막으로, 평화통일 제안이 거부되고 나면 공격을 개시한다.

스탈린은 전쟁이 기습적이고 신속해야 한다고 강조했고, 김일성은 3일이면 승리할 것이라고 호언장담했다. 인민군이 남하하면 남조선 인민들이 열렬히 환영하며 내응하리라는 점을 강조하기도 했다. 함께 회담에 참석했던 박헌영은 20만 당원이 대규모 폭동을 일으킬 거라고 장담했다.

스탈린은 신중했지만 자신 있었다. 핵 개발에 성공하는 등 미국과의 경쟁에서 밀리지 않았고, 마침 중국이 공산화되는 등 상황이 매우 좋았다. 마오쩌둥은 스탈린보다 더 적극적이었다. 1949년 4월 21일 공산당군이 양쯔강을 넘어 중국 남부로 진입하면서 사실상 국공내전의 승패는 결정 난다. 이때 김일성이 조선인민군 문화부 사령관 김일을 중국에 파견하였다. 김일은 마오쩌둥, 저우언라이(周恩來), 가오강(高崗), 주더 등을 만나 김일성의 친서를 전달하고 주요한 군사적 합의를 보았다.

마오쩌둥은 만주 일대 3개의 한인 사단 중 창춘 일대에 배치된 2개 사단에 대한 지속적인 지원을 약속하면서 북한이 원한다면 언제든지 귀국 조치를 한다는 데 동의하였다. 나머지 1개 한인 사단은 국민당군과 전투를 벌이고 있었기 때문에 보류했다. 이윽고 7월이 되자 약속했던 인민해방군 제164사단과 제166사단이 북한으로 들어와서 인민군 제5사단과 제6사단으로 편입됐고, 이들은 북한군의 주력부대가 되었다. 해가 바뀌어 1950년 4월 18일에는 조선족 병사 1만 2,000명을 모아 열차편을 통해 원산으로 귀국시키기도 했다.

중국 공산주의자들과 한인 공산주의자들은 오랜 항일투쟁과 치열한 국공내전을 통해 정서적 유대감을 다져왔다. 최용건, 김책(1903~1951) 등은 만주 무장투쟁을 주도한 인물이었다. 연안파의 리더 무정은 대장정에 참여해 살아남은 유일한 조선인이었으며, 김일성 자신을 포함해 방호산·최현·김창덕·김웅·박일우·김광협·강건·김일·안길을 비롯한 북한 핵심 지도부가 모두 만주 지역에서 활동하던 인물이었다. 더구나 리홍광(1910~1935)같이 지금도 중국에서 기억되는 좌익 항일 영웅들이 많았다.

통계를 보면 1930년대 간도 일대에서 전사한 한인의 숫자가 2,769명에 달했고, 중국공산당 행동대원 중 중국인이 50명인 데 비해 조선인은 520명이었다. 중국공산당 내에서 한인 공산주의자들의 위상은 매우 높았다. 국공내전 당시 공산당에 참여해 국민당과 싸운 한인은 6만 명이 넘었고 전사자만 3,550여 명에 달했다. 심지어 북한은 중국공산당의 배후기지 역할을 했다. 수만 명의 중국공산당군이 만포진, 혜산진, 무산, 회령, 남양 등 국경 지역을 거쳐 북한으로 들어와서 주둔지, 막사, 무기, 의복, 식량 등을 지원받았다. 다롄에서 바다를 통해 진남포를 거쳐 만주로 이동한다든지, 신의주 방면으로 들어와 압록강과 두만강을 거쳐 만주로 들어간다든지 하는 이유 때문에 북한은 중요한 지역이었다. 심지어 "김책이 3만 명의 병력을 이끌고 만주로 참전했다"라는 기록도 있다.

전쟁만 일으키면
남한은 스스로 무너진다?

서울만 점령하면 폭동이 일어난다고 하더니 며칠을 기다려도 폭동은 무슨 폭동이야.

한국전쟁에 반대하던 북한의 지도자 최용건이 미군 참전으로 후퇴하던 당시에 내뱉은 말이라고 한다.

인민군은 재빨리 남으로 휩쓸고 내려갔다. 그러나 처음 몇 발의 총성만

울리면 남한 내에서 민중이 궐기해서 이승만을 타도할 것이라고 입버릇
처럼 장담한 김일성의 예언은 실현되지 않았다.

스탈린 사후 소련 서기장이 되는 니키타 흐루쇼프(Nikita Khrushchyov)의 회
고이다.

미국놈의 고용 간첩인 박헌영은 남조선에 당원이 20만 명이나 되고 서
울에만도 6만 명이나 있다고 떠벌렸는데 사실은 그놈이 미국놈과 함께
남조선에서 우리 당을 다 파괴해버렸습니다.

김일성은 수차례 이와 같은 방식으로 박헌영을 비판했다. "박헌영이 우리를
속였다", "20만은 고사하고 1,000명만이라도 있어서 부산쯤에서 파업을 했더
라면 미국놈이 발을 붙이지 못했을 것이다" 식으로 김일성은 박헌영을 공박했
고 그를 처단하였다. 전쟁만 일으키면 남한은 스스로 무너진다는 김일성과 박
헌영의 확신. 김일성은 그 책임을 박헌영에게 떠밀었다. 하지만 누구 때문인가
는 별 의미가 없다. 박헌영은 남한에서의 실패를 인정하고 싶지 않았을 테고,
무엇보다 북한에서 정치적 영향력을 유지하기 위해서 남로당의 위상을 과장
했을 것이다. 김일성은 박헌영의 권위와 영향력이 필요했을 테고 그의 주장을
받아들이는 것이 자신의 대남 무력 침공에 유리했을 것이다. 두 사람은 어찌
됐건 전면전에 의한 무력통일을 기대했고, 따라서 '그들만의 묘한 확신'에 도
달했다. 하지만 남한의 현실은 그렇지 않았다. 좌익 세력은 궤멸되었고 김구·
김규식의 평화노선은 북한의 그것과는 질적으로 달랐다.

어찌 됐건 소련과 중국의 지원과 지지를 바탕으로 북한은 전쟁 준비에 돌입
하였다. 일류신전투기(Ⅱ 1019) 62대, 야크전투기(Yak-3, Yak 7B) 70대, 수송기
30대를 비롯하여 총 162대의 항공기를 운용하였다. 이미 제트기를 보유했고

전투기 553대와 1,172대의 항공기를 보유한 미 극동공군과 비교할 수준은 아니었지만 소형 항공기 몇 대만을 가지고 있는 남한에 비해서는 압도적인 수준이었다. T-34전차 100대, 60대의 자주포, 그 밖에 막대한 수량의 각종 포와 공병자재, 통신자재, 군사부품, 의약품 및 유류도 전량 소련에서 들어왔다.

전면전을 위해 북한은 도로와 교량을 신설하거나 수리했다. 한탄강, 임진강, 개성, 철원, 연천, 옹진 등 남한으로 내려오는 주요 길목은 1949년 8월부터 10월까지 집중 보강 대상이었다. 한탄강 유역인 철원군 갈말면의 칠점교, 연천의 한탄교, 임진강 유역의 유진교와 무남교 그리고 신천교 등은 보통 폭이 5~7미터에 길이 70미터 정도의 다리인데 모두 이때 건설되었다. 그 밖에도 평양과 원산 사이를 잇는 순천교, 운천 지역을 관통하는 만세교, 황해도 서흥강을 가로지르는 신막교 등도 신설되거나 확대 보강되었다. 동굴과 참호 같은 군사시설도 만들어졌으며, 38도선 근처의 주민들을 소개(疏開)시켰다. 대략 1만 8,000가구 6만 5,000명의 대규모 인원을 내지로 이동시킨 것이다. 병력 이동 등 전쟁 준비의 비밀 유지 때문이었다.

1950년 봄, 북한은 전면전을 결정하였다. 38도선에서의 국지적인 충돌과 남한 내 빨치산 투쟁은 중단되고, 대규모 전쟁을 위한 사전 남파 작전이 진행되었다. 서울에는 이중업·안영달, 전남에는 김백동·조형표·이강진·이담래·김상하·송금애를 비롯한 16명, 충남에는 이주상·여운철·곽해봉 등, 전북에는 박승원 등과 같이 지역을 배당하여 과거 남로당이나 빨치산 출신들의 남파 간첩을 대거 내려보냈다.

포병 준비사격은 30분간이며 그중 15분은 폭격, 15분은 파괴사격으로 한다. (…) 포사격 준비완료는 1950년 6월 23일 24시 00분까지이다.

'전투 명령 No.1', 비밀등급 '극밀', 북한 인민군 제4사단 전투 명령 1호의 내용 중 일부이다.

계속 한강을 도하점령을 하기 위해 전진한다. 공격 준비완료는 6월 23일 24시까지이다. (…) 좌쪽에는 1사단이 우리와 동등한 임무로서 전진한다.

다른 연대의 명령서 중 일부이다. 남한군은 '돼지'라고 부르고 이승만은 '개 승만'이라고 부르는 작전이 하달되었다. 김구와 김규식이 예언했던 일, 전면전 이 시작된 것이다.

한국전쟁,
참극의 절정

내전에서 국제전으로

한국군 사망자 13만 7,899명, 실종자 2만 4,495명. 전투 중 사망한 미군은 3만 3,686명, 실종자 3,737명. 미군을 제외한 UN군의 전투 중 사망자는 4,216명이었고 그중 영국군이 1,078명, 터키군 966명, 캐나다군 516명이었다. 한국 민간인 사망자는 244만 4,663명, 피학살자는 12만 8,936명, 피랍자 8만 4,532명 그리고 행방불명자는 30만 3,212명이었다. 북한 인민군은 전투 중 사망자가 52만 2,000명, 비전투 중 사망자가 17만 7,000명이었다. 중국 인민지원군 전투 중 사망자는 11만 6,000명에 비전투 중 사망자는 2만 5,000명이고 소련군 사망자는 315명으로 집계되었다.

한국전쟁에 관한 대략의 통계치이다. 미 육군 태평양 사령부, 한국 내무부 통계국 등 여러 곳에서 집계를 진행했고, 수치는 집계마다 조금씩 차이가 있다. 그럼에도 참으로 엄청나게 많은 사람이 죽었다.

전쟁 직전의 상황

1950년 6월 25일, 해방 5년 만에 북한의 남침으로 전면전이 발발하였다. 체계적인 준비를 해온 북한 인민군은 전격적으로 남하를 시도했고 낙동강 전선까지 파죽지세로 밀고 내려갔다. 서울을 점령한 북한군이 3일간 멈춰 있었던 사실을 두고 논의가 분분하다. 중요한 사실은 김일성을 비롯한 북한의 지도부가 전면전에 대한 경험이 전무했다는 사실이다. 국군이 밀렸다고는 하지만 파죽지세라는 말 또한 정확한 표현은 아니다. 군사학적 관점에서 북한 인민군은 다양한 계통의 사람과 무기가 혼합된 신흥 군대이기 때문에 능수능란하게 보급선을 확보하며 진격하지 못했다.

전쟁 지전 남한의 상황은 최악이었다. 말로는 '북진통일'을 외쳤지만 준비는 전무했다. 미국은 남한에 무기를 원조하지 않았다. 미국은 북한의 전면적 남침을 예상하지 못했고 오히려 이승만 정권의 북침을 걱정했다. 신성모, 채병덕 같은 이승만의 군사 참모들이 '우리 병력만으로 3일 만에 평양을 점령한다' 식의 호언을 남발했지만 이 또한 말뿐이었다. 위기감은 고조되고 있었다. 남침에 대한 소문이 돌았고 육군본부 정보국에서는 1949년 12월 27일에 상세한 남침 분석 보고서가 만들어졌다.

1950년 6월, 수일간 계속되던 비상경계가 6월 23일 해제되었다. 다음 날인 6월 24일 육군본부 작전정보실은 전면공격이 임박했다는 판단을 내렸고, 오후 3시 육군 총참모장 채병덕을 중심으로 긴급참모회의를 가졌다. 하지만 회의는 회의일 뿐. 회의 이후 채병덕을 비롯한 국군 지휘부는 새벽까지 장교구락부에서 만찬을 벌이면서 술에 취했다. 더구나 6월 10일 광범위한 인사 조치로 전방 사단장과 육군 지휘부 대부분이 교체되면서 지휘체계가 엉성해졌다. 방어 계획을 이끌던 작전국장 강문봉은 미국 유학 발령을 받았고, 군인 3분의 1이 휴가나 외출로 부대를 떠났다.

　그리고 6월 25일 아침, 이승만은 창덕궁에서 낚시를 즐기다가 전쟁 발발 소식을 듣게 된다. 그는 '크게 걱정할 것 없다'는 국방장관 신성모의 발언 따위는 신경 쓰지 않았고 도쿄 사령부에 전화를 했다. 6월 26일 새벽 3시, 이승만은 연합군 최고사령부에 전화를 걸었고 부관이 깨울 수 없다고 하자 그는 분노하였다. "맥아더 원수가 깨면 이렇게 전하시오. 당신네들이 빨리 우리를 도와주지 않으면 여기에 있는 미국 시민들이 한 사람씩 죽어갈 터이니 장군을 잘 재우시오!" 전화를 받은 맥아더에게 이승만은 분노 어린 도움을 요청하였다. "오늘 이 사태가 벌어진 것은 결국 누구의 책임이오? 당신네가 좀 더 관심과 성의를 보였다면 이런 사태가 일어나지 않았을 것이야. 우리가 여러 차례 경고하지 않았습니까? 어서 한국을 구하시오."

　그리고 7월 9일경까지 이승만은 우왕좌왕했다. 6월 27일 새벽 3시 30분에 서울을 빠져나와 11시 40분에는 대구에 도착했다가 다시 북상해 오후 4시 40분에 대전에 도착하였다. 6월 28일경에는 수원으로 가서 전선을 시찰하러 온 맥아더와 회담을 했고, 다시 7월 1일 새벽 3시에는 대전에서 출발해 오후 2시 목포에 도착했다가 다시 19시간 후인 7월 2일에는 부산에 도착하였다. 그리고 7월 9일 대구로 갔다가 결국 부산에 정착하였다. 이 기간에 정부 관료와 국회의원들은 극도로 한심한 행태를 보였다. 그간 북진을 운운하던 이들은 재빨리 부산으로 도망갔고 일부는 일본으로, 일부는 제주도로 탈출했다. 수도 사수를 외치며 상황을 수습하려던 많은 이들은 북한군에 잡혀 납북되었다. 그중에는 김규식, 안재홍, 조소앙 같은 이들도 있었다. 그나마 이승만을 견제하며 새로운 목소리를 낼 수 있었던 중도파와 혁신계 지도자들이 전쟁 초기 사라져버리고 만 것이다. 대한민국의 정치적 상상력은 전쟁을 통해 한층 각박해졌다.

남한과 북한의 싸움에서
미국과 중국의 싸움으로

전쟁이 발발하자 미국은 신속하게 대응하였다. 트루먼 대통령은 즉각 북한을 향해 38선 이북으로 돌아갈 것을 요구하였고, 의회의 승인 없이 일본에 있던 미8군 제24사단을 한반도로 파견하였다. 제24사단 21연대 1대대, 일명 스미스 부대가 가장 먼저 도착했는데 패배의 연속이었다. 지난 수년간 미군은 평화에 젖어 들었고 의회는 군대 예산을 삭감했기 때문에 전쟁 초기 미군은 도무지 전투를 할 수 있는 상황이 아니었다. 그럼에도 제24사단의 투입으로 북한군의 진격 속도는 느려졌고 그사이 미8군 사령관 월턴 워커(Walton Harris Walker) 중장의 주도하에 낙동강 방어선이 구축된다.

낙동강 방어선을 두고 치열한 싸움이 이어졌다. 경북 칠곡군의 다부동 전투 등 주요 지역에서 격전이 이어졌고 때에 따라 포항을 빼앗기는 등 위기도 있었지만 미군의 주도로 방어선은 끝내 유지되었다. 그리고 맥아더는 반격을 준비했다. 당시 중국은 이 상황을 예의주시하고 있었다. 지우인라이는 북한의 전쟁

**트루먼 대통령(좌)과
맥아더 장군(우)**

수행 능력을 검토하면서 미군의 상륙 작전을 염려했고, 마오쩌둥은 인천 상륙을 예상하며 김일성에게 조언했다. 김일성은 소련에 해안저지용 수뢰 2,000개, 어뢰정 10척, 어뢰정용 어뢰 2개 등을 요청했지만 인천 앞바다에서 발견된 기뢰는 12개밖에 되지 않았다. 상황을 낙관하고 있었던 것이다.

태평양전쟁의 영웅 맥아더는 과감한 전략 구사로 유명한 인물이다. 그는 후방을 우회해 보급병참선을 공격하는 이른바 '섬 건너뛰기 작전(Island Hopping Operation)'으로 일본군을 크게 무너뜨렸다. 그는 전쟁 초기 한강 전선을 시찰하면서 '블루하츠(BLUEHEARTS)'라는 작전을 구상했다. 인천, 군산, 해주, 진남포, 원산, 주문진 등 여러 해안을 검토했고 조류와 기후 여건을 고려한 끝에 9월 15일에 인천상륙작전을 감행하였다. 적군의 허리를 끊어 보급선을 무너뜨리고 주력군을 괴멸시키겠다는 발상이었다. 참모들 중 일부는 군산 상륙을 이야기했지만 맥아더는 이들을 설득했다. 낙동강 방어선과 가깝기 때문에 효과가 없다고 보았고 수많은 악조건에도 불구하고 인천이 적당하다고 판단한 것이다.

인천상륙작전에 앞서 여러 작전이 전개되었다. 1950년 9월 12일 군산에서 미군과 영국군이 양동작전을 시작했고, 9월 14일과 15일에는 동해안 삼척 일대에 포탄을 쏟아부었다. 학도병이 참여했던 장사 상륙 작전 역시 이때 시행되었다. 그리고 인천상륙작전. 북한군의 방어는 엉성했고 계획된 작전은 크게 성공하였다. 북한군은 미군이 인천에 상륙한 후 김포 일대를 장악할 때까지 효과적으로 방어하지 못했고 뒤늦게 김포를 장악하기 위해 노력했지만 실패했다. 그리고 얼마 후인 9월 28일에는 국군의 서울 수복, 전세는 완전히 역전된다.

북한군은 후퇴할 수밖에 없었고 이 와중에 궤멸에 가까운 타격을 입었다. 1950년 9월 기준 낙동강 전선에 투입된 북한군은 약 9만 8,000명이었는데 11월이 되면 포로 수가 이 정도에 다다른다. 같은 시기 극동군 사령부 전문에는 북한군 포로 수가 13만 5,000명이고 북한군의 손실은 20만 명이 넘는 것으로 나온다. 여러 정황을 보았을 때 인천상륙작전 이후 북한의 군사적 손실은 약 33만에 달할 것으로 추정된다. 엄청난 성공에 힘입어 미국은 38도선 이북으로의 북진을 결정하였다.

"나의 의도는 북한군을 몰아내려고 하는 것이 아니라 완전히 분쇄하려는 것이다." 승리에 고무된 맥아더는 7월 초 육군 참모총장 조지프 콜린스(Joseph Lawton Collins), 공군 참모총장 호이트 반덴버그(Hoyt S. Vandenberg)와의 회동에서 자신감을 드러내었다. 비슷한 시점 이승만 역시 "북한군의 침략으로 38도선은 자동으로 소멸"되었다고 주장했다. 북진을 둘러싼 난해한 국제 조약 문제, 미국 내부에서의 이견 등이 있었지만 인천상륙작전은 논란을 일거에 잠재웠고, 9월 27일 합동참모본부는 한국에서의 '작전 확대'를 지시하였다.

1950년 10월 1일 맥아더는 북한군 최고사령관에게 항복을 권유하는 성명을 발표하였다. 다음 날 미 국무부는 북한 점령 계획을 세웠고, 이때 대한민국 정부의 북한 지역 관할권은 인정되지 않았다. 이승만이 파견한 도지사들은 모두 쫓겨나고 말았다. 미국은 무력으로 북한 지역을 점령한 후 UN의 관리하에 총선거를 실시해 새로운 통일정부를 구성한다는 계획이었다. 북한 지역을 '수복'의 관점으로 바라보았던 대한민국 정부 입장은 배제되었다.

그리고 중국이 참전을 결정한다. 일명 '13일의 재결정.' 중국은 미국이 북진할 경우 참전할 거라고 수차례 공식적으로 경고했다. 10월 1일 밤 김일성은 구원을 요청하는 편지를 보냈고, 미국의 북상을 우려하던 중국공산당 수뇌부는 수차례 격론 끝에 참전을 결정하였다. 마오쩌둥은 신의를 지켰고 그 이상으로 적극적이었으며 승리에 대한 확신이 있었다. '우선 25만을 긴급 투입하고 총 60만 정도를 투입해 북한을 돕겠다.' 항미원조전쟁. 즉, 미국에 대항하기 위해 북한을 돕겠다는 발상이었다.

마오쩌둥은 펑더화이(彭德懷)를 총사령관에 임명하였고 큰아들 마오안잉(毛岸英)을 전선에 내보냈다. 미국은 상황을 오판했다. 중국이 참전하지 않을 것으로 본 것이다. 맥아더는 중국군의 월경 소식을 보고받고도 경시했다. 애초에 맥아더는 한반도의 전략적 가치를 높게 보지 않았다. 하지만 무장은 무장. 싸움을 시작한 이상 승리를 거두어야 하지 않겠는가. 무엇이 승리인가. 한반도를 통일하여 공산 세력에 타격을 가하는 것, 그것이 미군의 지도자가 지녀야 할 사명 아닌가. 맥아더는 조속한 시일 내에 한반도를 통일하여 전쟁을 끝내고 싶어 했고, 그만큼 중국군의 참전 첩보를 외면하고 외면했다. 과거 태평양전쟁 당시 정보를 지나치게 주관적으로 판단함으로써 필리핀에서 오스트레일리아로 도망칠 수밖에 없었던 때의 맥아더와 비슷한 모습이었다.

　맥아더의 바람과는 반대로 중국군은 참전하였다. 그리고 이 순간 전쟁의 성격이 근본적으로 바뀌었다. 내전에서 국제전으로, 북한과 남한의 싸움이 아닌 중국과 미국의 싸움으로 변화하였다. 더구나 북한과 중국의 배후에는 소련이 있는 상황. 그간 우려했던 제3차 세계대전의 발발 가능성이 높아진 것이다. 더

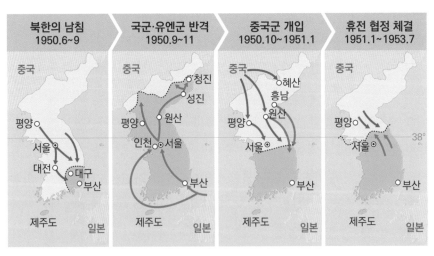

한국전쟁은 톱질전쟁이라고 불리기도 한다. 전선의 변화가 워낙 급격했기 때문이다. 초기에는 북한군이 낙동강까지 밀고 내려갔지만 인천상륙작전 이후 전세는 완전히 역전된다. 하지만 중국군의 참전 이후 일진일퇴를 벌였다.

(자료: 두산백과)

구나 중국군의 역량은 뛰어났다. 오랫동안 일제 그리고 국민당군과의 투쟁을 통해 높은 전투 역량을 보유했으며, 특히 유격전을 비롯한 육군 전술에서 탁월했다. 펑더화이의 지도하에 중국군은 장진호 전투를 비롯하여 북한 지역에서의 전투에서 미군에 큰 타격을 입혔고, 1951년 1월 4일 서울은 다시금 북한의 수중에 들어갔다. 미군도 물러설 수 없었다. 평택과 오산 근처에 최후의 방어선이 마련됐고, 서울을 두고 치열한 격전이 벌어졌다. 펑더화이는 한계를 느꼈다. 한반도의 거친 지형과 끔찍한 추위를 이용한 전술이 큰 효과를 발휘했지만, 해군과 공군에서 미국의 우위가 절대적이었기 때문이다. 미국은 흥남 철수를 비롯하여 대대적인 후퇴 작전을 성공적으로 해냈다. 하지만 중국군을 격퇴하기 위해서는 그만큼의 대대적인 군사 증강과 물자 보충이 이루어져야만 했다.

맥아더 해임 이후, 미국의 입장

1951년 4월 11일 트루먼의 명령에 따라 그간 전쟁을 이끌던 극동사령관 맥아더가 전격적으로 해임, 8군단을 이끌던 리지웨이(Matthew Bunker Ridgway) 장군이 부임하였다. 현행 수준에서의 전투. 트루먼은 단호했다. 리지웨이는 미군의 사기를 높이기 위해 보다 촘촘한 작전선을 구축하였고 밴 플리트(James Van Fleet) 장군 등과 함께 한국군 재교육 사업을 강력하게 추진하여 전선의 상당 부분을 미군이 아닌 한국군이 감당하게 했다.

전황을 타개하기 위한 수단으로 핵무기를 사용해야 한다는 맥아더의 주장은 오늘날에도 유명하다. 하지만 핵무기 사용 계획은 맥아더의 발상이라기보다는 이전부터 마련된 계획이었다. 1946년 핀처(PINCHER) 계획, 1948년 브로일러(BROILER) 계획, 1949년 오프태클(OFFTACKLE) 계획 등이 수립됐는데 수십 개의 도시를 수십 발의 핵무기로 타격한다는 것이 핵심이었다. 핀처 계획 당시에는 20~30발의 핵무기로 20개의 도시를 타격한다는 것이었고, 오프태클 계획에서는 104개의 도시에 약 300발의 핵무기를 사용한다는 것이었는데 모두 소련을 대상으로 한 계획이었다. 핵무기의 과감한 사용을 통해 전쟁을 조기 종결한다는 발상이었는데 사실 막연한 개념에 불과했다.

맥아더가 만주와 북한 21개 지역에 26개의 핵무기가 필요하다고 했던 주장은 이러한 논의를 반영한 것이다. 한국전쟁 당시 소련의 참전에 대비해 미합동참모본부에서는 '셰이크다운(SHAKEDOWN)' 전략을 수립했고 육군부 작전참모부가 맥아더에게 목표 지역 선정을 요청했다. 실제로 핵무기 사용 발언은 트루먼 대통령이 최초로 하였고 리지웨이 장군 역시 38발의 핵폭탄 투하를 요구했다.

맥아더와 트루먼 간 갈등의 핵심은 군비 증강 문제였다. 맥아더가 보기에 전쟁에서 승리하기 위해서는 작전 지역을 만주 혹은 중국 북부까지 넓혀야 했으며 핵무기를 포함한 대량의 물자 지원이 중요했다. 트루먼이 보기에 맥아더의 주장은 전쟁 위기를 고조시키며 소련의 참전을 유발하는 행위였다. 결국 트루먼은 초기 입장, 인천상륙작전이 성공하기 이전의 입장으로 되돌아갔다. 남한 지역에서의 민주정부 유지. 미군의 역할은 그것이면 족하다. 또한 현행 병력으로도 중국군과 싸워서 우위를 유지할 수 있다. 이러한 입장 가운데 맥아더는 해임되었고 그의 후임 리지웨이는 소박한 방식으로 싸움을 이어가야만 했다.

리지웨이의 부임 이후에도 전선에서의 싸움은 계속되었다. 하지만 미국과 중국 모두 한계를 절감하고 있었고 국제사회 역시 전쟁을 반대하는 여론이 강해지고 있었다. 휴전. 기존의 38도선에 준하는 비무장지대를 구축하여 전쟁을 멈추고자 했다. 하지만 전쟁을 일으키는 것이 쉽지 않았듯 전쟁을 멈추는 것 또한 쉽지 않았다. 포로 문제를 두고 극렬한 갈등이 이어졌기 때문이다. 포로의 의사를 고려해 '자유송환'을 할 것인가, 아니면 포로의 국적을 기준으로 '자동소환'을 할 것인가를 두고 미국과 중국, 북한이 갈등을 빚었다. 중국군이 파병한 병사 중에는 과거 국민당군 출신들이 있었고, 이들은 본국이 아닌 타이완으로 돌아가고 싶어 했다. 전향한 포로들도 많았고, 그 때문에 포로들 사이에서의 갈등도 심각했다. 무엇보다 이승만이 휴전에 강력하게 반대했다. 이승만은 '북진 무력통일'을 강력하게 요청했으며 휴전회담을 훼방하기 위해 거제포로수용소에 갇혀 있던 반공 포로를 탈출시키기도 했다.

휴전 협상은 2년간 이어졌고 그사이 전투는 계속되었다. 고지전에서는 남한과 북한의 수많은 병사가 목숨을 잃었고, 모두가 갖고 싶어 했던 개성은 결국 북한 땅이 되었다. 1953년 7월 27일 미국·UN 그리고 중국·북한의 합의에 따라 정전협정이 맺어졌다. 끝까지 휴전을 반대했던 남한은 미국과 한미상호방위조약을 체결, 이때부터 미군은 현재까지 남한에 주둔하고 있다.

결론 없는 결론. 전쟁은 무수한 사람의 운명을 결정했고 무수한 사람의 목숨을 앗아갔으며 무수한 사람의 마음을 할퀴었다. 인민재판부터 민간인 학살까지 전쟁은 좌우 갈등보다 훨씬 기혹한 결과를 불러일으켰고, 남북은 서로를 향한 극단적인 증오심과 두려움에 사로잡히게 된다. 이로써 분단체제는 확정되었으며 오늘날에도 견고하게 유지되고 있다.

미국, 집요하게 폭격을 가하다

한국전쟁을 일으킨 북한은 미 공군의 폭격 앞에 무력했다. 수많은 사람이 죽었고 기간산업이 파괴되었으며 그로 인한 엄청난 적대 의식은 오늘날의 북한 사회에도 강력한 영향을 미치고 있다. 북한 공식 통계 자료에 따르면 민간인 사망자가 28만 2,000명, 남측으로 납치되거나 실종된 사람이 7만 6,000명이다. 통계로 본다면 북한 인구는 1949년 947만 2,000명에서 전후인 1953년에는 789만 1,000명으로 줄어들었다. 특히 남성 인구가 471만 명에서 354만 1,000명으로 줄었다. 평양 인구는 46만 4,000명에서 1951년 말이 되면 18만 1,000명으로 감소하였다. 평양의 인구 감소는 미 공군의 폭격과 관련이 깊다.

중국군의 참전 이래 미 공군은 집요하게 폭격을 감행하였다. 1950년 12월 14~15일 평양에 폭탄과 네이팜탄 70만 500파운드를 투하하였다. 대형 시한폭탄 175톤도 같이 투하했다. 시차를 둔 폭발을 통해 피해를 최대화하기 위한 발상이었다. 1952년 6월에는 수풍발전소를 비롯한 북한 지역 13개 발전소를 폭격했고, 이후에도 대규모의 폭격 작전을 감행하였다. 1952년 7월 12일 단 하루 동안 미 공군기는 868회 출격했으며 8월 29일에는 연 1,080대가 참가하는 평양 대폭격 작전을 감행하였다. 한반도 북부 전역이 폭격의 대상이었다. 전황을 바꾸기 위해, 후퇴하는 부대를 엄호하기 위해, 지난한 고지전에서 승기를 잡기 위해 그리고 휴전회담을 위해 폭격은 계속되었다. 1952년 11월 8일에는 B28폭격기 70대가 신의주에 550톤의 소이탄을 투하했으며, 11월 25일에는 압록강 일대, 다시 해를 넘겨 1월 3일과 5일에는 평양 공격을 명령하였다.

"이노무 양키 새끼들, 모조리 둑여버리겠습매!" 평양 폭격을 경험한 인민군 출신 김진계는 폭탄을 떨어뜨리는 장면이 마치 큰 독수리가 엄청난 양의 물똥을 싸는 것 같았다고 하는데, 살아남은 사람 중 어떤 노인이 실성한 채 사방을 뛰어다니면서 이렇게 외쳤다고 한다. 폭격에 대응하기 위해 북한은 엄청난 참호와 방공호, 지하 갱도를 구축하였다. 1952년 봄 중국군은 총 7,789개 총길이 198.7킬로미터의 갱도를 만들었고, 북한군은 1,730개 88.3킬로미터의 갱도를 만들었다. 이를 중국에서는 지하 만리장성이라고 불렸는데 갱도가 총연장 1,250킬로미터, 참호와 교통호가 총 6,230킬로미터로 엄청난 규모였기 때문이다. 만리장성이 6,700킬로미터이니 지나친 말이 아니었던 것이다. 얼마 후 북한은 지하 갱도 건설의 노하우를 북베트남에 전수하였고, 남한으로 이어지는 땅굴을 만들기도 하였다. 폭격은 북한 민중에게 굉장한 반미 정서를 심었고 "애국주의와 원쑤에 대한 증오의 정신" 등 휴전 후에도 북한의 교육은 이러한 증오심에 기초하여 운영되었다. '남조선은 미 제국주의의 식민지다'라든지 '북미 직접 대화'를 통한 난국 타개 등 북한식 대결주의는 미국의 가공할 폭격에 대한 전율에 근거하고 있으며 현재까지도 이어지고 있다.

대학살과 함께
반공의 시대가 열리다

한국전쟁은 보다 광범위한 민간인 학살이 진행되었다는 점에서 비극이었나. 전세의 열세는 민간인 학살로 이어졌다. 초기 낙동강 방어선으로 밀려가는 동안 남한 정부는 북한에 협조할 만한 좌익 경력의 인물들을 대거 죽였다. 인천 상륙작전 이후 전라도 일대에 머물던 북한군 역시 비슷한 행태를 보였다.

대구형무소에서는 1,402명이 군경에게 학살당했고, 비슷한 형태의 형무소 수감자 학살 사건이 여러 곳에서 일어났다. 나주경찰부대는 해남, 완도 등에서 학살을 자행했다. 북한 동조자를 확인한다는 명목으로 인민군 복장을 입고 살기 위해 '인민군 만세'를 외친 사람들을 죽였다. 미군에 의한 학살도 많았다. 충북 영동군 영동읍 임계리와 주곡리 주민 500여 명은 미군의 지시에 따라 피난길에 나섰는데 미 공군 전투기 2대가 공격하였다. 이와 유사한 일이 경기도 용인 일대, 충북 단양군 영춘면 상2리 곡계굴, 경상도 낙동강 근처 왜관교와 고령교 등에서도 벌어졌다.

당시 거창양민학살사건이 이례적으로 화제가 되었다. 1951년 국군 제11사단 9연대 3대대 소속 군인들이 경남 거창군 신원면에서 6개 마을 사람들을 학살하고 가옥과 기물을 파괴한 사건이다. 이를 조사하기 위해 국회에서 파견된 조사단을 군인들이 공격하면서 '거창합동조사단방해사건'이 일어나기도 했다.

제11사단은 원래 북한군과 빨치산을 토벌하기 위해 창설된 부대였다. 그런데 거창 지역에 진주한 후 치안과 행정을 회복하려 노력하지 않았다. 오히려 쌀과 금품을 거두었고, 작전을 이유로 1,200여 가구를 불태웠으며, 민가의 소를 잡아먹거나 쌀을 뺏어 시장에 팔기도 했다. 그리고 민간인 학살이 일어났다.

한동석 대대장이 지휘하는 3대대는 청년방위대, 향토방위대, 경찰과 함께 신원면으로 진격해 일대 600여 명의 주민을 '즉결 총살' 등의 방식으로 죽였다. 그중 신원면 내동골에서는 박기호 순경이 어린이와 노인들밖에 없다면서 가로막았지만, 청연마을과 이웃 동네 주민까지 62명이 10중대 병력에 사살당했다. 와룡리에서 죽인 주민 100여 명은 솔가지로 덮어 기름에 태웠고, 신원국민학교에 모인 주민들에게서는 금품을 강탈한 후 박산골짜기로 끌고 가 죽였다.

1951년 3월 29일, 이 지역 출신 국회의원 신중목이 이를 알고 국회 본회의에서 문제를 제기했다. 사건이 커진 것이다. 당시 국방부 장관 신성모는 사건의 축소, 은폐를 시도했다. 187명이 공비들에게 협력했기 때문에 즉결 처형할 수밖에 없었다는 허위 보고 후 신성모는 유족 위로금 명목으로 300만 원을 보냈다. 1년 반 전 문경군 산북면 석달마을에서 벌어진 주민 학살 사건 당시와 같은 방식이었다. 또한 국회 조사단을 막기 위해 방해 공작을 지시하였다. 최덕신 사단장, 경남계엄사 민사부장 김종원, 여군부장 김현숙 등은 작전회의를 열었으며 부사단장이던 김익렬에게 은폐 지시를 내렸다. "없는 짓을 저지르면 어차피 군인들 입에서 외부로 새어 나갈 것이고 그렇게 되면 반란 책임을 지고 중형에 해당하는 벌을 받을 것이 명약관화하므로 그런 짓은 할 수 없다." 김익렬은 지시를 거부했다. 김익렬은 제주4·3사건 당시 평화협상에 나섰던 인물인데 이곳에서도 진압을 반대하다가 전출당하고 말았다. 복잡한 과정 끝에 국방장관 신성모가 사직했고, 군법회의가 열리긴 했지만 진상 규명에는 끝내 실패하였다. 군법회의에서 실형을 받은 인물들은 이승만 대통령이 구제하였다. 무기형을 선고받은 오익경은 9개월 후에 집행정지로 석방되었으며, 석방 3개월 만에 국방부 특명 제72호에 따라 현역에 복직하였다. 10년형을 받은 한동석은 같은 시기 대통령 특사령으로 3년형으로 감형되었다가 다시 2년형으로 감형됐고, 이후 '복형 성적 우수관형 집행정지' 처분으로 출옥하였으며 이후 중령으로 진급했다. 김종원 역시 비슷한 과정을 거쳐 복직했으며 전남경찰국 국장을 거쳐 치안국장까지 올라갔다.

거창양민학살사건이 다시금 세간의 관심을 받게 된 것은 1960년 4·19혁명 이후였다. 1960년 5월 11일 밤 9시경, 사건 당시 신원면장이던 박영보를 유가족 70여 명이 찾아와 살해하는 사건이 발생했다. 돌로 때려 실신시킨 다음 소나무 위에 올려놓고 불태워 죽인 것이다. 박영보 면장이 600여 명을 빨갱이로 몬 것에 대한 뒤늦은 응징이었다. 하지만 얼마 후 5·16군사쿠데타가 일어났고, 군인들은 사건에 대한 규명 요구를 '군에 대한 모욕'으로 해석했다. 군인들은 위령비를 산산이 부수고 비문을 정으로 일일이 쪼아서 글을 지웠으며, 심지어 시신을 파헤치는 만행까지 저질렀다.

이 밖에도 전쟁은 숱한 상처를 남겼다. 북한에서 내려온 피난민들의 삶은 너무나 어려웠다. 피난민에게 제공되는 식량은 조잡했고, 수용소는 '가축우리 같은 집'으로 불렸다. 구호물자를 가로채는 부정부패는 끊이질 않았고 구호사업을 미화하는 미국의 선전사업 등으로 빈곤의 참상은 가려지기 일쑤였다.

전쟁은 특히 많은 남성을 죽였다. 1955년 당시 미망인, 즉 '남편을 따라 죽지 못한 여성'이 무려 100여만 명에 달했다. 군경 미망인, 즉 남편이 한국전쟁 당시 남한 편이었을 경우 자랑스러움을 강요받았고 좌익 미망인은 '기억나지 않는다', '잊어버렸다', '자식에게도 말하지 않았다' 식으로 수치스러움을 숨기고자 했다. 이들에게 삶은 참으로 혹독했다. 길에서 출산을 했고, 시댁 식구들에게 버림받았고, 생활고를 못 이겨 자식과 동반자살까지 시도했다. 생계를 위해 혹은 인신매매를 당해 미군들과 어울리는 창부, '순이' 또는 '에레나'로 불리던 양공주가 되기도 했다.

전쟁은 잠복하던 모든 갈등을 부추겼다. 양반과 평민의 갈등, 본가와 분가의 갈등, 개신교와 전통문화의 갈등 등등 수많은 이슈가 쏟아져 나왔고 지역에 따라 사람을 죽이는 일까지 발생했다. 본가와 분가 간 갈등 문제에서는 합덕면 남씨가와 오씨가, 부여군의 동족마을, 영암군 영보리마을이 대표적이다. 이곳에서는 해묵은 원한을 끄집어내어 북한군 혹은 국군에 붙어 서로를 죽이고자 했다. 보복 학살이 진행되고 다시 보복 인민재판이 일어나고, 그러는 와중에 일가가 쑥대밭이 되는 작은 전쟁이 동리마다 일어난 것이다. 개신교도들의 피해 또한 엄청났다. 염산면 내 염산교회와 야월교회 교인들은 인민군과 빨치산에게 학살을 당했다.

그렇게 숱한 죽음과 억울함, 극단의 고통 끝에 세상에는 '반공'만이 덩그러니 남았다. 거대한 문화적 실체로서의 반공주의. 한국전쟁 이후 남한의 모든 사람은 어떤 형태로든지 반공주의의 콤플렉스 안에서 살아갈 수밖에 없었던 것이다.

10강

4월 민주혁명이 일어나다

독재자 이승만의 몰락

아! 옛날이여!
언젠가는 돌아올 수 있겠지?
이승만, 이기붕, 자유당은 물러나라!
김주열을 살려내라!
정부통령선거 재실시하라!
부패 경찰과 관료를 개혁하라!
대한민국은 민주공화국이다!

한국전쟁이 끝나고 1960년 4·19혁명으로 이승만 대통령이 쫓겨날 때까지 대한민국에서는 어떤 일이 있었을까? 우선 두 차례 헌법 개정이 있었다. 이승만은 장기집권을 위해 발췌개헌(1952)과 사사오입개헌(1954)을 일으켰다. 발췌개헌을 통해 이승만은 대통령 선거를 '국회 간접선거'에서 '국민 직접선거'로 바꾸고자 했다. 제2대 국회의원 선거에서 조소앙을 비롯하여 반이승만 노선의 의원들이 대거 당선되었기 때문이다. 발췌개헌은 한국전쟁이 한창이던 1952년 부산에서 전격적으로 추진되었다. 헌병대와 경찰이 국회의원을 겁박하고 관제시위대가 위협시위를 벌이면서 대통령 직접선거를 관철한 것이다. 그리고 다시 2년 만에 '초대 대통령에 한해' 무제한 대통령 출마 권한을 부여하였다. 이미 여든을 바라보는 고령이었음에도 이승만은 움켜쥔 권력을 놓을 생각이 없었다.

헌법이 왜곡되자 정당 구조 또한 문제를 일으켰다. 이승만은 한민당과의 연대 속에서 대통령이 되었다. 한민당은 그에 상응하는 국무위원 자리를 요구했

독재자 이승만의 몰락

지만 이승만은 이를 거부하며 한민당을 무력화했다. 이승만은 애초에 정당 무용론자였으며, 미군정에 의해 크게 성장한 한민당을 지원할 생각이 조금도 없었다. 이승만은 오직 이승만을 추종하는 이들을 중심으로 자유당을 창당하였는데, 전쟁 이후의 고조된 반공주의 등이 그의 지위를 더욱 공고하게 한 것이다. 이때부터 한민당은 민국당을 거쳐 민주당이란 이름의 야당이 된다.

1950년대 이승만 집권기 특별한 사회경제적 변화를 찾아보기는 힘들다. 전쟁 이후 나라는 극도로 궁핍해졌으며, 정부의 과감한 경제정책은 찾아보기 어려웠다. 미국에서 원조 물자가 계속 들어왔으며 그렇게 늘어난 설탕, 밀가루, 면화가 국민의 삶을 조금씩 변화시키고 있었다. 또한 삼백 산업, 원조 물자를 활용하여 사업에 성공한 기업인들이 조금씩 등장하던 것 또한 이 시기의 모습이었다.

조봉암과 진보당의 사회민주주의

희망이 없는 시대. 대안 또한 부재한 시대. 하지만 민주주의 국가 대한민국에서 무소속 후보 조봉암이 돌풍을 일으켰다. 1956년 제3대 대통령 선거에서 무소속 조봉암은 선풍적인 인기를 끌며 200만 표 이상을 얻었다. 이승만의 지지도는 계속해서 떨어졌고 제3대 대통령 선거에서는 '못 살겠다 갈아보자'라는 구호를 외친 민주당 후보 신익희와 무소속의 조봉암이 돌풍의 핵으로 등장한 것이다.

혁신계 지도자 조봉암

신익희와 조봉암은 '후보 단일화'를 도모했지만 유세 중에 신익희가 심장마비로 사망하였다. 그러자 조봉암의 부상을 우려한 민주당이 자유당과 비밀연대를 추진하는 등 우여곡절 끝에 이승만이 3선에 성공한다.

대통령 선거 이후 8월 지방선거를 위해 조봉암은 진보당을 창당한다. 여러 혁신 계열과의 통합을 목표로 했지만 결국 조봉암 세력만으로 진보당이 만들어졌다. "수탈 없는 계획 경제 체제, 책임 있는 혁신 정치." 1956년 11월 10일 서울시립극장에서 진보당 853명의 전국 대의원이 결의한 내용이다. 조봉암은 꾸준히 자신의 정체성을 사회민주주의로 표현했고 동시에 비미비소(非美非蘇) 자주노선을 표방했다. 계획 경제, 혁신 정치, 미국도 소련도 아닌 자주 정치 같은 표현들은 오늘날 매우 낯선 표현 방식이다. 하지만 해방 공간에서 우익을 비롯한 거의 모든 정치 세력이 균등경제론을 주장했다. 정부의 적극적인 주도 하에 자본주의의 문제를 극복하되 사회주의가 아닌 제3의 길을 추구했다는 점에서 조봉암의 주장은 1950년대의 시대정신에 맞닿아 있다고 할 수 있다.

이승만 정권은 진보당을 가혹하게 탄압했다. 1956년 12월 9일 부산시 초량동 새한중학교에서 열린 진보당의 '경남도당 결성대회'에서는 우익 부두노조 조합원과 사복경찰이 몇 대의 트럭을 타고 장내에 침입, 난동을 부렸다. 해를 넘긴 1957년 4월 15일 '서울·경기도당부 결성대회' 당시에는 자유당이 유지광을 비롯한 정치깡패를 보내 난동을 일으켰고, 서울시경 경관대는 이를 빌미로 대회를 해산시켰다. 같은 해 7월 20일 '전남도당 결성대회' 당시에도 정치깡패가 동원됐고, 심지어 전남도당 추진위원회 부위원장 조중환, 조직부장 임춘호와 그의 아내 등은 괴한들에게 테러를 당하기도 했다. 10월에는 전북도당 결성을 추진하던 윤길중, 양해룡, 전세룡이 납치, 테러를 당했다. 보수 야당인 민주당은 정치 테러를 묵인했고 오히려 진보당이 지향한 '평화통일론'을 문제삼았다. 민주당은 국회에서 제기된 테러 사건 조사에도 협조하지 않았다.

그리고 1958년 새해 벽두에 '진보당 사건'이 터진다. 조봉암은 일제강점기

　　　　　　　　　　　　　　　　　　　독재자 이승만의 몰락

조선공산당 당원이었지만 해방 이후 공식적으로 탈퇴, 공산당 노선을 정면으로 비판했다. 초대 농림부 장관으로 이승만이 지명한 인물이기도 했다. 하지만 그의 좌익 경력은 애초부터 약점으로 작용하였다. 제2대 국회의원 시절 최측근 이영근이 대남간첩단 사건으로 구속됐고, 제2대 대통령 선거 때는 사무차장이었던 김성주가 고문, 살해되기까지 했다. 1958년 1월 12일 부장검사 조인구는 갑자기 기자간담회를 자청해 진보당의 '평화통일론'을 공식적으로 문제 삼았다. 평화통일이란 북한의 적화통일 방편에 불과하다. 즉, 김일성의 지령이 진보당의 정강정책이다. 진보당은 공산당과 내통하는 세력이며 조봉암이 간첩이라는 주장이었다. 부장검사 조인구의 기자회견 하루 전날 이미 서울 지방법원은 조봉암에 대한 구속영장을 발부했으며, 1월 12일 박기출·윤길중·조규희·조규택·이동화, 1월 14일 조봉암·김달호를 구속하였다. 조봉암이 북괴 지령문을 보고 불태웠다. 조봉암의 집에서 김일성에게 보내는 편지가 발견되었다. 언론은 수사 당국이 흘리는 정보를 그대로 받아서 대서특필하였다. 그리고 이 시점에 '양이섭(양명산)'이 등장한다. 대북첩보기관 HID 공작요원으로 남북교역을 하던 양이섭이 김일성과 조봉암의 연결책 노릇을 했다는 자백을 육군특무대가 받아낸 것이다. 조봉암이 완강히 부인했음에도 양이섭과 조봉암은 간첩 혐의로 기소되었다.

증거 불충분. 1심에서는 간첩죄를 적용조차 못 했고 국가보안법 제3조를 적용해 징역 5년을 선고했다. 조봉암 등 진보당 간부들의 국가변란 혐의는 무죄가 선고되었다. 하지만 판결 며칠 후 '반공 청년'을 자칭하는 200~300여 명의 정치깡패가 법원에서 난동을 부렸다. 친공 판사 유병진을 타도하자! 조봉암을 간첩죄로 처단하자! 정부는 각종 수단을 동원하여 사법부 길들이기를 자행했고 결국 성공을 거둔다. 양이섭이 특무대의 강요로 허위 진술을 했다고 번복했음에도 조봉암과 양이섭 모두 사형선고를 받았다. 진보당은 해산됐고 조봉암은 사형에 처해졌다. 1950년대 새로운 바람을 몰고 온 정치인의 비극적인 숙

명이었다. 반공이라는 기치 아래 진행된 무법적인 통치이기도 했다. 이승만 정권은 통제 정책을 강화하였다. 국가보안법 강화, 야당지였던 〈경향신문〉 강제 폐간은 물론이고 〈동아일보〉 오식 사건, 대구매일신문사 습격 사건, 류근일 필화 사건, 〈동아일보〉 만화 '고바우 영감' 필화 사건, 함석헌(咸錫憲, 1901~1989) 필화 사건 등등 본격적인 언론 탄압이 시작된 것이다.

1960년 3·15 부정선거와 4월혁명

그리고 1960년. 반도호텔 809호에 선거운동본부를 마련한 자유당은 공식적으로만 62억 9,000만 환을 조달한다. 이 돈을 전국 경찰에 11억 환, 서울 시장을 비롯한 도지사들에게 200만 환, 26개 시장 70만 환, 15개 구청장 100만 환, 군수들 70~100만 환, 읍·면장 2만 환, 교육감 30만 환 식으로 배분하였다. 관건·금권 선거의 총화. 송인상 재무부 장관은 한국은행 총재 김진형, 산업은행 총재 김영찬 등을 통해 대규모 자금을 대기업에 융자한 후 이를 선거 자금으로 염출하였다.

최인규 내무부 장관, 이강학 치안국장, 이성우 내무부 차관 등은 비밀리에 전국경찰국장회의를 주관해 '4할 사전 투표'를 추진했고 온갖 부정선거 방침을 지시하면서 경찰국장의 '모가지'는 자신이 책임진다고 큰소리를 쳤다. 정치깡패들도 적극적이었다. 언제부터 정치깡패들의 전성시대가 된 걸까. 정치깡패들은 '대한반공청년단'을 만들어서 '대한멸공당', '반공청년회' 등 9개의 반공청년단체를 흡수, 전국 89개 지역 131만여 명의 거대 조직을 만들었다. 요직은 동대문 시장상인연합회 회장인 이정재와 그의 부하인 종로구단 단장 임화수, 종로구단 동부특별단부 단장 유지광을 비롯한 정치깡패의 우두머리들이 차지했다. 정부와 자유당은 이들을 비호했고, 이들은 야당을 비롯한 반정부 인사들에 대한 겁박과 파괴 활동을 조직적으로 펼쳐나갔다. 정치깡패 임화수는 '반공예술인단'까지 만들어서 당대 유명 배우와 음악가들을 동원해 〈독립협회와 청년 이승만〉이라는 영화를 제작했다. 모든 것이 제4대 대통령 선거, 여든이 넘은 이승만의 네 번째 연임을 위해 준비된 것들이었다.

이승만의 권력욕은 사그라들지 않았다. 자유당과 민주당은 내각제를 도모하는 등 여야를 넘어 이승만을 견제하고자 했으나 실패했다. 자유당은 고령의 이승만이 서거할 경우를 대비하여 부통령 이기붕의 승리에 집중했다.

학교 또한 예외가 아니었다. 민주당의 장면 부통령 후보가 대구에서 유세를 하던 당시 집회 참여를 막기 위해 일요일에도 등교령을 내렸다. 경북고는 학기말시험을 앞당겼고, 대구고는 토끼사냥을 나섰으며, 경북대사대부고는 임시수업을 하고, 대구상고와 대구여고는 졸업생 송별회를 열었다. 선거 막바지인 3월 9일과 10일에는 전남 여수와 광산에서 민주당 간부가 구타당해 사망했고, 선거 이틀 전인 3월 13일에는 전북 김제에서 참관인이 흉기에 중상을 입는 사건까지 발생했다.

선거 당일인 1960년 3월 15일. 야권 참관인은 투표소에서 쫓겨났고, '선거지도'라는 명목으로 3~9명씩 짝지어서 기표하는 진풍경이 벌어지기도 했다. 일부 지역에서는 대통령 후보 이승만, 부통령 후보 이기붕의 투표율이 너무 높게 나오는 바람에 하향 조정하라는 명령까지 하달되고 공무원이 투표지를 소각하기도 했다.

966만 3,376표, 유효투표의 88.6% 지지로 이승만이 대통령에 당선되고 833만 7,059표, 유효투표의 79%로 이기붕이 부통령에 당선되었다. 민주당 대통령 후보 조병옥은 미국의 육군병원에서 치료 중 사망했고, 부통령 후보 장면은 184만여 표를 받았다.

일명 3·15부정선거. 투표 결과에 대한 격렬한 저항이 마산에서 시작되었다. 3월 15일 선거 당일 마산의거가 일어났는데 경찰의 발포로 최소한 8명이 죽고 80여 명이 크게 다쳤다. 연행된 253명은 엄청난 폭행을 당했고 구속된 26명의 주모자는 빨갱이로 몰려 혹독한 고문까지 받았다.

그리고 4월 11일 오전 11시 30분, 마산상고 학생 김주열의 시신이 마산시 신포동 중앙부두에 떠오른다. 그는 1차 마산시위 때 행방불명되었는데 27일 만에 시신이 되어 나타난 것이다. 시신의 얼굴에는 최루탄이 박혀 있었다. 미제 고성능 원거리 최루탄으로 직경 5센티미터, 길이 20센티미터 크기에 꼬리 부분에 프로펠러가 달려 있어서 건물 벽을 뚫고 들어가 폭발하는 탄이었다. 그 것을 시위대를 향해 조준 사격한 것이다. 경찰은 시신을 바다에 몰래 버렸다.

죽은 자식을 내놓아라! 나도 죽여달라! 김주열의 처참한 시신을 보면서 다시 마산에서 시위가 시작되었다. 시신이 발견된 4월 11일 당일 오후 6시, 3만여 명이 거리로 몰려나왔다. 시민들은 남성동파출소, 마산시청, 마산경찰서, 자

시신으로 떠오른 김주열. 얼굴에 최루탄이 박혀 있다.　　　　　　　(자료: 부산일보)

유당 의원 허윤수의 집과 그가 경영하던 동양주정·무학주조 공장, 그리고 북마산파출소, 오동동파출소, 중앙동파출소, 신마산파출소, 창원군청 등을 부수고 마산경찰서에 들이닥쳤다. 지프를 불사르고 무기고를 부순 후 13개의 수류탄을 탈취했고, 그중 1개를 경찰서 건물에 던졌다. 밤 9시 30분, 경찰들에게 카빈총이 지급됐고 시민을 향해 발포가 시작되었다. 2명 사망.

오히려 시위는 거세졌다. 부산·진해·진주 등 마산 인근 지역의 고등학생들이 투쟁에 앞장섰고, 4월 18일에는 고려대 학생들이 서울 시위를 주도했다. 그리고 오후 7시 20분 쇠갈고리, 곡괭이, 쇠사슬로 무장한 100여 명의 정치깡패가 고려대생들을 습격하였다. 경무대 경무관 곽영주와 연결된 종로구단 특별단부, 화랑동지회 소속 정치깡패들이었다. 이 습격 사건으로 이튿날인 4월 19일은 혁명의 아침이 된다. 부정선거 규탄, 진상 규명 등 종래의 온건했던 요구는 정치테러에 반응하며 곧장 '독재정권 타도'로 바뀌었다. 또한 서울대, 연세대, 건국대, 중앙대, 경희대, 동국대, 성균관대 등 10여 개 대학 학생들이 거리로 나왔다. "상아의 진리탑을 박차고 거리에 나선 우리는 질풍과 같은 역사의 조류에 자신을 참여시킴으로써, 이성과 진리 그리고 자유의 대학 정신을 현실의 참담한 박토에 뿌리려 하는 바이다." 신설동 대광고등학교 학생 1,000여 명과 서울대 문대생들이 현재의 대학로 마로니에공원에서 뿌린 선언문의 서문이다. '데모가 이적이냐, 폭정이 이적이냐. 민주주의 바로잡아 공산주의 타도하자.' 정권 퇴진 운동이 가파르게 전개되었다. 계엄령이 선포되었고 4월 19일 당일 서울에서 104명, 부산에서 13명, 광주에서 6명의 희생자가 나왔다.

유혈혁명. 강경 진압에도 불구하고 4월 24일 이후 시위는 더욱 강력해졌으며, 4월 25일에는 급기야 대학교수들이 모여서 '이승만의 대통령직 하야'를 요구하는 시국선언문을 발표하였다. 교수와 학생 시위대는 금세 수만 명으로 불어났고 행렬은 국회의사당을 향했다.

탱크를 끌고 착검을 한 군인들과 시위대의 충돌은 며칠간 계속되었다. 군대는 강경하지 않았다. 일부 사병이 시위대와 함께 울어버리거나 시위대가 탱크 위에 올라가는 등 무력 진압은 효과가 없었다. 월터 매카너기(Walter Patrick McConaughy) 대사, 카터 매그루더(Carter Bowie Magruder) 주한미군 사령관 등이 하야를 종용했고 결국 이승만은 하와이 망명을 선택하게 된다. 이승만 독재체제가 무너진 것이다. 전국적으로 186명이 사망하고 6,026명이 부상을 당한 끝에 얻은 승리, 대한민국 최초의 민주혁명 4·19혁명이 일어난 것이다.

대중을 통제하기 위한
이승만 동원체제

한국전쟁 이후 이승만은 어떻게 국가를 운영했을까? 이승만식 독재는 '개인 카리스마에 의한 동원체제'의 성격을 띠었다. 이승만 정권은 헌법이나 법률에 명시되지 않은 '단체 통합'에 주력했다. 1948년 12월 19일 '대한청년단' 결성 대회가 열린다. 이범석이 이끌던 민족청년단을 제외하고 대동청년단, 청년조선총연맹, 국민회청년단, 대한독립청년단, 서북청년회 등 대표적인 5개 단체와 군소 20여 개 청년단체를 통합하기 위해서였다. 그리고 해를 넘겨 1949년 1월 20일에는 대통령 이승만의 '지시'로 민족청년단도 합류하면서 전국의 청년단이 하나가 되었다.

총재는 이승만, 최고지도위원 장택상·지청천·유진산, 단장에는 국방부 장관 신성모 등이 취임하면서 자칭 전국 800만 청년을 대표하는 단체가 만들어진 것이다. 10개의 도단부, 9개의 구단부, 17개 지역 및 직장특별단부, 180개 도시단부, 4,230여 면·동단부로 구성되었으며 회비는 강제로 징수했다. 이들은 이승만에 대한 절대 충성을 바탕으로, 경찰 보조조직이자 준군사조직을 표방했다. 육군본부는 육군보병학교에서 이들을 훈련했고 1기 250명, 2기 470여 명이 군사훈련을 마친 후 육군 소위로 임명되기도 했다.

'호국군'이라는 준군사조직도 있었다. 1949년 10월 기준 약 3만 명으로 기존의 청년단 대표와 정부 측 인사들이 운영하던 단체였다. '향보단'도 있었는데 이 또한 청년단체로 선거 등록 강요, 투표 강요 등 경찰의 선거 개입을 위한 도구로 활용되었다. 향보단은 원래 미군정이 만든 단체인데 경찰 보조단체인 민보단으로 재조직되기도 했다. 이 단체들은 대부분 대한청년단으로 통합되었다.

이와 별도로 '학도호국단'이 창설되었다. 안호상이 주도했다. 문교부 장관인 그는 '국가지상 민족지상'을 강조하던 완고한 국가주의자였고 이승만 정권의 사상적 지주이기도 했다. 그의 주도하에 1949년 초반 학교별 학도호국단, 시군 학도호국단, 각 도 및 서울특별시 학도호국단이 결성되었다. 단장은 교장이었고 학생 중에 학도부장 또는 대대장이 임명되는 구조였다. 약 3개월간의 노력 끝에 1949년 4월 22일 중앙학도호국단 결성식이 거행되었다. 이미 육군사관학교에서 전국 각 대학 학도호국단 중견 인물 200명을 대상으로 특별훈련을 했고 역시 총재는 대통령 이승만, 단장에는 문교부 장관 안호상이 취임하였다. 학도호국단의 목표는 '이북 총진군', 즉 멸공 의식을 고양하는 것이었다. 군사훈련을 시켰고 시가행진도 했다. 이 시기 문교부는 각 학교에 침투해 있는 좌익 교사를 색출했다. 대한청년단은 한국전쟁이 끝난 1953년, 학도호국단은 1960년 4월혁명이 일어나면서 해체되었다.

이승만이 신경 쓴 것은 청년과 학생만이 아니었다. 국민회라는 단체도 있었다. 대한민국 국적이 있는 18세 이상의 모든 남녀는 무조건 국민회에 가입해야 했다. 또한 노동자는 대한노동총연맹, 농민은 대한농민총연맹, 여성은 대한부녀회에 중복으로 가입해야 했다. 여러 단체가 임의로 생기기도 했다. 순천의 충무부대, 광주의 학련결사대 등이 만들어졌고 이들 역시 강제 가입, 강제 회비 징수를 했다. 회비를 내지 않으면 물자 배급을 중지하거나 38선으로 내보내낸다는 등 위협을 가했는데 이 모든 단체의 총재는 모두 대통령 이승만이었다.

이 단체들은 법률기구가 아니었다. 개인 카리스마와 경찰력으로 유지되는 총동원체제. 안호상은 '일민주의', '홍익인간' 같은 국가주의적 이념을 제시했지만 엄밀하지 못했고 체계적이지도 않았다. 오직 이승만을 위해 그럴싸한 미명하에 수많은 단체를 통해 대중을 통제하고자 했을 따름이다. 그럼에도 강제 징수는 집요하게 이루어졌다.

> 현 민중의 중요한 일은 첫째 기부, 둘째 공출, 셋째 고문이올시다.
>
> — 1949년 10월 27일, 박해극 의원 국회 발언 중

시국대책위원회비, 경찰후원회비 등 각종 강제 후원금이 넘실댔다. 1949년 전라북도의 각종 세금 총액은 약 9억 6,000만 원이었다. 그런데 전년도인 1948년 지역 당국에서 징수한 기부금이 약 7억 원이었다. 기부금이 세금과 맞먹는 수준이었던 것이다. 여기에 더해 경찰, 군을 비롯한 각종 기관에서 거두어들인 기부금 또한 고려해야 한다. 심지어 수건, 비누 등을 강매했고 극장표를 팔거나 식량을 공출하기도 했다. 지역 경찰서가 자동차를 25일간 징발하는 등 물건 징발도 있었고 각종 음식, 김장철 배추와 고추, 동절기 장작 등을 요구하는 경우도 빈번했다. 비공식적이며 비정상적인 징발체제가 일상화된다는 것은 그만큼 부정부패가 만연하다는 말. 이후 한국 사회를 오랫동안 괴롭힐 일상적인 부정부패는 이때부터 문화화되었다.

11강

민주공화국의 위기

5·16 군사쿠데타

1960년 봄 이승만 정권이 무너졌다. 민주혁명의 열기는 뜨거웠고 사회변혁을 향한 기대 또한 높았다. 하지만 그러한 열망, 국민적 욕구를 담아낼 그릇이 없었다. 제2공화국. 이승만 정권이 무너진 후 보다 민주적인 헌법 개정이 이루어졌고 대통령 중심제가 아닌 내각제가 들어섰다. 권력을 잡은 집단은 민주당. 과거 한민당을 계승하는 보수적인 정치 세력이었다. 대통령 윤보선, 총리 장면. 내각제였기 때문에 장면이 국정을 주도했는데, 윤보선과 장면은 사사건건 다툼을 벌였다. 소위 민주당 구파와 민주당 신파의 세력 싸움이었다. 혁신계 또한 정계 진출을 시도했지만 조소앙, 조봉암 같은 거두가 사라진 지도 오래였고 정치적 열망의 급진성에도 불구하고 급진적인 정치 세력의 시대는 도래하지 않았다. 그렇다고 민주당이 국민적 열망을 담아냈을까? 그렇지도 못했다. 4·19혁명으로 우연처럼 권력을 획득해서인가. 민주적인 국정 운영, 기본권 신장 등 민주주의 국가의 근간 정도를 정비했을 뿐 의원내각제는 효과를 발휘하지 못했고 국정은 표류하기만 했다.

5·16군사쿠데타:
한강 인도교를 넘다

민주당의 집권은 1년도 못 갔다. 1961년 5월 16일 5·16군사쿠데타가 일어났기 때문이다. 박정희와 육사 8기. 이들을 중심으로 쿠데타 모의가 활발히 진행되었다. 1952년 발췌개헌 당시, 육군 참모총장 이종찬이 이승만과 대립하며 군의 중립성을 지키고자 안간힘을 쓸 때 박정희 장군은 자신의 상관인 이용문 장군과 쿠데타를 모의했다고 한다. 1960년 1월부터 4·19혁명 당시까지 이들은 군부 내 불만을 쿠데타로 전환하고자 노력했다. 심지어 1960년 5월 8일에 쿠데타를 일으키겠다는 구체적인 계획까지 세웠지만 4·19혁명이 일어났기 때문에 무산되기도 했다.

한국전쟁은 군대 내 인사 적체를 불러왔다. 짧은 기간에 국군의 규모는 60~70만까지 늘어났고, 그만큼 장교들의 숫자도 빠르게 늘었다. 육사 8기 1,200명을 비롯하여 군대의 중진급들에게 승진 기회는 요원했다. 고작 한두 해 일찍 들어온 선배들이 30~40대에 별을 달아 장군이 되었는데 말이다. 4·19혁명은 군대에도 영향을 미쳤다. '정군운동(整軍運動, 하급장교들이 부대장 상급장교들의 용퇴를 요구한 운동)'이 활발해졌기 때문이다. 박정희는 육군 참모총장 송요찬에게 3·15부정선거의 책임을 지고 물러나라는 편지를 썼고, 김종필(金鍾泌, 1926~2018)·김형욱을 비롯한 8명의 육사 8기생 중령은 군 정화운동을 위한 연판장을 돌리기도 했다. 이승만 정권기 온갖 호사를 누렸던 군 수뇌부가 물러나고 새 시대에 맞는 새로운 군대가 되어야 한다는 주장이었다. 이들은 1960년 8월 23일 제2공화국이 들어선 지 한 달도 안 되는 9월 10일 '충무장'이라는 요릿집에서 쿠데타를 결의하였다. 군대를 바꾸지 못하면 세상을 바꾸겠다는 것이 명분이었다.

그리고 여러 사건이 이어졌다. 정군운동을 반대한 연합 참모총장 최영희와 미국 군사원호국장 윌리스턴 파머(Williston Birkhimer Palmer) 대장의 '최-파머 성명'을 두고 김종필을 포함한 16명의 장교단이 '하극상 사건'을 일으켰다. 파머 대장의 행태는 주권 침해이고 최영희는 사퇴해야 한다고 주장하였는데, 결과는 김종필과 석정선의 강제 예편이었다.

쿠데타 모의는 계속되었다. '4월혁명 1주기, 즉 1961년 4월 19일에는 대규모 군중 폭동이 일어날 것이기 때문에 '비둘기 작전'에 따라 제6관구 폭동진압부대가 출동할 것이다.' 이를 이용해 쿠데타를 하자. 박정희, 김종필 그리고 제6관구 참모장 김재춘이 모의하기도 했다.

비단 이들뿐만이 아니었다. 박정희와 육사 8기 외에 이른바 '족청계'의 쿠데타설 또한 널리 퍼져 있었다. 이범석이 이끌던 민족청년단 계열의 장군들이 많았기 때문이다. 강영훈, 김웅수, 박병권, 박임항, 안춘생, 최영희, 최석, 최주종, 이준식, 안동준, 이형석, 박영준, 유해준, 정강 등이 그들이었다. 이들 중 일부는 동두천의 제9사단장(박영준), 양평의 제8사단장(정강)과 제6군단장(김웅수) 등 서울 인근의 부대를 지휘했다. 박정희와 육사 8기생은 족청계의 쿠데타설을 적극 유포했다. 사실 족청계의 대부분은 쿠데타에 반대하거나 중립을 지켰고 김웅수와 정강은 오히려 쿠데타 진압 계획까지 세웠다. 박임항, 최주종이 5·16군사쿠데타에 참여했으니 족청계의 쿠데타 음모는 낭설에 불과했다. 하지만 암암리에 두 그룹의 경쟁이 이어졌고 군부의 수상한 움직임이 감지되기 시작했다. 이를 의식한 듯 4·19혁명 이후 과도정부 국방부 장관이 된 이종찬은 제헌절을 맞이하여 3군 참모총장, 해병대 사령관 등 군 주요 지휘관을 모아 '헌법준수식'을 치르기도 했다.

소장 박정희와 김종필을 비롯한 육사 8기생은 세력을 키워나갔다. 박정희와 친분이 있던 김동하·김유근·이주일 등의 장군들, 박정희가 경비사관학교 중대장 시절 생도였던 박치옥·문재준·채명신 등 육사 5기생 그리고 김종필·

김형욱·길재호를 비롯한 육사 8기생이 모였다. 무엇보다 영관급 장교 중 가장 숫자가 많고 군대의 실무를 담당하던 육사 8기생들이 적극적이었다.

결행. 1961년 5월 16일 새벽 해병대 제1여단 병력이 한강 인도교를 넘었다. 몇 안 되는 헌병을 손쉽게 제압하고 육군본부, 방송국, 국회의사당, 중앙청을 차례로 점령하였다. 고작 3,600여 명의 군인으로 이뤄낸, 기묘한 성공이었다. 당시 한국군은 60만, 주한미군도 5만이 넘었으니 말이다. 장면 총리는 수녀원에 숨어서 며칠째 사태를 수수방관했고, 주한미군 사령관 매그루더와 주한 미국 대리대사 마셜 그린(Marshall Green)이 미군을 동원해서 쿠데타를 진압하겠다고 했지만 윤보선 대통령은 이를 거절하였다. 윤보선은 황당한 행동을 했다. 쿠데타 반격설이 떠돌자 친서를 써서 전방 부대의 동원을 저지한 것이다. 육군 참모총장 장도영은 쿠데타 모의를 알고 있음에도 방조했다. 그는 쿠데타가 성공하자 '공동의장'이 되어 쿠데타 세력에 붙었다. 이 와중에 전두환(全斗煥, 1931~2021)과 노태우(盧泰愚, 1932~2021)를 중심으로 육군사관학교 생도들의 쿠

국가재건최고회의 공동의장 장도영(좌)과 박정희(우)

데타 지지 시가행진이 벌어졌다. 이한림·강영훈 등이 쿠데타를 반대했지만 쉽게 무마됐고, 미국도 쿠데타를 묵인하는 방향으로 가닥을 잡는다. 5월 16일 당일에 매그루더와 그린이 성명 발표를 통해 장면 정권을 지지했지만 바로 다음날 라이먼 렘니처(Lyman Louis Lemnitzer) 미 합참의장, C. A. 볼스(C. A. Bowles) 미 국무장관 대리는 쿠데타 관련 발언을 삼가라는 전문을 보내왔다. 미국은 매번 한반도의 모든 현상을 긍정했다. 이승만 정권의 장기집권을 인정했고, 4·19민주혁명이 일어나자 이를 지지했고, 다시 5·16군사쿠데타가 일어나자 이 또한 받아들였다. 독재건 민주건 반공은 분명하지 않은가. 앞으로도 미국은 이런 행태를 반복할 것이다. 민주혁명을 통해 세워진 제2공화국은 이렇게 군홧발에 짓밟혔다. 민주공화국의 두 번째 위기가 찾아온 것이다.

> 반공을 국시(國是)의 제일의(第一義)로 삼고 지금까지 형식적 구호에만 그친 반공체제를 재정비, 강화한다. (…) 미국을 위시한 자유우방과의 유대를 더욱 공고히 한다. (…) 이 나라 사회의 모든 부패와 구악을 일소하고 퇴폐한 국민도의와 민족정기를 다시 바로잡기 위해 참신한 기풍을 진작시킨다. (…) 절망과 기아선상에서 허덕이는 민생고를 시급히 해결하고 국가자주경제 재건에 총력을 경주한다.
>
> ― 1961년 5월 16일, '혁명공약' 중

당시 쿠데타 세력이 발표한 '혁명공약'의 일부이다. 반공체제를 기초로 사회를 일신하고 경제 문제를 해결하겠다는 입장이었다. 1961년 5월 19일, 쿠데타 세력은 '군사혁명위원회'를 '국가재건최고회의'로 개칭, 군정을 시작하였다. 기존의 민주헌법을 정지시키고 '국가재건비상조치법'을 공포했으며, 국가재건최고회의 산하 부속기구로 '재건국민운동본부'와 '중앙정보부'를 설립하였다.

쿠데타 세력은 군인들의 방식으로 '사회를 일신'했다. 우선 용공분자를 색출하였다. 쿠데타가 일어난 지 일주일도 안 된 5월 22일에 이미 2,000여 명이 체포되었다. 7월이 되자 '반공법'을 제정했고 '혁명재판소 및 혁명검찰부 조직법'을 공포했으며, 소급법인 '특수범죄처벌에 관한 특별법'을 공포해 혁신계를 처벌하였다. 통일사회당, 사회대중당, 혁신당, 사회당, 민족통일전국학생연맹, 통일민주청년연맹, 민주민족청년동맹, 민족자주통일중앙협의회를 비롯하여 피학살자유족회, 〈민족일보〉, 교원노조 사건 등 총 48건에 달하는 대대적인 혁신계 탄압에 들어갔다. 죄명은 '북한을 이롭게 했다'였다. 통일운동을 했거나 장면 정권 당시 반공법 등에 반대했다는 이유를 달았다. 또한 '정치활동정화법'을 공포하여 기존 정치인들의 정당활동을 금지했으며 기존의 모든 정당과 사회단체를 해산시켰다. '한국노동조합총연맹(한국노총)'을 만들어서 노동조직을 흡수하였고 '사이비 언론인 및 언론기관 정화' 방안을 통해 1,200여 종의 정기간행물을 폐간, 916개 언론사 중 일간지는 39개, 일산통신은 11개, 주간지는 31개만 남겼다. 정당정치와 노동운동, 언론활동을 모두 통제하겠다는 발상이었다.

더불어 인상적인 '사회정화' 행사도 벌였다. 정치깡패 이정재 등 200여 명을 붙잡아서 서울 시내를 행진시킨 것이다. "나는 깡패입니다. 구민의 심판을 받겠습니다. 깡패 생활을 청산하고 바른 생활을 하겠습니다." 깡패들의 가슴에는 이런 문구가 붙어 있었다. 용공분자들이 색출되던 5월 22일 전국에서 4,000여 명의 깡패를 체포했다는 발표가 있었고, 이후 1만 명이 넘는 깡패를 체포하였다. '옥내외집회금지령'을 통해 댄스홀에서 춤추던 남녀 청년 45명을 체포했다. "국가 재건에 총력을 기울여야 할 사람들이 대낮에 춤을 춘 것은 용서할 수 없다"는 것이 명분이었다. 퇴폐적인 다방, 찻집, 술집, 댄스홀을 폐쇄했고 440명의 포주를 체포한 후 4,411명의 성매매 여성을 귀가 조치했다. 수입 사치품을 수거해서 태우고 재건복(신생활복) 입기 운동, 재건 체조 보급 운동, 저축 운동을 추진하면서 커피 판매까지 금지했다. 부패 공무원을 분류해 일거에 공직에서 몰아냈고 '국가최고회의령 12호'를 통해 연 20%를 초과하는 채권·채무를 고리채로 규정해 채권 행사를 막고자 했고, '농어촌고리채정리법'을 통해 고리채의 기준을 20%에서 12%로 낮추기도 했다. 단숨에, 효율적으로, 명령과 복종을 통해 일거에 사회를 정화하려는 지극히 군인다운 행동이었다.

그리고 중앙정보부. 박정희가 보다 확고한 대통령 중심제 헌법을 만드는 동안 김종필은 중앙정보부를 통해 쿠데타 세력의 권력을 강고히 했다.

공산 세력의 간접 침략과 혁명 과업 수행의 장애를 제거하기 위해 최고
회의 아래에 중앙정보부를 둔다.

'국가재건최고회의법'에 나오는 중앙정보부 창립 목적이다. '장애를 제거' 한다는 말이 무엇일까? 중앙정보부의 권한은 지극히 모호하고 극히 방대했다.

김종필(좌)과 박정희(우)　　　　　　　　　　　　　　　　(자료: 연합뉴스)

공산 세력의 침략을 막는 것은 물론이고, 혁명 과업 수행을 위해 활동한다는 것은 쿠데타 세력이 거의 모든 정치·사회 활동에 참견하겠다는 발상 아닌가. 이후 마련된 '중앙정보부법'을 보면 중앙정보부는 국가 기관을 지휘·감독할 수 있고, 자체 정책연구실을 둘 수 있었다. 법안 개정, 농어촌 고리대 정리, 민정 이양, 한일 국교 정상화 같은 1960년대 초반의 중요한 정책은 모두 중앙정보부를 거쳤다고 할 수 있다. 이승만이 개인 카리스마를 통해 느슨한 장기집권을 추구했다면 박정희와 김종필은 달랐다. 이들은 법과 제도를 촘촘히 정비하였고 자신들에게는 없는 카리스마를 권력과 중앙정보부로 대체하려고 하였다.

중앙정보부는 시작부터 문제를 일으켰다. 일명 '4대 의혹 사건'이 모조리 중앙정보부와 연루되었다. '워커힐 사건', '증권파동', '새나라자동차 사건', '파친코 사건'이 그것인데 중앙정보부가 정치 자금을 확보하기 위해 일으킨 것이다. 워커힐 관광지를 만들면서 자금을 착복하거나 주가를 조작하는 등 중앙정보부는 불법적인 수단과 방법을 통해 정치 자금을 확보하려고 했다.

민정 이양과 제3공화국 수립

1960년대는 군인들의 시대였다. 이집트의 가말 압델 나세르(Jamāl, Abd an-Nāsir), 버마의 우 네 윈(U Ne Win), 라오스의 콩레(Kong-Le) 등 민족주의 성향의 군사쿠데타가 빈번했다. 그래서인지 지식인과 국민들 사이에서는 박정희와 쿠데타 세력에 대한 기대가 있었다. 국가재건최고회의는 자문단체로 '기획위원회'를 만들어서 470여 명의 교수, 학자, 언론인을 초빙하였다. 기획위원회는 정치, 경제, 사회문화, 재건기획, 법률 등 5개 분과위원회로 구성되었는데 당대의 저명인사들이 대거 참여하였다. 중앙정보부의 정책연구실, 재건국민운동본부 등도 지식인들을 적극적으로 포섭하였다.

민정 이양. 군정 기간은 2년 정도였다. 미국의 압박이 있었고 어찌 됐건 이들은 소위 미완의 혁명인 '4·19의거'를 완성하겠다며 군사혁명을 일으키지 않았던가. 박정희와 쿠데타 세력은 민족적 민주주의를 주장하였다. 제2공화국처럼 막연히 서구식 민주주의를 추종하는 것이 아니라 한국적 상황에 맞는 민주주의를 추구하겠다는 주장이었다. 김종필은 1963년 8월 15일 민정 이양을 위한 '8·15계획서'를 작성하였다. 혁명 과업을 수행하기 위해서 군인들이 대통령과 국회의원 선거에 출마해 정권을 장악해야 한다. 군인들이 참여할 정당을 만들어야 하며 이 정당에는 '때 묻지 않은' 민간인들의 참여가 필요하다. 새 헌법과 새 선거제도를 통해 구정치인들의 도전을 물리쳐야 한다.

쿠데타 당시 표방했던 혁명공약과 위배되는 계획이었다. 혁명공약 제6조에는 "우리의 과업이 성취되면 참신하고도 양심적인 정치인들에게 언제든지 정권을 이양하고 우리들 본연의 임무에 복귀할 준비를 갖춘다"라고 명시되어 있기 때문이다. 아마도 돌아갈 생각은 처음부터 없었을 것이다. 조속한 시일 내에 군인들의 정치화 과정이 필요하다. 박정희와 쿠데타 세력은 민간 정치인이 되어 권력을 유지해야 할 것이며, 이들이 주도하는 새로운 정당을 만들어야 한다는 것이 김종필의 생각이었다. 하지만 쿠데타 세력은 소수였다. 한민족은 문치주의에 익숙하고, 이승만 역시 군부를 내세운 통치를 하지 않았다. 더구나 쿠데타 세력에게는 특별한 비전이 없었다. 혁명공약이나 사회정화 사업 같은 것은 4·19혁명 이후 급진적인 사회변화를 요구하던 사람들 사이에서 흔히 나오는 주장에 불과했다. 더구나 민족? 3·1운동 이래 민족주의는 한반도의 가장 유력한 정서적 근간 아니던가. 쿠데타 세력에게는 민간인들이 필요하다. 과거 이승만이나 민주당 세력과는 다른 세력을 끌어들여 정치를 해나가야 한다. 1960년대는 군인들의 시대였지만 남한의 박정희와 쿠데타 세력은 군인 정신을 취했을 뿐 민족주의와 민주주의를 부정할 수는 없었다. 독립운동사를 거치면서 오랫동안 쌓여온 민족과 민주의 이상, 그리고 반공주의와 미국이라는 틀거지를 벗어날 수 없었기 때문이다. 이후 18년간 박정희 정권은 끊임없이 군인들을 정치권으로 끌어들였으며, 동시에 훨씬 많은 민간 엘리트를 끌어들여 권력을 유지하였다.

제3공화국. 대통령 중임제, 단원제 국회를 기초로 한 헌법 개정이 이뤄졌다. 헌법은 보다 강고하게 대통령 중심제를 지향하였다. 관료체제는 보다 철저하게 대통령에게 종속되는 구조로 구성되었고, 경제기획원을 비롯하여 국가 주요 정책은 대통령이 직접 관장하는 형태로 만들어졌다. 이승만이 헌법과 법률을 무시하고 개인 카리스마와 동원체제에 의존했던 것과는 전혀 다른 방향이었다. 육군 소장 박정희는 승진하여 대장으로 예편한 후 대통령 후보가 되었다.

> 이번 선거는 개인과 개인의 대결이 아니라, 민족적 이념을 망각한 가식의 자유민주주의 사상과 강력한 민족적 이념을 바탕으로 한 자유민주주의 사상과의 대결(이다).

1963년 9월 23일 첫 번째 라디오 연설 당시 박정희의 주장이다. 당시 또 다른 대통령 후보는 윤보선이었다. 쿠데타로 쫓겨난 제2공화국 대통령이 후보로 나올 만큼 기존의 정치 세력은 대안이 없었던 것일까? 대통령 선거전은 신구 세력의 대결이 되었다. 더구나 윤보선은 조잡한 이념 공세를 펼쳤다. "공산당의 세계혁명은 후진 지역에 있어서 민족, 민주혁명이라는 탈을 쓰고 있다. 박씨가 주장하는 민족의 자주, 자립은 우연히도 북괴의 주장과 같다. 민주주의와 민족주의를 같이 결부시키지 말라." 윤보선은 박정희의 좌익 경력을 문제 삼았다. 박정희는 강력하게 반발하였다. "정신의 식민지화의 상태 아래에서는 민족주의는 물론 민주주의도 이루어질 수 없다." 윤보선은 여전히 "인질이 되더라도 외국 원조를 많이 타 오겠다는 류의 국제 정세에 대한 무식과 불건전한 대우방 의존 태도이니 한심하기 짝이 없다." 박정희는 윤보선을 외세 의존적인 사대주의자로 몰았다. 강력한 반공 노선과 강력한 민족주의가 공존할 수 있으며, 반공을 위해서라도 대대적인 사회개혁을 달성하겠다는 주장이었다. 결과는 박정희의 승리. 약 15만 표의 근소한 차이였다. 과거 좌익 혹은 혁신계 활동을 했던 이들이 박정희를 찍었기 때문에 승리했다는 분석도 있다.

왜 경찰개혁은 실패했을까

4·19혁명에서 5·16군사쿠데타로. 민주당 정권은 왜 이토록 허무하게 권력을 잃어버린 것일까? 그리고 군인들의 등장은 한국 역사에 어떤 영향을 미쳤을까? 4·19혁명 당시 가장 격렬한 요구가 '경찰개혁'이었다. 해방 초기부터 3·15부정선거까지 경찰의 문제는 한두 가지가 아니었다. 이승만 하야 이후에도 경찰서를 파괴하는 등 국민들은 경찰에 대한 적대 행위를 멈추지 않았다. 4월 26일에는 일부 시민이 동대문경찰서를 불태우고 유치장에 갇혀 있던 30여 명을 구출하는 사건이 발생하였다. 같은 날 부산에서는 부산진경찰서와 영도경찰서 및 관내 지서·파출소 등이 공격당하고, 동부산경찰서 관내 대연동파출소를 비롯한 4개의 파출소가 파괴되었다. 다음 날에는 대전경찰서와 서대전경찰서를 비롯한 대전 시내 8개의 파출소가, 다시 다음 날인 4월 28일 순천에서는 순천경찰서 서장이 시위 학생들에게 과거의 잘못을 직접 사과하기도 했다. 이 시기 인천에서는 경찰서를 포위한 시민들에게 경찰이 발포하여 희생자가 발생하기도 했다.

제2공화국이 들어서기 전 과도정부 당시 '경찰 중립화'가 선포되었다. 경찰과 공무원의 정치적 중립화를 표방한 것이다. 성북경찰서와 용산경찰서의 사찰 경찰들이 스스로 사표를 제출했고, 경찰개혁에 치안국 중견 간부들이나 지방 경찰이 호응하는 등 경찰 중립화 과정은 순조로워 보였다.

동시에 부정선거 및 발포 사건에 관한 수사가 시작되었다. 동대문경찰서 사찰계 김용만 형사를 서울지검에서 '상해 및 독직' 혐의로 구속했고, 연행자를 고문했다는 이유로 청량리경찰서와 성북경찰서 사찰계 근무 경찰관 4명도 추가로 구속하였다. 전라남도 경찰국장은 민주당 전남도당을 습격한 광주경찰서 김재순·이송학 순경을 파면했고, 부산지구 군경합동수사본부는 부산진경찰서 서장을 조사했다. 대구지검은 학생을 고문한 대구경찰서 이준기 경사를 구속했고, 광주지검 순천지청은 정치깡패를 동원해 민주당원 김용호를 죽였다는 혐의에 따라 여수경찰서 형사주임 성상석 경위를 체포하였다.

수사는 경찰 고위직을 겨냥했다. 검찰은 자유당 의장 한희석, 내무부 장관 최인규 그리고 치안국장 이강학을 체포했는데 경찰에 의존하지 않고 78명을 직접 검거하였다. 이 과정에서 치안국장 이강학 산하에 있던 비밀경찰 조직이 폭로되었다. 김문석 총경의 지휘 아래 경감 4명, 경위 9명, 경사 10명, 순경 71명이 서울 시내 5개소에 회사 간판을 내걸고 부정선거를 획책했다는 사실이 밝혀진 것이다.

비판이 들끓는 가운데 조인구 치안국장, 유충렬 서울시경 국장, 장수복 경찰 전문학교 교장을 비롯하여 치안국 6개 과 과장, 9개 도 경찰국장, 경무대경찰서장 곽영주, 전 경남경찰국장 최남규, 경찰 전문학교 교감 최병용 등 경찰 수뇌부 대부분이 사표를 제출하였다. 경찰 중립화를 표방했을 뿐 소극적으로 대처하던 과도정부는 경찰에 관한 새로운 인사원칙을 제시했다. 일제강점기에 경찰관을 하지 않은 자를 선발하겠다. 3·15부정선거 이후 4·19사태까지 일선 경찰서장, 경찰국 경무, 경비, 사찰 등 각 과장을 역임하지 않은 자를 선발하겠다. 부정선거를 주도한 최인규 전 내무부 장관에 의해 한직으로 물러난 자를 선발하겠다. 일반 민중에게 원한 사는 일을 하지 않은 자를 선발하겠다.

하지만 결과는 신통치 않았다. '부정선거 및 발포 사건' 관련자 처벌이 제대로 이뤄지지 않았기 때문이다. 서울지법은 전 내무부 장관 홍진기, 치안국장 조인구, 대통령 경호실장이자 경무대경찰서장 곽영주, 반공청년단장 신도환 등에게 무죄 판결을 내렸다. 이 와중에 내무부 차관이었던 장경근이 병보석으로 풀려난 후 일본으로 도피하는 사건까지 일어났다.

그럼에도 경찰개혁을 향한 노력은 계속되었다. 헌법 개정, 관련 특별법 제정이 이어졌기 때문이다. 경찰개혁을 위한 근본적인 '재조사'는 물론이고 부패 경찰에 대한 '공민권 제한'까지 검토되었다. 처벌의 수위가 강화되자 반발이 격화되었다. 특별검찰부의 수사에 경찰이 협조를 거부한 것이다. 제주도경찰국 국장 심재순, 서울시경 부국장 이선하, 경찰 전문학교 교수 박양호 등이 도피하였다. 또한 특별검찰부의 명령에도 불구하고 서울시경은 행정 통고를 빌미로 수사를 거부하였고, 체포된 인물들에 대해서도 제대로 된 수사가 이루어지지 않았다.

제2공화국이 들어서고 민주당이 집권했지만 상황은 나아지지 않았다. 경찰 간부 전형 시험을 통해 3·15부정선거에 협력한 경찰 간부들이 재임용되었고, 무엇보다 '경찰 중립화 법안'이 제4대 국회 회기 내에 처리되지 못했다. 경찰 지휘를 검찰이 할 것인가, 경찰이 할 것인가. 지방 경찰 지휘는 도지사가 할 것인가, 그냥 경찰로 일원화할 것인가. 예상치 못한 논쟁이 계속되었고 장면 총리가 '공안위원회'를 제안하면서 논쟁이 거세졌다. 공안위원회 위원 임명 문제를 두고 '경찰 중립화를 포기한 것 아니냐'는 문제가 제기됐고, 이에 고위 경찰들은 "이미 경찰 중립화는 완료"되었다는 주장을 펼쳤다.

결국 만족할 만한 수준에 도달하지 못한 채 5·16군사쿠데타가 터졌다. 쿠데타 세력은 전혀 다른 방식으로 행동했다. 기존의 경찰 조직을 유지하되 핵심

보직에 현역 군인들을 임명한 것이다. 조흥만·이소동 등 현역 군인들이 내무부 치안국장에 임명됐고, 각 도 경찰국장은 중령 이상급 현역 군인들이, 각 도 경찰국 정보과장에는 현역 소령들이 배치되었다. 개혁 없는 권력 교체가 이루어진 것이다. 이제 경찰 조직은 군인 출신들이 지배하게 되었으며 과거보다 더한 위계적 체계로 운영되었다. 과거 이승만 정권이 그랬듯 민중의 지팡이는 새로운 권력자의 손아귀로 옮겨 갔을 뿐이다.

경제개발과 부정축재의 상관관계

기업인들의 부정축재 또한 중요한 화두였다. 이승만 정권기 정치인과 기업인의 정경유착 문제가 심각했기 때문이다. 하지만 과도정부건 제2공화국이건 기업인들의 부정축재에 대해서는 극히 미온적이었다. 장면 총리는 "생산을 위축시키지 않는 범위 내"에서 부정축재 문제를 처리하고자 했다.

혁명적인 의욕을 최소한도로 충족(시키겠다).

제2공화국 당시 김영선 재무부 장관의 취임사였다. 장면 총리는 '경제제일주의'를 표방했다. 경제개발계획을 통해 심각한 빈곤 상태를 극복하려는 것이 국정 목표였다. 제2공화국의 경제개발계획은 실행되지 못했지만 박정희 정권이 추진한 '제1차 경제개발 5개년 계획'에 영향을 미쳤다. 그런데 경제개발과 부정축재가 무슨 상관이란 말인가. 더구나 부정부패를 극복해야 건전한 국민경제 성장이 이루어질 수 있지 않겠는가. '부정축재특별처리법'을 만들고 '부정축재처리위원회'까지 구성했음에도 실제로는 단 한 명의 부정축재자도 처리하지 못했다.

쿠데타 세력은 제2공화국과는 달랐다. 기존의 부정축재특별처리법을 정지시키고 '국가재건최고회의령 제20호'를 발표하여 '부정축재 처리 기본 요강'을 공포하였다. 이에 따라 경제인, 관료, 군인 등 29명에 대한 구속을 결정했다. 이병철·이정림·정재호·설경동 등의 기업인, 김태선·백두진·김영선 등 고위 관료, 양국진·백인엽 등 전직 군인을 잡아넣었고 주일 대사 유태하, 태창방직 대표 백남일, 전매청장 안정근 등은 지명수배를 내렸다. 또한 같은 날 새로운 부정축재처리위원회가 구성되었다. 쿠데타 후 단 2주일 만에 벌어진 일이었고 제2공화국에서는 보지 못한 과단성이었다.

그러나 사정은 미묘하게 비틀렸다. 이스라엘에서 나치 협력 기업인들에게 산업투자 명령을 내렸던 것처럼, 국가재건최고회의가 부정축재자들에게 강제투자 명령을 내리는 등 경제 발전에 기여하는 방향으로 징벌을 내리겠다고 한 것이다. 부정축재처리위원회 위원장 이주일은 기업인 구속에 신중을 기할 것이라는 담화를 발표했다.

이에 기업인들이 적극 화답했다. 1961년 6월 19일 삼성 이병철 사장이 전 재산을 최고회의에 헌납하며 회사 운영에서 손을 떼겠다는 각서를 부정축재처리위원회에 전달하였고, 6월 29일에는 기자회견을 통해 전 재산을 국가에 헌납하겠다고 발표하였다. 이어 동립산업 함창희, 삼호방직 정재호, 대한양회 이정림, 한국유리공업 최태섭, 대한산업 설경동, 중앙산업 조성철, 극동해운 남궁련 등 부정축재 기업인 7명도 같은 방식으로 공동 결의를 했고 태창방직 백남일도 뒤늦게 동참했다.

국가재건최고회의는 부정축재처리위원회 재산 헌납 각서 제출자에 대해 구속을 즉시 해제하였다. "산업 위축을 완화해 경제 불안 요소를 제거"하겠다는 것이 명분이었다. 결국 제2공화국과 같은 논리였다. 1961년 10월 부정축재처리법이 개정되는데 처벌 범위와 방법이 대폭 완화되었다. 특히 기업인들이 공장을 건설해 주식을 정부에 납부할 경우 부정축재 통고액을 감해주는 방안을 제시했다.

당시 기업인들은 한국경제협의회(1961. 8)를 만들었고 초대 회장으로 삼성의 이병철이 뽑혔다. 그는 공개적으로 투명하게 정치 자금을 제공하겠다고 공언했다. 이병철은 "자유기업을 창달하며 경제계에 대한 간섭을 배제해야 한다. 경제인의 자주권을 인정해야 한다" 등을 강조했고 부정축재특별처리법 개정도 요구했다.

목표는 부정축재특별처리법의 무력화였다. 금성방직 홍재선은 "부정축재자에게 사회주의적 개념이 적용되어서는 안 되며 모처럼 형성된 민족자본이 파괴된다"라는 이유를 들면서 반발했다.

> 부정축재처리법안이야말로 북한 괴뢰에게는 일석양조적 성공을 약속한
> 것. (…) 김일성이 가장 싫어하는 남한의 경제 번영은 이룩될 수 없을 뿐
> 만 아니라, 그 가혹한 죄과 때문에 그들의 재산은 몰수나 다름없는 결과
> 에 도달하게 되어 자유경제의 바탕이 흔들리게 될 것이기 때문이다.
>
> - 1961년 3월 4일, 〈동아일보〉 기사 중

한국경제협의회의 반공 성명이다. 한편에서는 장면 총리가 요청한 3억 환의 정치 자금을 지원하면서 다른 한편에서는 신문에 광고까지 내가며 제2공화국의 개혁 정책에 저항한 것이다. 이들은 5·16군사쿠데타 이후에도 같은 방식으로 살아남았다. 그리고 박정희 정권의 경제정책을 통해 재벌로 성장하고, 독재정권이 몰락한 이후에도 강력한 힘으로 남게 되었다. 이때부터 쌓아온 문제들과 함께 말이다.

누구를 위한 전쟁인가

베트남전쟁과 미국 그리고 동아시아

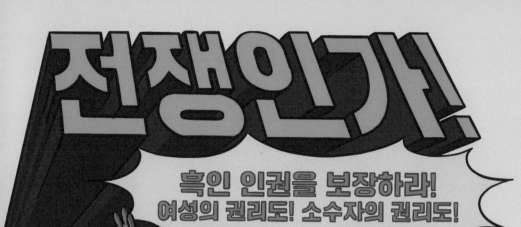

전쟁인가!

흑인 인권을 보장하라!
여성의 권리도! 소수자의 권리도!

미국, 문화혁명!

국제적으로 냉전은 계속되고 있었다. 소련 서기장 흐루쇼프는 '평화공존'을 이야기하면서도 쿠바에 핵미사일을 설치했다. 미국의 존 F. 케네디(John Fitzgerald Kennedy) 대통령은 '뉴프런티어'를 외치며 혁신을 이야기했지만 별다를 바 없었다. 그는 5·16군사쿠데타를 인정했고 박정희의 미국 방문을 허락하였다. 당시 쿠바에서는 피델 카스트로(Fidel Castro)와 체 게바라(Che Guevara)가 이끈 공산혁명이 성공을 거두었다. 미국은 쿠바에 군대를 파견했다가 치욕적인 패배를 당하기도 했다.

그럼에도 세계는 변화하고 있었다. 영국과 프랑스 같은 구제국주의 국가들이 몰락하면서 아프리카와 동남아시아를 중심으로 많은 신생 독립국이 생겨났다. 이른바 비동맹주의를 표방하며 '제3세계'가 등장한 것도 이때였다. 인도는 비동맹주의를 주창하며 제3세계에서 주도적인 영향력을 행사했고 중국 또한 적극적이었다.

프랑스가 핵무기를 개발하고 나토를 탈퇴하는 등 독자 노선을 추진하고, 독일과의 협력하에 유럽공동체를 만들어가던 시절, 일명 '다극화'가 이루어진 것이 이때였다. 라틴아메리카 나라들은 무수한 군부 쿠데타로 홍역을 앓는 가운데 좌파 운동 또한 거셌다. 칠레에서는 평화적 사회주의를 표방하는 살바도르 아옌데(Salvador Allende) 정권이 등장했다.

제1차 베트남전쟁:
북베트남은 무너지지 않았다

하지만 1960년대의 역동적인 세계상은 대한민국과 무관했다. '소련-중국-북한'으로 이어지는 공산 진영과 '미국-일본-남한-타이완'으로 이어지는 자유 진영 간의 대결 구도가 공고했기 때문이다.

그런데 동남아시아에서 중요한 사건이 발생한다. 제1차 베트남전쟁이 시작된 것이다. 제2차 세계대전 후에도 프랑스는 베트남을 포기하지 않았다. 1945년 포츠담회담에서 북위 16도선을 기준으로 북쪽에는 국민당군이, 남쪽에는 영국군이 진주해 일본군을 무장해제하기로 결정했다. 이에 따라 1945년 9월 12일 남부에는 영국 장군 더글러스 그레이시(Douglas D. Gracey)가 이끄는 인도 병사 7,500명이, 북부에는 중국의 루한(盧漢) 장군이 이끄는 15~20만의 국민당군이 들어온다. 프랑스는 티에리 다르장리외(Thierry d'Argenlieu), 장 세딜(Jean Cèdile), 장 생트니(Jean Sainteney) 등을 파견했다. 이후 영국군은 완전히 철수하였고 프랑스 원정군 총사령관 필리프 르클레르(Philippe Leclerc)가 이끄는 약 2만의 병력이 남부 지역을 점령하였다. 문제는 북부였다. 호찌민(胡志明, 1890~1969)이 이끄는 베트남독립동맹, 즉 베트민(Viet Minh)은 루한에게 막대한

금을 헌납하였고, 그 대가로 무기를 지원받았으며 북베트남에 대한 지배권도 확보하였다.

일본이 패망하자 이제는 프랑스와의 싸움을 시작해야 하는 처지. 즉각 독립이 불가능한 상황에서 결국 베트민은 프랑스와 협정을 맺어 '프랑스연합(Union française) 내 인도차이나 연방의 일원'이 되었다. 호찌민이 이끄는 북베트남, 즉 베트남민주공화국은 자치권을 갖는다. 프랑스연합은 외교, 국방, 무역에 관한 권한을 갖는다. 북부, 중부, 남부의 통합은 국민투표로 결정하며 당분간 프랑스 군대가 주둔한다. 말 그대로 불완전한 합의였는데 이 합의가 휴지 조각이 되는 데는 얼마 걸리지 않았다. 프랑스 함대는 하이퐁에 대대적인 포격을 가하면서 베트민을 공격했고 '무력을 통한 연방 수호'를 선언하였다. 1947년 3월 프랑스군이 요충지 남딘 지역을 점령하는 등 북베트남은 풍전등화의 상황에 몰렸다. 프랑스군은 7만 5,000명까지 늘어났다. 하지만 여기까지. 북베트남은 무너지지 않았다. 프랑스군은 상황을 타개하기 위해 1947년 10월 '레아 작전 (Opération Léa)을 감행하여 8,000제곱킬로미터의 산악지대를 단숨에 점령하려 했다. 작전이 꽤 성공을 거둬 북베트남은 큰 피해를 입었다. 하지만 병력이 부족했고 점령은 유지되지 못했다. 결국 산악지대와 델타 평야지대로 나뉘어서 전쟁은 교착상태에 빠지고 만다.

프랑스는 '바오다이 해결책(Solution Bảo Đại)'을 입안했다. 베트남국민당, 베트남독립동맹회, 종교단체 까오다이(Cao Dai)와 호아하오(Hoa Hao) 등 여전히 잔존하고 있던 베트남 민족주의자들을 규합하고, 이들이 지지하던 베트남의 마지막 황제 바오다이(Bảo Đại)를 국가 원수로 하는 새로운 남베트남 정권을 세우고자 했다. 민족해방운동이 아닌 민족주의와 공산주의의 싸움으로 국면을 전환하려고 한 것이다. 하지만 상황은 뜻대로 전개되지 않았다. 사실상 프랑스가 세운 괴뢰정부였기 때문에 바오다이 정부에 참여한 민족주의자들의 불만이 커질 수밖에 없었다. 더구나 이들의 세력은 호찌민에 비한다면 미약한 수준이었다.

1948년이 되면 국제 정세가 베트남에 유리하게 돌아간다. 국공내전에서 승기를 잡은 중국공산당이 북베트남에 무기를 지원했고 군사훈련용지를 비롯하여 도피처를 마련해주었다. 1950년 1월 18일 중화인민공화국은 북베트남, 즉 베트남민주공화국을 최초로 공식 승인한 후 군사 원조에 합의하였다. 그리고 10여 일 후인 1월 30일 소련도 베트남민주공화국과 정식으로 외교 관계를 수립했다.

뒤늦게 미국이 프랑스를 지원하기 시작한다. C-47 화물 수송기들이 군수물자를 싣고 남베트남의 수도인 사이공에 도착했고, 군사원조고문단(Military Assistance Advisory Group)이 구성되었다. 1950년 1억 달러, 1952년 3억 달러, 1954년 13억 달러로 원조액이 갈수록 늘어났다. 중국의 공산화와 한국전쟁 그리고 남베트남의 위기가 연이어 펼쳐졌고, 이는 곧 아시아의 공산화를 의미했기 때문에 미국은 좌시할 수 없었다. 그럼에도 1950년 1월 이후 전세는 역전된다. 베트남민주공화국군은 총공세를 펼치면서 프랑스의 홍강 델타 방위선을 유린했고 레홍퐁(Lê Hồng Phong) 작전을 통해 라오까이, 까오방, 랑선의 프랑스 요새를 점령하였다. 나아기 통킹 지방의 북부 산악지대마저 장악한다. 프랑스 군은 전사자와 부상자가 1만 6,000명에 달하는 등 피해가 막심했다.

1951년 북베트남, 베트남민주공화국은 제국주의 타도, 진정한 독립과 통일, 토지개혁을 비롯한 사회주의 개혁을 공식적으로 천명하였다. 상황을 만회하기 위해 프랑스는 '로렌 작전(Opération Lorraine)'을 개시하였다. 동원 병력 3만 명, 제1차 베트남전쟁 당시 최대 규모의 작전이었다. 하지만 결과는 비슷했다. 적에게 타격을 입혔을 뿐 상황이 호전되지는 않았다. 그리고 디엔비엔푸(Dien Bien Phu) 전투. 1953년 11월 프랑스는 낙하산 부대를 동원하는 등 1만 1,000여 명의 병력을 서북 산간지대 디엔비엔푸로 보내 요새를 구축하였다. 새로운 전선을 만들어 반전을 꾀한 것이다.

그런데 북베트남 군대가 디엔비엔푸를 포위하였다. 수만 명의 농민이 가세해 중화기와 식량을 옮겼고 중국공산당의 화물차까지 지원에 나섰다. 프랑스는 공군의 폭격이 효과적이지 못하자 긴급하게 미국에 지원을 요청하였다. 미국은 이를 거부했고, 완전히 고립된 상태에서 디엔비엔푸에 주둔한 프랑스군은 사투를 벌였다. 사망자 1,600명, 부상자 4,800명, 실종자 1,600명 그리고 포로 8,000명. 2개월에 걸친 전투에서 프랑스는 완벽하게 패배하였다.

제1차 베트남전쟁 기간에 프랑스군 사상자는 17만 2,000여 명에 이르렀고, 북베트남은 이보다 3배나 많은 사상자에 민간인 사망자도 15만 명에 달했다. 결국 프랑스는 베트남을 포기할 수밖에 없었다.

제네바협정과 분단

그런데 뜻하지 않은 일이 발생했다. 제1차 베트남전쟁을 종결짓고자 제네바극동평화회담(1954.4)이 열렸고 미국·프랑스·영국·소련·중국 등 5대 강국, 남베트남의 바오다이 정부와 호찌민이 이끄는 북베트남, 캄보디아, 라오스가 참여하였다. 한국전쟁 안건도 함께 상정된 회의였다. 프랑스령 인도차이나는 베트남, 캄보디아, 라오스로 분리한다. 그렇다면 베트남은? 베트남 북위 17도선을 기준으로 북쪽은 베트남민주공화국군, 남쪽은 프랑스군이 관리한다. 1956년 7월 이전에 총선거를 실시해 분단 문제를 해결하고 프랑스군은 베트남에서 떠난다.

회의의 결정에 따라 프랑스군은 북위 17도선 이남으로 이동했다. 민간인 80~90만 명이 따라나섰는데 대부분 가톨릭교도였다. 어차피 프랑스는 떠날

베트남전쟁과 미국 그리고 동아시아

처지이니 이제 17도선 이남의 남베트남에 미국이 개입을 하게 된다. 남베트남은 정치적으로 혼란스러웠다. 바오다이는 응오딘지엠(Ngô Đình Diệm)을 수상으로 임명했는데 응오딘지엠이 바오다이를 몰아내고 베트남공화국을 세웠다. 1955년 10월 26일, 통상 '사이공 정부'라고 불리는 독재정권이 들어선 것이다. 남베트남은 미국에 의지했다. 1955년 현재 국가 재정 수입이 국가 예산의 3분의 1밖에 안 되었기 때문에 미국의 원조를 받는 수밖에 없었다. 1956년부터 1963년까지 미국은 70억 달러를 쏟아부었는데, 이 중 3분의 2가 군사 예산이었다.

북베트남에서는 토지개혁을 비롯하여 각종 사회주의 개혁이 진행되었다. 그리고 남베트남에서는 베트남 민족해방전선(National Liberation Front), 일명 베트콩(Viet Cong)이 결성되었다. 이번에는 미국과 싸워야 하는 참으로 험악한 베트남 현대사였다.

제2차 베트남전쟁:
미국이 주도하는 반공주의 전쟁

한국전쟁 말미 대통령에 당선된 드와이트 아이젠하워(Dwight David Eisenhower)는 '새로운 전략(New Look)'을 모색하였다. 핵무기에 대한 의존도를 높여서 재래식 무기와 방위비 지출을 절감하겠다는 발상이었다. 육군의 규모를 한국전쟁 당시 20개 사단에서 14개 사단으로 감축하되 공군은 115개 항공대에서 137개 항공대로 증강하였다. 1950년대 초반 저킬로톤 핵무기를 개발했으며, 1954년에는 나토 각료회의(NATO Ministerial Council)를 통해 유럽에 전술핵무기 배치를 위한 협의를 마쳤다.

한국전쟁이 휴전으로 끝났기에 미국은 동아시아 안보에 더욱 신경을 써야만 했다. 한반도에서의 상황이 지지부진한 가운데 타이완의 효용가치가 부각되었다. 비록 북한을 무너뜨리지는 못했지만 남한과 타이완을 잇는 방위선을 만들 수 있다고 본 것이다. 미국은 타이완과 방위조약을 맺고 타이완 해협에 미군을 주둔시켰다.

남베트남에 대한 미국의 지원은 늘어만 갔다. 남베트남에 머무는 미 군사요원이 875명에서 1만 6,263명으로 늘어났고, 매년 4억 달러의 원조가 이뤄졌다. 그 덕에 남베트남 정부의 병력은 24만여 명에서 51만 명으로 2배 이상 늘어났다. 1962년 이후부터는 공세적인 태도를 취했다. 전략촌(Strategic Hamlet), 즉 안전한 촌락을 만들어서 농민과 게릴라를 분리시키자는 전략이었다. 평범한 농민들이나 남베트남에 순응적인 민중에게는 안전을 보장하고 동시에 게릴라를 고립시키겠다는 전략인데, 단 1년 만에 3,225개가 만들어졌다. 이후 전략촌은 베트콩의 집중적인 공격을 받게 된다. 전략촌을 공산화하여 미국의 뒤통수를 치겠다는 발상이었다. 그 때문에 전략촌에 사는 민중과 미군, 국군 사이의 갈등이 심각해졌다. 미군과 국군은 전략촌의 민중을 의심했고 가혹한 행위들이 자행되기도 했다.

이 와중에 응오딘지엠 정권과 불교의 갈등이 극단으로 치달았다. 틱꽝득(Thích Quảng Đức) 스님이 정부의 탄압에 항의하는 의미로 공개 분신자살을 했고, 이 모습이 국제사회에 알려지면서 응오딘지엠 정권은 국제적인 비판에 직면하였다. 미국은 남베트남 정부를 비난하고 경제 제재 조치를 취하였고 동시에 군부의 호응을 요구했다. 1963년 11월 1일 군부의 쿠데타가 일어났고 응오딘지엠과 일가가 살해당했다. 곧바로 군사혁명위원회가 조직돼 즈엉반민(Dương Văn Minh)이 의장이 되었다. 하지만 즈엉반민 장군은 정치력이 부족했고 심지어 미국을 배제하는 중립화 전략에 동조적이었다. 결국 1964년 1월 30일

응우옌카인(Nguyễn Khánh)의 쿠데타가 일어났고, 같은 해 12월에는 응우옌까오끼(Nguyễn Cao Kỳ), 응우옌반티에우(Nguyễn Văn Thiệu)가 주도한 쿠데타가 또 일어났다. 남베트남은 멸망할 때까지 계속 이런 식이었다.

그리고 1964년 8월 2일 '통킹만 사건'이 발생한다. 미국 구축함 매독스(Maddox)호가 북베트남의 어뢰정으로부터 공격을 받자, 린든 존슨(Lyndon Baines Johnson) 대통령은 즉각 북베트남 해군기지에 보복 공습을 명령하였다. 8월 7일 존슨은 의회에 군사 행동에 관한 위임을 요청했고 만장일치로 통과되었다. 이 사건에는 복잡한 선후 관계, 당일의 악천후, 미국의 자작극 등 여러 문제가 얽혀 있었다. 그러나 '통킹만 결의안'을 통해 미국은 북베트남에 폭격을 하는 건 물론이고 지상군마저 파병했다.

반발이 있었다. 현지 관계자들은 남베트남 군대가 곧 괴멸될 것이라고 충고했고, 대사로 파견된 맥스웰 테일러(Maxwell Taylor) 역시 게릴라전에 훈련되지 않은 미군의 파병을 반대했다. 하지만 존슨 대통령은 해병대에 이어 육군까지 파병하였다. 1965년 말 18만 4,000여 명의 미군이 베트남으로 향했다. 같은 시기 대한민국 국군 2만 620명, 오스트레일리아와 뉴질랜드군 1,700명, 필리핀과 태국군 수백 명이 차례로 투입되었다.

북베트남의 항전 의지를 무력화하고자 일명 '호찌민 통로', 즉 라오스를 거쳐 북쪽에서 남쪽으로 내려오는 지역에 어마어마한 폭격을 가하기도 했다. 파병군은 계속 늘어났다. 1966년 한 해 동안 미군은 2배로 늘어 36만 명에 달했고 다음 해인 1967년에는 48만 5,000명, 1968년에는 54만 명까지 늘어났다. 동맹국의 군대도 한때 7만에 달할 정도였다. 동맹국 중 대한민국 국군의 숫자가 가장 많았는데 연평균 5만에 가까운 병력이 파병되었다. 당시 남베트남 정부군은 80만까지 늘어났지만 미군의 보조적인 역할을 했다. 한편 소련과 중국도 북베트남 군사 원조에 적극적으로 나섰다. 1965년에서 1968년까지는 약 30만 명의 중국인 기술자가 직접 북베트남으로 들어오기도 했다.

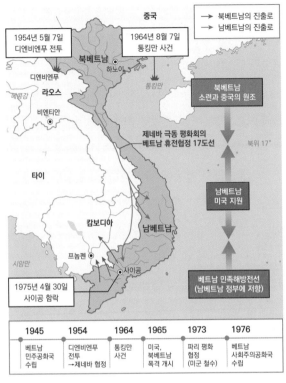

베트남전쟁의 전개

(자료: 두산백과)

다음 표의 내용:

1945	1954	1964	1965	1973	1976
베트남 민주공화국 수립	디엔비엔푸 전투 →제네바 협정	통킹만 사건	미국, 북베트남 폭격 개시	파리 평화 협정 (미군 철수)	베트남 사회주의공화국 수립

지도 내 표기:

중국

1954년 5월 7일 디엔비엔푸 전투

1964년 8월 7일 통킹만 사건

→ 북베트남의 진출로
→ 남베트남의 진출로

북베트남

하노이

디엔비엔푸

라오스

비엔티안

메콩강

북베트남 소련과 중국의 원조

제네바 극동 평화회의 베트남 휴전협정 17도선

북위 17°

타이

남베트남 미국 지원

캄보디아

남베트남

프놈펜

사이공

시암만

1975년 4월 30일 사이공 함락

베트남 민족해방전선 (남베트남 정부에 저항)

이상한 전쟁이 계속되었다. 국공내전과 한국전쟁에서는 주체가 뚜렷했다. 공산 진영과 자유 진영으로 민족이 분열되어 싸웠고, 미국과 소련은 원조를 명분으로 참전했다. 그런데 제2차 베트남전쟁은 그렇지 않았다. 남베트남 국민들은 싸울 의지가 없었고 명분 또한 없었다. 오직 미국이 주도하는 반공주의 전쟁이 지속되고 있었을 뿐이다.

구정(Tết) 공세. 1968년 1월 31일 베트콩과 북베트남군 약 8만 명이 남베트남의 주요 도시를 기습하였다. 사이공에서는 미국 대사관까지 공격을 받았다. 피해는 공산 진영이 더 컸다. 베트콩과 북베트남군은 4만여 명이 죽거나 다쳤다. 이에 반해 미군은 1,100명, 남베트남 정부군은 2,300명의 전사자가 발생했으니 말이다. 더구나 민간인 사망자가 1만 2,500명에 달해 여론도 나빠졌다.

그럼에도 구정 공세의 효과는 엄청났다. 미국이 흔들리기 시작한 것이다. 왜 미국의 젊은이들이 베트남에 가서 희생을 당해야 하는가. 왜 미국은 명분도 없는 전쟁에서 이토록 피를 흘리고 있는가. 미국 내 반전 여론이 최고조에 이르렀고 존슨 대통령의 지지율은 곤두박질쳤다. 1968년 리처드 닉슨(Richard Milhous Nixon)이 대통령에 당선되었고 그는 정책을 바꾸었다.

명예로운 퇴진. 북베트남에 대한 공군 폭격을 강화하되 지상에서는 남베트남 정부군의 지원을 강화하겠다. 미 육군을 철수시키겠다는 입장이었다. 1969년 48만 명, 1970년 28만 명, 1971년 17만 5,000명. 미군의 숫자는 빠르게 줄었다. 1972년 3월 말, 북베트남이 12만의 군대를 동원해 '춘계 대공세'를 펼쳤다. 소련제 탱크와 대포로 무장해 분계선을 넘은 것이다. '부활절 공세'라고도 부르는데 상당한 성공에도 불구하고 미군의 반격은 매서웠다. 미군이 있는 한 무력통일은 불가능하다는 사실을 확인한 순간이었다.

1969년 9월 2일 베트남의 국부 호찌민이 세상을 떠났다. 북베트남은 당 서기장 레주언(Lê Duẩn), 수상 팜반동(Phạm Văn Đồng), 부총리 겸 국방장관 보응우옌지압(Võ Nguyên Giáp) 등이 이끌었다. 닉슨은 중국과 소련을 방문해 냉전 구도를 완화하면서 북베트남 정부와 협상에 나섰다. 1972년, 협상이 난항을 겪을 때는 '크리스마스 폭격'을 벌이기도 했다. 한국전쟁 정전회담 당시와 유사한 모습이다. 이듬해인 1973년 미국, 북베트남 정부, 남베트남 정부

베트남의 국부 호찌민

그리고 남베트남 임시혁명정부(베트콩)가 평화조약에 서명을 한다. '파리협정 (1973)'이 이뤄진 것인데 과거 제네바협정에 따라 베트남의 독립, 주권, 영토의 통일을 재확인한 것이다.

곧장 미군은 철수를 완료했고, 1971년부터 1만 명씩 병력을 감축하던 대한 민국 국군 역시 소수의 병력만 남긴 채 군대를 철수했다. 미국이 없는 자리에 서 북베트남은 거칠 것이 없었다. 북베트남은 대대적인 공격으로 꽝찌 시가, 후에, 다낭을 연이어 함락하였고 사이공을 함락하기 위한 '호찌민 작전'을 개 시하였다. 그리고 1975년 4월 30일, 사이공을 점령하며 북베트남에 의한 무력 통일이 이루어졌다. 한반도와는 전혀 다른 결론에 이른 것이다.

적과의 싸움인가,
가난과의 싸움인가

베트남전 파병과 한일협정

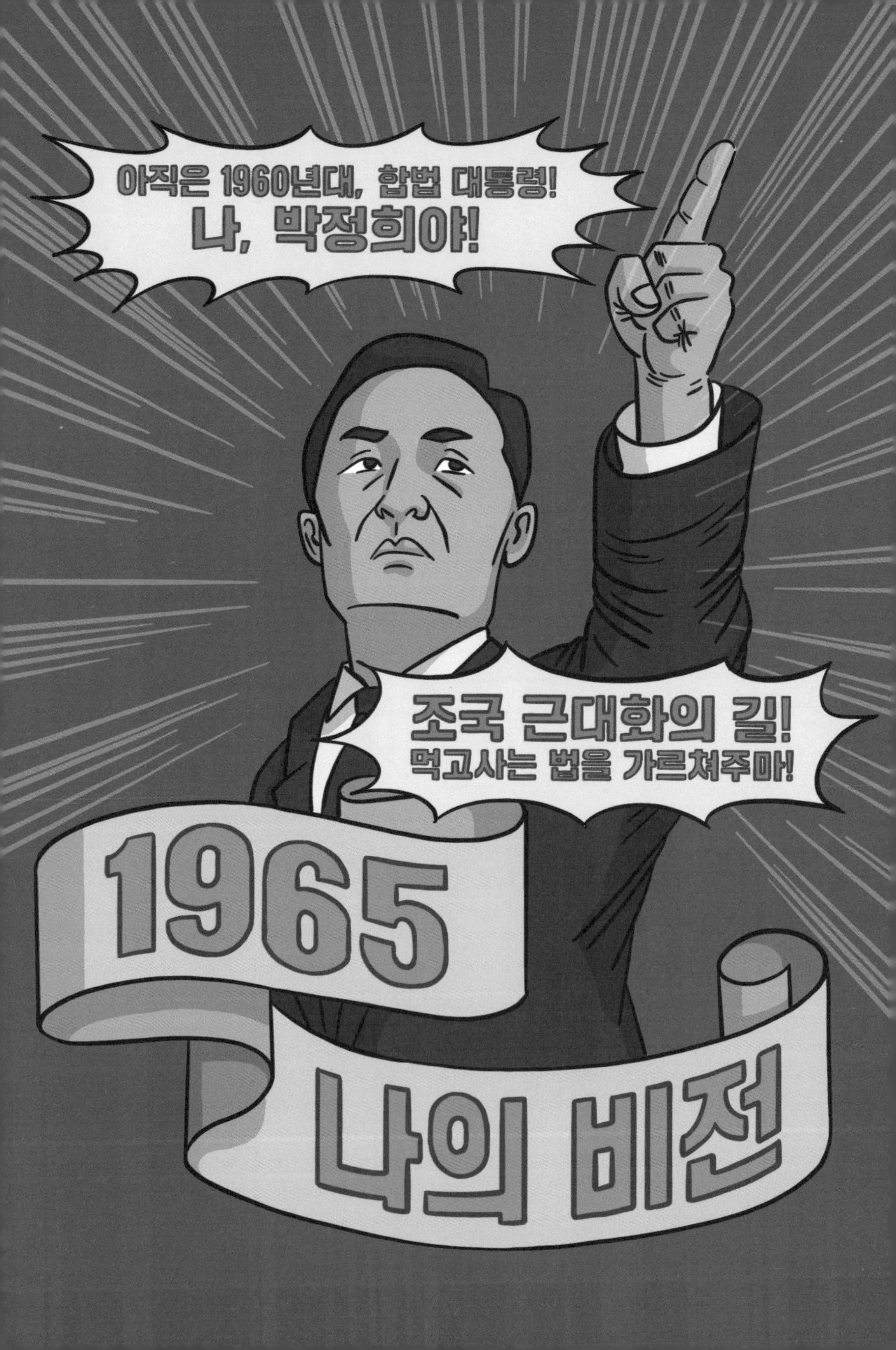
아직은 1960년대, 합법 대통령!
나, 박정희야!
조국 근대화의 길!
먹고사는 법을 가르쳐주마!
1965
나의 비전

멸공!
빨갱이를 소탕하라!
돈 벌러 왔다네~
화끈하게 벌러 왔다네~
베트남전 한국군 5만여 명 파병
셋이 힘을 합쳐
공산주의를 이겨내자고!
이제 일본과는
동맹국!
한일협정! 한미일 삼각 안보 체제 확립

"미국이 승인하고 원조한다면 한국은 베트남에 군을 파병할 수 있고, 만일 정규군을 원치 않는다면 의용군을 뽑아 보낼 수 있다."

1961년 11월 14일 미국을 방문한 국가재건최고회의 의장 박정희가 케네디에게 직접 한 말이다. 베트남 파병에 관해서는 이승만 당시부터 적극적이었다. 이승만은 1953년경 '태평양동맹'이라는 아시아 반공동맹을 구상했고 세 차례에 걸쳐 동남아시아 친선 사절단을 보내기도 했다. 라오스를 돕기 위해 의용군 파견을 제안했고, 응오딘지엠 정권을 지원하려고도 했다. 장제스를 초청하면서 '아시아민족반공연맹'을 결성, 한국-타이완-베트남으로 이어지는 군사동맹을 추진하기까지 했다. 하지만 파병은 거절됐고 한국이나 타이완, 베트남 모두 궁색한 처지인지라 의미 있는 결과에 도달하지는 못했다.

베트남 파병, 대리전을 전개하라

하지만 베트남 문제에 미국이 개입하고 특히 존슨 대통령이 취임하면서 파병이 현실화되었다. 파병 지지 여론도 60%에 가까웠다. 반공주의란 여야를 막론한 신념이었고 군사주의적인 욕망도 있었다. 야당 지도자 박순천조차 베트남을 방문한 후 "집어삼키고 싶도록 욕심이 나더라"라는 말을 남겼으니 말이다.

"원수 김일성아! 청룡이 왔다. 20일 전쟁? 웃기지 마라." 1971년 베트남 다낭에서 청룡부대 1진이 철수할 당시 환송식장에 걸린 플래카드 내용이다. 베트남전쟁 파병은 일종의 대리전이었다. 베트남에서의 활약을 통해 북한을 압박하고 자유세계의 힘을 드러내고 싶었던 것이다. 박정희 대통령은 공식 석상에서 "14년 전의 6·25 때 우리 국민이 당했던 것과 똑같은 피 어린 수난과 위협을 겪으면서도 공산주의자와 투쟁(을 한 나라)", "다 같이 공산 침략주의자들

베트남전쟁에 파병된 국군

(자료: 경향신문)

의 음모 때문에 국토 분단을 강요당한 불행한 국가"임을 강조했다. 1964년 9월 태권도 교관 파견을 시작으로 1965년 3월 비둘기부대로 불렸던 건설지원단 2,000여 명 파견, 1965년 10월 1차 전투부대(청룡부대, 맹호부대) 파병, 1966년 9월 2차 전투부대(맹호부대, 백마부대) 파병 등이 이어졌다. 연인원 32만 5,000여 명이 참전하면서 철군 직전까지 평균 5만 정도의 군세를 유지했고 지상전에서 중요한 역할을 담당하였다.

북베트남은 소련, 중국, 북한의 지원을 받고 있었다. 북한은 수백 명의 공병대를 파견하여 한국전쟁 당시 습득한 참호와 땅굴 기술을 전수하는 데 여념이 없었다. 무엇보다 휴전선에서의 무력 도발 등을 통해 미국의 주의를 분산시키고자 했다.

베트남전쟁에서 패색이 짙어지던 무렵 미국이 철수를 고려하는 상황에서도 남한과 국군은 싸움에 적극적이었다. 닉슨 대통령이 당선되면서 '협상을 통한 해결'로 방향 전환을 모색하자 이를 강력히 반대하였다. 당시 최규하 외무부장관은 '베트남 7개국 회의(1968.4.4)'에 참가해 미 공군의 북베트남 폭격 중지와 협상을 통한 문제 해결에 공식적으로 반대했다. 미군의 베트남 철수에 대해서도 적극적으로 반대했음은 물론이다.

군대만 파견한 것이 아니었다. '위문 사업' 명목으로 대대적인 동원이 이뤄졌다. '파월장병지원위원회'에서 위문 사업을 총괄했는데 1966년부터 1972년까지 조성된 기금이 10억 4,125만 2,000원이었고 위문품은 1,899만 8,455점이었다. 기념우표를 발행했고 위문편지 쓰기는 물론 '고국의 향취를 풍겨주는 꽃씨 모으기 운동', '사랑의 고추장 보내기 운동' 등 각종 범국민운동을 진행하였다. 파월장병 환송 국민대회, 파월 개선장병 환영 국민대회, 파월 개선장병 환송연 행사가 100회 넘게 진행됐고 파월장병 가족을 돕기 위한 '보리밭 노력봉사', 부상병을 위로 봉사하기 위한 '여학생 봉사단' 활동도 이루어졌다. 연예인 위문 공연단도 만들어졌고 예술인, 종군작가단의 현지 방문도 이어졌다. 연예인 공연단은 1,160명이 2,922회 공연을 할 정도로 적극적이었다.

국가가 국민을 동원하고 공무원과 학교 교사가 행사를 주도하는 구조, 학생들은 반공 포스터를 그리고 반공 표어 대회에 참가하고, 학부모와 함께 모금에 참여하는 관행이 이 시기 확고하게 정착되었다.

브라운 각서와 베트남 특수

국군의 베트남 파병을 위해 미국은 '브라운 각서(1966)'를 준비했다. 베트남 파병으로 인한 경제적 부담은 미국이 감당하겠나. 한국군의 무기 및 장비의 현대화를 지원하겠다. 베트남 관련 물자와 용역은 가능한 한 한국 기업을 통해 조달하겠다. 미국은 브라운 각서를 통해 한국군의 현대화, 남한에 대한 경제적 지원을 보장하였다. 정부 또한 적극적이었다. 당시 정부는 1966년을 '인력 수출의 해'로 선언한다. 1966년은 '일하는 해', 1967년은 '전진의 헤', 1969년은 '싸우면서 건설하는 해'로 정하는 등 베트남전쟁은 가난한 대한민국의 생존 전쟁을 방불케 했다.

"나와 장병들은 고국의 가난을 물리치기 위해 하나가 되었다." 베트남전 한국군 사령관이었던 채명신 장군의 회고이다. 병장 월급 54달러. 당시로선 큰돈이었다. 베트남에서 돌아오면 '얼마를 벌었는가'가 인사였다. 파병됐던 군인들은 텔레비전, 카메라, 선풍기를 들고 돌아왔는데 당시로선 고가의 물건이었다. 그렇다고 모두가 많은 돈을 번 것은 아니었다. 전쟁은 전쟁. 부상자와 사망자가 속출했고 포로가 되기도 했다. 그럼에도 좋은 보직을 누리는 이들에게는 분명 돈이 되는 사업이었다. 비전투병이 되어 미군 사단 보급 일을 하면 미제

RCA라디오나 카세트, 일제 선풍기나 TV 등을 구하기 쉬웠고 이를 빼돌려 큰 돈을 번 이들도 있었다. 이른바 '공팔친다', '팔아먹을 물건 없냐'는 은어가 남발되던 시대였다.

베트남전쟁에는 2만 4,000여 명의 민간 기술자도 파견되었다. 파견된 한국인 기술자 중 3분의 2가량이 외국 회사에 취업했다. 알엠케이-비알제이(RMK-BRJ), 페이지(Page), 피에이앤이(PA&E), 필코(Philco), 빈넬(Vinnell)이 대표적인 회사인데 그중 빈넬은 현장 기술자 대부분을 한국인으로 고용했다. 민간 기업인 빈넬은 제2차 세계대전 말기 해외 운송 사업에 뛰어들었고 미국 정부를 도와서 중국국민당 정권에 식량과 장비를 조달하는 사업으로 돈을 벌었다. 이러한 노하우를 바탕으로 1957년 베트남에 처음 진출해 깜란만, 냐짱, 꾸이년, 붕따우, 롱빈 등에 전력을 공급하거나 병참 지원 사업을 벌였다. 한국인 기술자들은 대부분 깜란만을 중심으로 미군 후방 지원 업무에 고용되었다. 빈넬은 서울에 사무소를 세워서 5,000여 명의 인원을 직접 선발했고 현지에서는 참전 군인에게 취업 기회를 제공하기도 했다. 1968년 기준 1,022명의 참전 군인이 현지 기술자가 되었는데 빈넬에 취업한 사람이 586명이었으니 적은 숫자가 아니다. 이들은 1970년대 중동 진출 당시 중요한 해외 역군이 된다. 사우디아라비아 빈넬에 재취업한 후 다시 이라크 현대건설, 버마 현대건설 등으로 이직하는 등 한국 경제 발전에서 중요한 역할을 담당했으니 말이다.

근무 환경은 한국인의 노동 문화에 영향을 미쳤다. 상급직은 미국인, 중간직은 필리핀인과 한국인 그리고 하위직은 남베트남인이었다. 임금은 차등적이었는데 미국인 기사가 월 2,000달러, 필리핀인이나 한국인이 450달러 정도였고 베트남인들은 시급으로 10센트 정도를 받았다고 한다. 빈넬에는 필리핀인이 거의 없었기 때문에 중간 관리자들 간의 민족 갈등은 없었다. 한국인 노동자들은 차별 대우를 당연하게 여겼고 오히려 미국인에 대한 과잉 존경과 베트남인에 대한 우월감이 문제가 될 정도였다.

일요일에는 쉬었고 회사 내에는 기본적인 스포츠시설, 야외극장, 해수욕장, 심지어 '김치클럽'이라고 불리는 술집까지 있었다. 이들은 가끔 모험을 했다. 관광지를 둘러보고, 해변에서 수영을 하고, '수진마을'이라고 불리는 성매매촌을 간 것이다. "수진마을에 색시촌이 많거든요. 그래서 우리 근로자들이 일요일이면 술들 먹고 색시들하고 놀고 그랬어요. 그래서 한때는 '수진에서 낭비 말고, 한국에 가서 쓰자'라는 플래카드까지 만들고 그런 적도 있어요." 당시 한국인 노동자의 기억이다. 빈넬에서 30분 거리, 한국군 백마부대 30연대가 주둔한 곳 근처에 수진마을이 있었다. 한국인 남성과 베트남 여성이 동거하기도 했고, 그들 사이에서 '라이 따이한(Lai DaiHan)'이라고 불리는 혼혈아가 태어나기도 했다. 라이 따이한 문제는 국제적인 이슈가 되기도 했다.

> 베트남 수송 사업을 돌아볼 때 그것은 참으로 100년 만에 한 번 있을까 말까 한 사업이었다.
>
> — 2005년 7월 4일, 〈문화일보〉 기사 중

베트남 사업을 주도했던 한진그룹 조중건의 회고이다. 한진그룹은 베트남전에 참여해 극적인 기업 성장을 경험하였다. 일명 베트남 특수. 많은 기업이 특수를 통해 성장했지만 대표적인 기업이 한진이었다. 한진은 1950년대 중반 미군의 군수물자 수송권을 확보하며 성장의 발판을 마련한다. 1957년 소유 트럭 4대, 세를 낸 트럭 15대였던 한진은 1960년 소유 트럭 130대, 용역 차량 900대로 빠르게 성장하였다. 베트남전쟁 당시 한진은 항구가 있는 꾸이년 지역, 미국의 대표적인 병참기지에 진출해 미군과 직접 계약을 체결하는 데 성공하였다. 한국전쟁 당시 비공식 첩보부대인 일명 '켈로 부대(Korean Liaison Office, KLO)' 대장을 지냈던 밴더플 대령, 수송 참모 캠프 중령, 27수송대 대장 고넬 중령의 도움을 받았기에 가능했다. 이들은 모두 동두천 등지에서 한진과 일했던 사람들이다. 1967년 85만 달러, 1968년 338만 달러, 1969년 286만 달러, 1970년 229만 달러, 1971년 159만 달러 등 약 6년 동안 한진은 1억 1,600만 달러의 사업 실적을 올린다. 미국이 벌이는 사업이 이윤의 원천이 되고, 미국 인과의 인맥을 통해 새로운 실적을 올리고, 여기에 정부가 지원하는 구조, 그로 인한 엄청난 부의 획득. 베트남 특수는 한국 경제의 특질이 형성되는 데 큰 영향을 미쳤다.

베트남 전쟁 중 민간인 학살 문제

한국군들은 이 작은 땅에 첫발을 내딛자마자 참혹하고 고통스러운 일을 저질렀다. 수천 명의 양민을 학살하고, 가옥과 무덤과 마을들을 깨끗이 불태웠다. 1966년 12월 5일 정확히 새벽 5시, 쭈라이 지역에 주둔하고 있던 남조선 청룡여단 1개 대대가 이곳으로 행군을 해왔다. 그들은 36명을 쫑빈 폭탄 구덩이에 넣고 쏘아 죽였다. 다음 날인 12월 6일, 그들은 계속해서 꺼우안 푹 마을로 밀고 들어가 273명의 양민을 모아놓고 각종 무기로 학살했다.

다낭에서 남쪽 꽝응아이성 빈선현 빈호아사에 세워진 증오비 내용의 일부이다. 호이안부터 쭈라이, 빈케, 푸캇, 꾸이년, 송꺼우, 뚜이호야, 닌호야, 나짱, 깜란까지 남베트남의 북단에서 남단까지 광범위한 지역에서 국군은 작전을 수행했다. 그리고 이곳에는 오늘날 국군을 향한 증오비와 위령비 등이 남겨져 있다.

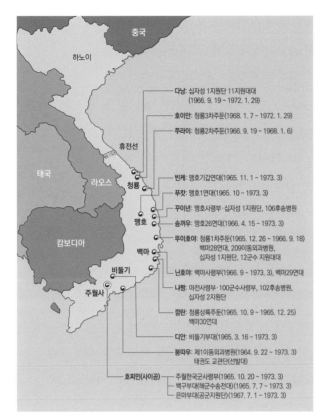

베트남전 한국군 주둔지
(자료: 박종화, 군사보훈병무편람)

다낭: 십자성 1지원단 11지원대대
(1966. 9. 19 ~ 1972. 1. 29)

호이안: 청룡3차주둔(1968. 1. 7 ~ 1972. 1. 29)

쭈라이: 청룡2차주둔(1966. 9. 19 ~ 1968. 1. 6)

빈케: 맹호기갑연대(1965. 11. 1 ~ 1973. 3)

푸캇: 맹호1연대(1965. 10 ~ 1973. 3)

꾸이년: 맹호사령부·십자성 1지원단, 106후송병원

송꺼우: 맹호26연대(1966. 4. 15 ~ 1973. 3)

뚜이호아: 청룡1차주둔(1965. 12. 26 ~ 1966. 9. 18)
백마28연대, 209이동외과병원,
십자성 1지원단, 12군수 지원대대

닌호야: 백마사령부(1966. 9 ~ 1973. 3), 백마29연대

나짱: 야전사령부·100군수사령부, 102후송병원,
십자성 2지원단

깜란: 청룡상륙주둔(1965. 10. 9 ~ 1965. 12. 25)
백미30연대

디안: 비둘기부대(1965. 3. 16 ~ 1973. 3)

붕따우: 제1이동외과병원(1964. 9. 22 ~ 1973. 3)
태권도 교관단(선발대)

호찌민(사이공): 주월한국군사령부(1965. 10. 20 ~ 1973. 3)
백구부대(해군수송전대)(1965. 7. 7 ~ 1973. 3)
은마부대(공군지원단)(1967. 7. 1 ~ 1973. 3)

중국

하노이

휴전선

태국

라오스

청룡

맹호

캄보디아

백마

비둘기

주월사

  1966년 1월 23일부터 2월 26일 사이 떠이선현 떠이빈에서는 국군에 의한 최대 규모의 민간인 학살이 일어났다. 맹호부대 3개 중대가 15개 지점에서 총 1,200명의 양민을 학살했고 확인 가능한 공식 사망자만 728명에 이르렀다. 여기에는 어린이 166명, 여자 231명, 60세 이상 노인 88명이 포함되어 있었고 일가족 전체가 몰살당한 경우가 8가구였다. 또한 수백 마리의 가축과 수백만 톤의 양식이 가옥과 함께 전소되었다. 고자이마을에서는 단 1시간 만에 주민 380명이 모두 살해되었다.

  딘엔반현 디엔안사 퐁늣촌과 퐁니촌에서는 청룡부대 소속 1개 중대가 1968년 2월 12일 주민 69명을 죽였는데 이 사건은 외교 문제로 비화되었다. 미국이 조사를 요청했고 퐁니촌 주민들이 청원서를 보냈지만, 제대로 된 조사는 이뤄지지 않았다. 국회에서 잠시 논란이 있었을 뿐 국내 언론에 보도되지 않았다.

베트남전 당시 국군의 민간인 학살은 패턴이 뚜렷하다. 하자와 하꽝에서의 집단 학살을 비롯하여 1966년 꽝응아이성, 1968년 꽝남성 등에서 벌어진 민간인 학살 사건은 공통점이 있다. 학살 당시 '전략촌'이 건설되고 있었다는 점이다. 베트콩이 전략촌을 공산화하고자 했고 이를 막기 위해 민간인을 수색하는 과정에서 마을 단위의 섬멸전이 벌어진 것이다. 1969년 이후 정규전이 치열해지자 민간인 학살은 확연하게 줄어든다.

> 랑이 아이를 출산한 지 이틀 만에 총에 맞아 숨졌다. 그의 아이는 군홧발에 짓이겨진 채 피가 낭자한 어머니의 가슴 위에 던져져 있었다. 임신 8개월에 이른 축은 총알이 관통해 숨졌으며, 자궁이 밖으로 나와 있었다. 한 병사는 한 살배기 어린아이를 업고 있던 찬도 총을 쏘아 죽였고, 아이의 머리를 잘라 땅에 내동댕이쳤으며, 남은 몸통은 여러 조각으로 잘라내 먼지 구덩이에 버렸다.

뜨이프억현 떤장촌에 남아 있는 묘비의 기록이다. 관련 문제는 현재까지 해결이 요원하다. 대한민국 정부는 사과하지 않았고 원조와 지원을 통해 문제를 무마하고자 했다. 2002년 외무부의 주도로 학살 지역에는 약 40개의 학교와 병원을 지었고, 과거 국군이 주둔했던 중부 5개 성에 대해 특별 원조를 진행했다. 더구나 1990년대 이후 베트남의 가장 중요한 사업 파트너가 한국이었기 때문에 베트남 정부도 이 문제에 대해서는 언급을 꺼리고 있다. 똑같다고 할 수는 없지만 한일 관계와 유사한 부분이 있다.

1965년 일본과
공식 외교 관계 수립

1950~1960년대 한국과 일본의 정식 외교 관계 수립은 중대한 문제였다. 미국은 한국과 일본의 연계를 통한 동아시아 안보 시스템을 확고히 하고 싶어 했고, 공산주의의 위협 가운데 인접국인 한국과 일본은 어찌 됐건 서로를 필요로 했다. 하지만 쉽지 않았다. 이승만은 강력한 사과와 배상을 요구하였고 일본은 이를 거부하였다. 1952년 3차 회담 당시에는 '구보타 간이치로(久保田貫一郎) 망언'까지 있었다. 일본이 36년간 한국에 많은 이익을 안겨주었으니 오히려 그에 대한 보상을 청구할 권리가 있다고 발언한 것이다. 박정희 정권은 달랐다. 조속한 외교 관계 수립을 통해 반공안보체제를 확립하며 무엇보다 '경제자금'을 확보하고 싶어 했다.

"한일 양국은 과거에 명예롭지 못한 역사를 가지고 있습니다. 그러나 그러한 명예롭지 못한 과거를 들춰내는 것은 현명한 일이 아닙니다. 차라리 새로운 역사적 시점에서 공동의 이념과 목표를 위해 친선 관계를 가져야 할 것입니다." 국가재건최고회의 의장 박정희가 방일했을 때 당시 일본 총리였던 이케다 하야토(池田勇人)의 발언이다. 일본은 박정희의 만주군관학교 시절 교장이었던 나구모 신이치로(南雲親一郎)를 초청하여 만찬을 열기도 했다. 1960년대 일본은 기시 노부스케(岸信介) 등 과거 일본제국주의 시절의 인사들이 정치권에 복귀하였고 한국의 내각도 이승만 정권에 비하여 한층 친일적이고 타협적인 분위기였다. 전향적인 분위기임에도 불구하고 난항은 계속되었는데 '김종필-오히라(大平正芳) 메모'로 불리는 양국 지도자의 담판을 거쳐 합의에 이르렀다. 김종필은 졸속 협정이라는 비판을 받으며 정치적 영향력을 상실하기도 했다.

일본이 한국에 3억 달러의 가치를 가지는 '일본국의 생산물 및 일본인의
용역'을 무상으로 제공하고 2억 달러에 해당하는 '장기 저리 차관'을 제
공하기로 합의(했다).

한일협정 '청구권협정' 제1조에 나오는 내용이다. 무상 3억, 유상 2억. 여기
에 상업차관 1억을 더해 6억 정도의 자금 지원이 확정됐고, 무상 3억은 10년
간 분할해서 받는 것으로 합의를 보았다. 당시의 인플레이션을 고려한다면 10년
간 분할 상환은 일본에 극히 유리한 방식이었다. 청구권 자금, 이른바 '3억 달
러'에 대한 해석 또한 문제가 있었다. 한국은 이 돈을 '청구권 자금'이라고 불렀
다. 식민지 배상금이란 말인데 일본은 '경제협력 자금' 또는 '독립축하금'으로
불렀다. 돈은 오갔지만 각국의 정부는 각자의 입장으로 국민들을 설득했다.
　더욱 중요한 부분은 3억 달러를 통해 국가 간 청구권 합의가 이루어졌기 때
문에 '개인 청구권'이 상실되었다는 점이다.

　　청구권에 관한 문제는 (…) 완전히 그리고 최종적으로 해결된 것이 된다
　　는 것을 확인한다.

　　　　　　　　　　　　　　　　　　　　　　　　　　　　　- 청구권협정 제2조 중

　　한국의 대일청구 요강의 범위에 속하는 모든 청구가 포함되어 있고, 따
　　라서 동 대일청구 요강에 관해서는 어떠한 주장도 할 수 없게 됨을 확인
　　했다.

　　　　　　　　　　　　　　　　　　　　　　　　　- 합의의사록 대일청구 8개 요강 중

　한일협정에 나오는 내용이다. 정부 간 합의가 이루어졌기 때문에 개인이 정
부를 상대로 배상이나 보상을 요구할 권리가 사라졌음을 두 차례에 걸쳐 명문

화하였다. 사실 당시 청구권 협상의 이유는 달랐다. 일본은 선박을 비롯하여 동산 자산에 대한 청구권을 요구할 수 있었고, 한국은 문화재 반환을 요구했다. 복잡한 동산 자산들에 대한 문제를 일괄 처리하기 위해 청구권 문제가 해결되었다고 명문화한 것이다. 징용, 징병, 위안부 등 개인의 인권 문제와 관련한 청구권 고려는 양국 정부한테서는 찾아볼 수 없었다.

이러한 방식은 일본에 매우 익숙했다. 경제 보상을 통해 동남아시아 국가들과 외교 관계를 회복했기 때문이다. 필리핀에는 5억 5,000만 달러에 해당하는 일본인의 역무와 생산물 그리고 별도 2억 5,000만 달러의 경제개발차관을 20년간 나누어 지급하기로 하였고, 인도네시아와는 순배상으로 2억 2,300달러를 12년간 지급하고 경제개발차관 4억 달러를 20년간 대여하는 것으로 합의를 보았다. 베트남에는 3,900만 달러의 가치를 지니는 일본인의 역무 및 생산물을 10년간에 걸쳐서 지급하며 별도로 910만 달러의 경제개발차관을 제공하기로 하였다. 캄보디아와 라오스와는 배상청구권을 포기하는 대가로 경제기술협정을 맺었고, 라오스는 2년간 10억 엔의 무상 원조를, 캄보디아는 3년간 15억 엔의 무상 원조로 합의를 보았다. 버마와는 경제기술협력협정을 체결했다.

> 1910년 8월 22일 및 그 이전에 대한제국과 대일본제국 간에 체결된 모든 조약 및 협정이 이미 무효(already null and void)임을 확인한다.

한일협정 제2조의 내용이다. 문장은 만들어졌지만 명쾌한 합의는 없었다. '이미 무효'라는 말이 문제였다. 한국은 '원천 무효'를 주장했고 일본은 '이제' 무효가 되었다고 해석하였다. 생각보다 중대한 부분이다. 과거사에 대한 양국 정부의 근본적인 이견이기 때문이다. 한국은 일제강점기를 불법 점령 기간으로 보았고 과거 조선과 대한제국 당시 맺어진 조약 또한 강제적으로 이루어졌기 때문에 '애초부터 무효'라는 입장이었다. 하지만 일본은 제국주의 시대가 있었고, 그 기간에 맺어진 조약은 유효하며, 새로운 외교 관계를 맺음으로써 비로소 과거가 청산되었다는 입장이었다. 그렇기 때문에 청구권 자금 역시 경제협력 혹은 독립 축하 같은 친선기금에 불과하다는 것이다.

이 밖에 여러 부문에서 두 나라의 정부는 제대로 된 합의에 이르지 못했다. 재일교포의 법적 지위 문제, 원폭 피해 한국인 문제, 사할린 동포 문제, 징용·징병과 같은 강제동원 문제, 수만 점의 불법 반출 문화재 반환 문제, 독도 문제 등 두 나라는 뚜렷한 입장 차이를 드러냈고 일본은 전향적인 태도를 보이지 않았다. '무합의가 합의'라는 비판까지 있을 정도였는데, 그럼에도 합의는 이루어졌고 1965년 두 나라는 공식적인 외교 관계를 수립하게 된다. 비로소 미국의 숙원, 북·중·소에 대항하는 한·미·일 삼각 안보체제를 실현한 것이다. 하지만 1990년대 냉전 구조의 붕괴, 대한민국의 민주화 등으로 이 모호한 합의는 숱한 한일 갈등의 원인이 되고 만다.

다시 좌절된 민주주의

유신체제

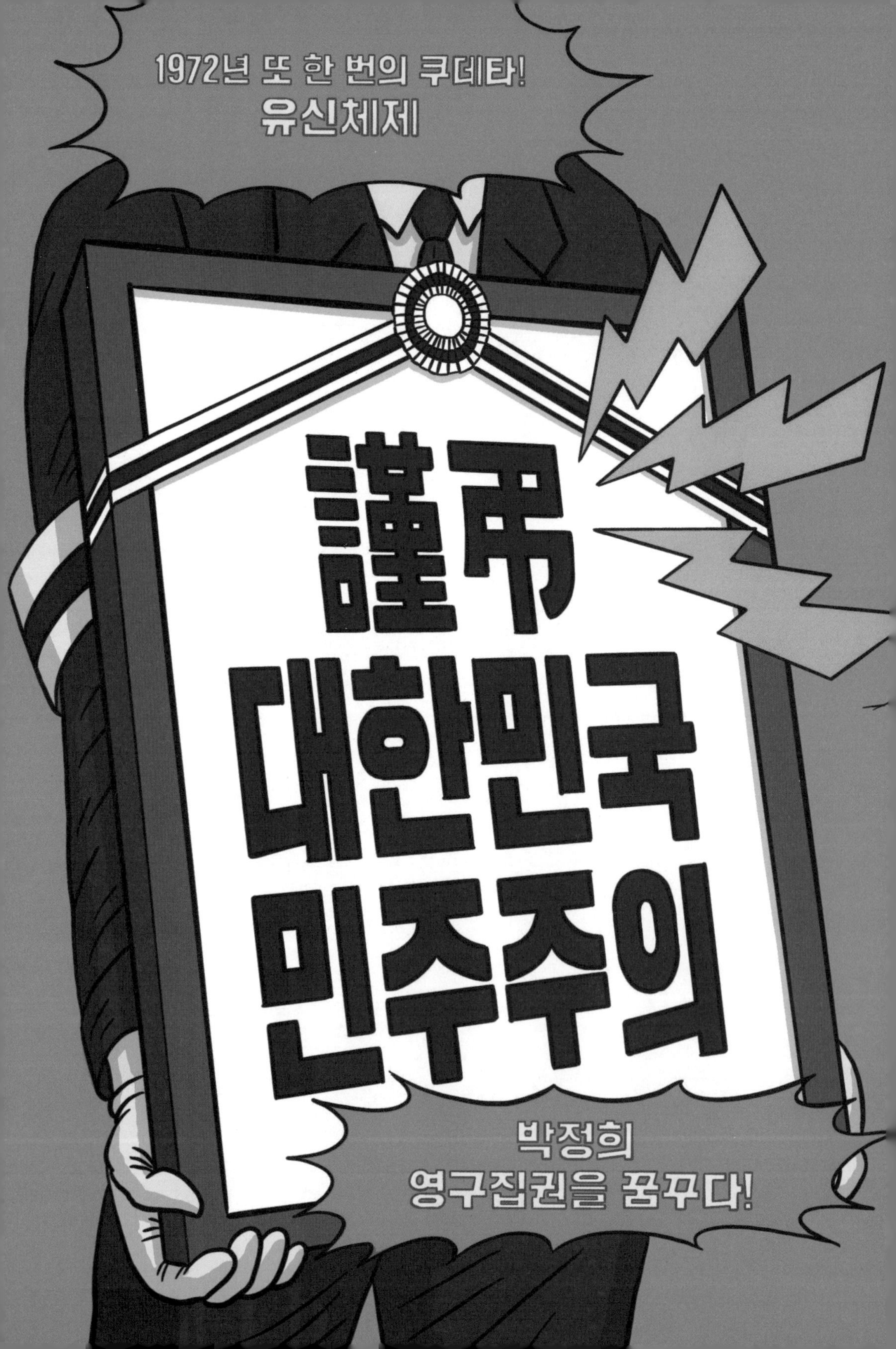
1972년 또 한 번의 쿠데타!
유신체제
謹弔
대한민국
민주주의
박정희
영구집권을 꿈꾸다!

1960년대 후반 야당에서 새로운 인물들이 등장했다. 김영삼(金泳三, 1927~2015)과 김대중(金大中, 1924~2009). 이들은 오랫동안 말로만 외치던 의회민주주의가 무엇인지를 입증하며 한국 정치에 새로운 바람을 불러일으켰다. 김영삼은 40대 기수론을 외쳤고 김대중이 이에 응답했다. 김영삼은 최연소 국회의원으로 시작해 아홉 번이나 국회의원에 당선됐고 후에 결국은 대통령이 된다. 박정희 정권 시절 그는 최연소 원내총무, 최연소 야당 총재가 되었고 초산 테러와 가택연금 등을 당하면서 독재정권에 맞서 싸웠다. 김대중은 원내 경선에서 극적으로 승리를 거두며 1971년 대선에서 박정희와 맞붙게 된다. 수차례 우여곡절을 겪으면서 국회에 입성한 그는 유창한 말솜씨와 논리적인 주장으로 유명세를 떨쳤는데 유신 시절 중앙정보부에 납치돼 대한해협에서 수장당할 뻔했다. 그이전에는 선거 도중 의문의 자동차 사고를 당해 평생 다리를 절게 된다. 가택연금, 교도소 생활, 전두환에게는 사형선고를 당하기도 하는 등 고난의 연속인 삶을 살았다. 그 역시 결국은 대통령의 자리에 오르게 된다.

유신체제

영구집권체제를 위한 삼선개헌

아직은 1960년대 후반. 박정희는 두 차례 선거에서 윤보선에게 모두 승리를 거두면서 재선에 성공하였다. 문제는 지금부터. 헌법은 대통령의 재임만을 허락했지만 박정희는 권력을 이어가고 싶었다. 삼선개헌. 한 번 더 대통령을 할 수 있게 헌법을 고친 것이다. 중앙정보부가 나섰다. 정보부장 김형욱은 여당 국회의원까지 잡아들여 고문을 하는 등 온갖 불법적인 일을 저지른 후 강제로 삼선개헌을 관철하였다. 세 번째 대통령 후보 박정희는 '이번이 마지막'임을 강조했다. 경제 발전을 완성하겠다는 것이 명분이었다.

4대국 안전보장론, 남북교류론, 대중경제론, 향토예비군제도 폐지. 대통령 후보 김대중은 윤보선과 달랐다. 그의 공약은 구체적이고 대안석이었다. 대결 일변도의 냉전 구조를 벗어나 새로운 동아시아 국제 질서에 대한 상상력을 가져야 하며, 남한과 북한은 교류를 통해 평화적인 관계로 나아가야 한다는 주장이었다. 경제 성장도 중요하지만 적절한 분배 정책을 통해 모든 국민이 잘사는 형태로 경제구조가 개선되어야 하며, 향토예비군 같은 불필요한 군사 제도는 해체해야 한다고 주장했다.

김대중은 뛰어난 연설가였고, 경선에서 패배한 김영삼도 끝까지 함께하며 야당의 정치 바람에 힘을 보탰다. 야당의 기세는 강력했고 선거 결과는 예상하기 어려웠다. 선거 막판 부산과 서울에서 박정희는 '대통령 출마는 이번이 마지막일 것'임을 공언하였고 94만여 표 차이로 승리한다. 당시의 노골적인 관권 개입과 금품 살포를 고려한다면 힘겨운 승리였다.

국회의원 선거에서도 비슷했다. 야당인 신민당이 89석을 차지하며 112석에 그친 여당 공화당과 대등해졌다. 득표율로 따지면 43.7%대 47.8%, 서울 19개 선거구에서 18개, 부산 8개 선거구에서 6개가 모두 야당 차지가 되었다. 여촌

야도 현상. 도시를 중심으로 민심은 빠르게 변화하고 있었다.

　이때부터 박정희 정권은 '안보 공세'를 취한다. 북한의 남침 위협이 심각하다며 국민들의 안보의식을 자극하였다. 베트남전쟁의 여파 때문에 실제로 상황은 좋지 못했다. 1·21사건(1968), 일명 김신조 사건은 충격이었다. 북한의 무장공비가 대통령 암살을 목적으로 서울 일대에서 시가전까지 벌였으니 말이다. 울산·삼척 무장공비 침투 사건(1968), 미국 정보함 푸에블로호 납치 사건(1968), 미국 첩보기 EC-121기 격추 사건(1969) 등이 연이어 일어났다. 더구나 1970년 3월 닉슨 대통령은 주한미군 1개 사단 2만 명 병력을 감축하기로 결정했다. 베트남전쟁의 여파였다. 하지만 1970년대 들어 대남도발은 급속히 줄어들었다. 1967년 829건과 1968년 761건에서 1969년 134건, 1970년 106건, 1971년 58건 그리고 1972년에는 1건으로 정세가 안정된 것이다. 베트남전의 변화, 미국 정권 교체, 1971년부터 시도된 남북 대화 등이 영향을 미쳤다.

　그럼에도 정부는 지속적으로 안보 불안을 조성했다. 그리고 1972년 10월 17일 박정희는 비상계엄령을 선포한 후 대통령 특별 선언을 발표한다. 국회를 해산하고 정치활동을 금지한다. 헌법 일부 조항의 효력은 정지되며 비상국무회의가 이를 대행한다. 새로운 헌법을 만들겠다. 광화문에는 탱크가, 서울 시내 곳곳에는 병력이 배치되었다. 두 번째 쿠데타였다. 박정희는 '친위 쿠데타'를 통해 영구집권체제를 획책한 것이다. 극비리에 준비된 유신헌법이 10월 26일 단 하루 만에 심의·공고되었다.

제3장 통일주체국민회의
제35조 통일주체국민회의는 조국의 평화적 통일을 추진하기 위한 온 국민의 총의에 의한 국민적 조직체로서 조국통일의 신성한 사명을 가진 국민의 주권적 수임기관이다.
제36조 ① 통일주체국민회의는 국민의 직접선거에 의하여 선출된 대의원으로 구성한다.

② 통일주체국민회의 대의원의 수는 2,000인 이상 5,000인 이하의 범위 안에서 법률로 정한다.

③ 대통령은 통일주체국민회의의 의장이 된다.

제39조 **① 대통령은 통일주체국민회의에서 토론 없이 무기명투표로 선거한다.**

제40조 **① 통일주체국민회의는 국회의원 정수의 3분의 1에 해당하는 수의 국회의원을 선거한다.**

② 제1항의 국회의원의 후보자는 대통령이 일괄 추천하며, 후보자 전체에 대한 찬반을 투표에 부쳐 재적대의원 과반수의 출석과 출석대의원 과반수의 찬성으로 당선을 결정한다.

제41조 ① 통일주체국민회의는 국회가 발의 · 의결한 헌법개정안을 최종적으로 의결 · 확정한다.

제4장 대통령

제53조 ① 대통령은 천재 · 지변 또는 중대한 재정 · 경제상의 위기에 처하거나, 국가의 안전보장 또는 공공의 안녕질서가 중대한 위협을 받거나 받을 우려가 있어, 신속한 조치를 할 필요가 있다고 판단할 때에는 내정 · 외교 · 국방 · 경제 · 재정 · 사법 등 국정전반에 걸쳐 필요한 긴급조치를 할 수 있다.

② 대통령은 제1항의 경우에 필요하다고 인정할 때에는 **이 헌법에 규정되어 있는 국민의 자유와 권리를 잠정적으로 정지하는 긴급조치를 할 수 있고, 정부나 법원의 권한에 관하여 긴급조치를 할 수 있다.**

④ 제1항과 제2항의 긴급조치는 사법적 심사의 대상이 되지 아니한다.

⑤ 긴급조치의 원인이 소멸한 때에는 대통령은 지체 없이 이를 해제하여야 한다.

⑥ 국회는 재적의원 과반수의 찬성으로 긴급조치의 해제를 대통령에게 건의할 수 있으며, 대통령은 특별한 사유가 없는 한 이에 응하여야 한다.

제54조 ① 대통령은 전시 · 사변 또는 이에 준하는 국가비상사태에 있어서 병력으로써 군사상의 필요 또는 공공의 안녕질서를 유지할 필요가 있을 때에는 법률이 정하는 바에 의하여 계엄을 선포할 수 있다.

② 계엄은 비상계엄과 경비계엄으로 한다.

③ 비상계엄이 선포된 때에는 법률이 정하는 바에 의하여 영장제도, 언론·출판·
집회·결사의 자유, 정부나 법원의 권한에 관하여 특별한 조치를 할 수 있다.
④ 계엄을 선포한 때에는 대통령은 지체 없이 국회에 통고하여야 한다.

* 유신헌법의 일부이다. 유신헌법은 대통령에게 말 그대로 무소불위의 권한을 주었다. 대통령은 헌법
과 법률을 정지시킬 수 있는 긴급조치권과 계엄령 선포권을 가지고 있으며 자신의 판단하에 집행할
수 있다.
유신헌법은 말장난 같은 순환 구조를 갖추고 있다. 대통령이 통일주체국민회의 의장이고, 대통령은
토론 없이 투표를 통해 통일주체국민회의 의원들을 뽑는다. 이렇게 뽑힌 통일주체국민회의 의원들
이 대통령을 선발하고 국회의원의 3분의 1이 된다. 유신헌법은 그야말로 민주국가의 기본 원리를
부인하는 반헌법적인 발상 그 자체라고 할 수 있다.

대통령은 통일주체국민회의에서 간접선거를 통해 선출한다.

대통령의 임기는 6년으로 연장하며 중임 제한은 없다.

국회 의석의 3분의 1은 유신정우회(유정회) 의원들이 차지한다.

대통령은 국회해산권, 법관 임명권을 보유하는 등 입법부와 사법부 전
체를 관할한다.

대통령은 헌법 조항까지 중지시킬 수 있는 긴급조치권을 가진다.

  유신헌법을 정리해보면 이와 같다. 국민들은 대통령을 뽑을 권한을 빼앗겼
고, 정치인들은 정당정치를 할 수 있는 권한을 빼앗겼다. 이제 국민이 아닌 통
일주체국민회의 대의원들이 대통령을 뽑을 것이고, 국회 의석의 3분의 1 또한
통일주체국민회의 대의원들이 차지할 것이다. 중선거구제이기 때문에 지역구
당 2명씩 의원을 뽑게 되고, 그렇게 되면 국회의 3분의 2는 모두 여당 차지이
기 때문에 정당정치는 의미가 없어지고 만다. 그리고 사실상 임기가 무제한인

유신체제

대통령에게 모든 권한을 집중시킨다. 대통령은 자신을 뽑는 통일주체국민회의 의장이고 입법부와 사법부를 관할할 권한도 가진다. 여기에 긴급조치권과 계엄령 선포권, 즉 유사시 헌법과 법률을 정지시키고 군을 동원할 권한마저 보유한다. 대한민국 건국 이래 유일무이한 사건이었다.

대통령의 비상선언 이후 계엄령은 유지되었고 유신헌법의 찬반을 묻는 국민투표가 이뤄졌다. 서울시청에 주둔하는 군 공보 장교가 신문사 편집국 관계자를 직접 통제하며 사전 검열을 자행했고 언론은 고미가 정책, 산재보상보험 적용 확대, 모범 새마을공장 건설 등 찬양 일변도의 보도를 했다. 주요 반공단

1972년 11월 유신헌법 국민투표에 참여하자는 대회가 열리는 모습
(자료: 경향신문)

1972년 12월 27일에 치러진 유신헌법 공포식
(자료: 한국일보)

체는 물론이고 대한결핵협회, 한국속기교육회, 한국아동도서보급회 같은 비정
치적인 단체들조차 유신 지지 성명을 내었다. 교육 현장에서는 '10월 유신'이
조직적으로 선전됐고 민관식 교육부 장관이 1,080명의 초·중·고 교장을 불
러 '10월 유신에 선도적 역할'을 하자는 결의문을 발표했다. 서울시 공무원 2만
명은 '시월유신'이라고 쓰인 리본을 달고 다녔다.

국민들은 유신헌법에 압도적으로 찬성표를 던졌다. 1972년 11월 21일 총유
권자 중 91.9%(14,410,714명)가 참여하여 91.5%(13,186,559표) 찬성으로 가결되
었고, 1972년 12월 27일 정식으로 유신헌법이 공포되었다. 여전히 민주주의
에 대한 이해가 미숙했던 것일까, 아니면 민주주의보다 훨씬 중요한 가치가 있
었던 것일까? 어찌 됐건 수많은 사람이 각자의 이유를 가지고 스스로 민주주
의를 말살했다. 유신. 유신의 시대가 도래했다.

사법부의 종말

> 우리는 사법부의 독립을 요구한다. 사법권의 독립 없이 국민은 강자의
> 횡포에서 보호받을 길이 없기 때문이다. 그러므로 사법부를 시녀로 거
> 느리는 정권은 처음부터 국민을 위하려는 뜻이 없다고 보아야 한다.
>
> — 1976년 3월 1일, 3·1민주구국선언 중

1976년 유신체제의 절정기 당시 명동성당에서 열린 3·1절 기념미사에서
종교인과 정치인들이 모여 요구한 내용 중 하나이다. 유신체제는 강고했고 살
벌했다. 대학생들의 학내 시위조차 불가능한 시절. 구국선언으로 인해 김대중,

문익환, 함세웅, 윤보선, 함석헌 등이 수사를 받았다.

사법부는 5·16군사쿠데타 직후 위협을 받았다. 쿠데타 발발 2주 만에 제1 군 사령부 법무부장 홍필용 대령이 '대법원 감독관'으로 임명되었고 현역 군인 전우영 대령을 법원행정처장에 임명했기 때문이다. "사법부는 다른 행정기관과는 다르게 혁명 정부에 협조도 하지 않고, 따라오지도 않으며 권위 의식에 젖어 현대적인 행정 능력이 다른 부처에 비해 떨어진다." 국가재건최고회의 이석제 대령이 전우영 대령을 행정처장에 임명한 이유이다. 1961년 8월 26일에는 국가재건비상조치법을 통해 50여 명의 현직 법관을 재임용 심사에서 탈락시켰다. 사법개혁이 빌미였다. 재임용 과정에서 살아남은 211명의 판사 그리고 검찰에 소속된 226명의 검사는 일주일 단위로 교육을 받았다. 군사혁명의 의의, 혁명입법 해설, 혁명과업의 방향, 공산주의 비판 등을 가르치고 심지어 법원 복도 중앙에 테이프를 붙이고 좌측통행을 강제하기도 했다.

유신체제가 한창 준비 중이던 1971년 여름 대법원 대법관회의에서는 중요한 위헌법률심판권 행사가 이뤄진다.

군인이 전투 훈련 및 직무수행 중 전사, 순직, 공상으로 유족연금 등을 받을 수 있는 경우는 제외한다.

당시 국가배상법 제2조의 내용이다. 군복무 중 입은 피해는 국가가 보상해주지 않는다는 말이다. 국군 포로 송환을 위한 노력을 포기하는 등 베트남 파병은 여러 문제를 낳았다. 국가를 위한 영예로운 죽음과 부상은 개인들이 알아서 하라는 식이었다. 그런데 대법원이 국가배상법이 틀렸다면서 국가 정책에 반기를 든 것이다. 정부는 가만히 있지 않았다. 유신체제를 확립한 후 우선적으로 손동욱, 김치걸, 사광욱, 양회경, 방순원, 나항윤, 홍남표, 유재방, 한봉세 등 위헌 판결을 낸 대법원 판사 9명을 재임용에서 탈락시킨 것이다. 또한 대법원의 위헌법률심사권을 헌법위원회로 넘기는 등 권한도 대폭 축소했다.

같은 시기 대법원은 '집회 및 시위에 관한 법률', 즉 집시법 위반으로 기소된 대학생들에 대해서도 무죄 판결을 내렸다. 그러자 무죄 판결을 내린 양헌 부장 판사와 배석인 김성기, 장수길 두 판사 모두 다음 해 재임용에서 탈락시켰다. 재임용제도를 악용한 것이다.

사법부를 직접 겨냥한 사건도 있었다. 검찰은 서울형사지법 항소3부 재판장 이범렬 부장판사, 배석 최공웅 판사, 참여서기 이남영 등에 대해 국가보안법 위반을 이유로 구속영장을 신청하였다(1971.7.28). 이를 두고 법원과 검찰의 대립이 심해졌고, 배후에 중앙정보부가 있다는 얘기가 나오는 등 갈등이 커졌다. 일명 사법파동. 전국 법관의 3분의 1이나 되는 153명의 판사가 사표를 제출하는 등 사법권 독립을 주장하는 요구가 빗발쳤다. 하지만 정부는 꿈쩍도 하지 않았다. 검찰은 대규모 인적 쇄신을 약속하며 인사이동 조치를 취했지만 반발 여론을 잠재우기 위한 제스처에 불과했다. 민복기 대법원장은 오히려 검찰을 비호했다. 집단행동은 한 달 만에 '사표 철회'라는 형식으로 수그러들었고 이범렬 판사 등이 사표를 제출하는 선에서 마무리되었다.

> 대한민국 헌법을 부정, 반대, 왜곡 또는 비방하는 일체의 행위를 금한다.
> (…) 이 조치에 위반한 자와 이 조치를 비방한 자는 법관의 영장 없이 체포, 구속, 압수, 수색하며 15년 이하의 징역에 처한다. 이 경우에는 15년 이하의 자격정지를 병과할 수 있다. (…) 이 조치에 위반한 자와 이 조치를 비방한 자는 비상군법회의에서 심판, 처단한다.
>
> – 대통령긴급조치 제1호(시행 1974.1.8) 중

긴급조치 1호 내용의 일부이다. 유신체제를 비판만 해도 처벌받는다는 내용이다. '긴급조치를 비판해도 긴급조치 위반'인 세상, 민주주의 국가의 기본

원칙인 자유로운 생각과 자유로운 비판 자체가 불가능해진 것이다. 긴급조치 1호로 체포된 인물은 〈사상계〉 주간이던 장준하(張俊河, 1918~1975), 백범사상연구소 소장이던 백기완(白基玩, 1932~2021)이다. '개헌청원 서명운동'을 벌였다는 것이 이유였다.

긴급조치를 통해 정부는 철저하게 사법부의 위상을 깎아내렸다. '법관의 영장 없이' 체포, 구속, 압수, 수색이 가능하고 '비상군법회의'라는 별도의 부서를 만들었기 때문이다. 긴급조치는 총 9호까지 발표되었는데 억압의 강도는 나날이 높아졌다. 그중 긴급조치 4호는 대학생들을 겨냥하였다.

> 전국민주청년학생총연맹(이하 團體라 한다)과 이것에 관련 (⋯) 조직에 가입하거나, 그 활동을 찬동 (⋯) 일제히 금지한다. (⋯) 학생의 출석거부, 수업 또는 시험의 거부, 학교 내외의 집회, 시위 (⋯) 모든 개별적 행위를 금지하고 이 조치를 위반한 학생은 퇴학, 정학처분을 받고 해당 학교는 폐교처분을 받는다. (⋯) 군의 지구 사령관은 (⋯) 학생탄압을 위한 병력출동 요청을 받을 때는 이에 응하고 지원해야 한다.
>
> – 대통령긴급조치 제4호(시행 1974.4.3) 중

중앙정보부는 사건을 조작했고 크게 과장하며 일반 국민들의 안보의식을 끊임없이 자극했다. 대표적인 사건이 민청학련사건(1974)이다. 1974년 4월 24일 중앙정보부장 신직수는 언론 브리핑을 통해 "현 정부를 전복하려 한 불순 반정부 세력, 북한과의 통일전선 형성 공작과 동일한 4단계 혁명을 통해 노동자, 농민에 의한 정권 수립을 목표로 활동"했다는 충격적인 소식이었다. 이를 주도한 단체가 전국민주청년학생총연맹, 즉 민청학련인데 조총련, 인민혁명당 재건위원회같이 북한의 지령을 받는 단체의 조종을 받으며 반란을 기획했다는 것이다.

발표와 함께 무려 1,034명을 검거, 253명을 구속하였다. 체포된 인물들의 면면이 놀라웠다. 지학순 주교·박형규 목사 등 유신체제에 저항했던 종교인들, 김지하 시인·윤보선 전 대통령 같은 저명인사까지 엮어서 민주화운동을 국제 공산주의 운동인 양 조작하려 한 것이다. 민청학련 재판은 세계 사법사상 유례 없는 암흑의 날로 규정될 정도였다. 사형과 무기징역을 빼고 징역을 선고받은 사람들의 형량이 1,800년에 달했기 때문이다. 강신옥 변호사는 "직업상 변호인석에 있으나 그렇지 않다면 피고인들과 뜻을 같이해 피고인석에 앉아 있겠다"라는 발언을 했다가 구속되었다. 하지만 워낙 저명한 인사들이 많았고 마구잡이식 구속 수사였기 때문에 떠들썩하게 진행되었음에도 대부분 무죄방면이 되면서 흐지부지하게 끝났다.

하지만 민청학련의 배후에 대한 처단은 강력하게 진행되었다. 일명 인혁당 사건. 인민혁명당, 즉 인혁당이라는 지하조직이 대학생들을 포섭하여 실제로 공산혁명을 획책했다는 것이다. 인혁당원으로 체포된 이들은 당시 무명의 진보적 인사들이었다.

1심과 2심 모두 군법회의로 진행됐고 재판 직전까지 변호인 접견조차 허락되지 않았다. 가족 면회도 금지되었고 검찰 측 증언이 있던 날 변호인들은 가택연금을 당했고, 피고인 임구호는 법정에서 증거조작을 주장했다가 검찰관실에서 폭행을 당했다. 군인 재판장들은 검사를 비호하며 피고인들을 겁박했고 재판의 전 과정은 비공개로 진행되었다. 외신 기자들의 방청 또한 막았고 국방부 출입기자들의 방청만 허락했는데 피고인들의 자백 외에는 아무런 증거도 없었고 피고인들은 법정에서 자백을 부인했다. 그럼에도 판결은 빠르게 진행되었다. 대법원이 서도원, 김용원, 이수병, 우홍선, 송상진, 여정남, 하재완, 도예종 등 8명의 사형을 확정한 것이다. 더구나 이들은 대법원 확정판결 18시간 만에 사형 집행을 당했다. 무죄 석방은커녕 마지막 얼굴이라도 보겠다며 구속 1년 만에 서대문구치소를 찾아갔던 가족들은 주검을 마주할 수밖에 없었다.

민중 · 민족 · 민주 선언(1974)

··· 부패, 특권체제를 추호도 포기할 뜻이 없음을 명백히 했고 착취, 빈곤, 차별, 방탕의 씻을 수 없는 죄악을 회개할 의사가 조금도 없음을 노골적으로 표현한 것이다. ··· 민족자본의 압살과 매판화를 종용하여 ··· 경제 부문의 족벌, 사유화를 획책해온 저들 매판족벌이야말로···

결의문

1. 부패 특권 족벌의 치부를 위한 경제정책을 시정하고 부정부패 특권의 원흉을 즉각 처단하라.
2. 서민의 세금을 대폭 감면하고 국민경제의 밑받침인 근로대중의 최저생활을 보장하라.
3. 모든 노동악법을 철폐함으로써 노동운동의 자유를 보장하라.
4. ··· 구속된 모든 애국인사들을 즉각 석방하고 유신체제를 폐기하여 진정한 민주주의체제를 확립하라.
5. ··· 중앙정보부를 즉각 해체하라.
6. 반민족적 대외 의존경제를 청산하고 자립 경제체제를 확립하라.

* 1974년 민청학련사건의 빌미가 된 〈민중 · 민족 · 민주 선언〉 중 일부이다. 대학생들이 주도하여 만든 선언문인데 당시 대학생들의 인식 변화를 확인할 수 있는 중요한 자료이다. 이 선언문은 단순히 정치적 민주주의만 요구하지 않는다. 정부와 재벌의 정경유착 문제를 '경제 부문의 족벌 사유화를 획책'한 '매판족벌'이라고 비판하였고 '근로대중의 최저생활 보장'을 요구하였다. 1970년대 들어 경제개발이 진척되면서 전태일 분신 항거(1970)가 일어나는 등 사회 모순이 심화되었고 대학생들은 이러한 변화를 민감하게 받아들였다. 정치적 민주화에서 사회경제적 민주화로 인식이 발전하고 있었다고 할 수 있다.
민청학련 당시 시인 김지하, 지학순 주교 등 가톨릭 진영이 정부로부터 박해를 받게 되는데 학생들의 입장과 미묘한 차이를 보인다. 지학순 주교는 유신체제를 비판하면서 "소위 유신헌법이라는 것은··· 민주헌정을 배신적으로 파괴··· 인권과 기본적인 인간의 품위를 집권자 한 사람의 긴급명령이라는 단순한 형식만 가지고 짓밟은 것이다. 이래서는 인간의 양심이 여지없이 파괴된 것이다. ··· 긴급조치 제1호, 제4호는 우리나라의 오랜 역사상 가장 참혹한 자연법 유린의 하나다"라고 하였다.
보편적인 인권의 관점에서 유신체제를 비판한 것이기 때문에 대학생들이 주도한 〈민중 · 민족 · 민주

선언)과는 분명한 차이를 보인다.

정보기관에 의한 인권 유린

박정희 정권기는 중앙정보부, 약칭 중정의 전성기였다. 이후 전두환 정권기에 들어 이름이 안전기획부, 약칭 안기부로 바뀌었는데 사건 조작, 인권 유린 등으로 오랫동안 악명을 떨쳤고 현재도 간혹 문제를 일으키고 있다. 외세로부터 국민을 보호해야 할 정보기관이 왜 이런 오명을 쌓아온 것일까?

한국 정보기관의 역사는 미군정부터 시작된다. 당시만 하더라도 군대 내 조직이었는데 대표적인 기관이 방첩대(Counter Intelligence Corps, CIC)였다. 연합국 최고사령부 소속 제441방첩대 산하 제224파견대, 제971방첩대 등이 서울에서 활동했다. 주한미군 사령부(U.S. Army Forces in Korea, USAFIK) 산하에는 정보부 G-2가 있었지만 참모부서 역할을 했고 방첩대가 주로 현장을 담당하였다. 방첩대의 임무는 '간첩 · 파괴기타과(ES&M)' 관리였다. 간첩을 잡아내는 것이 목적이었던 것이다. 개성 · 옹진 · 삼척 등지에 분소를 설치했고, 월남민들에 대한 심문을 통해 북한의 군사 상황은 물론 정치 · 경제 사정에 대한 광범위한 정보를 습득했다. 방첩대는 경찰이나 서북청년단과 밀접한 관계를 맺으며 활발한 활동을 벌였다.

1946년 1차 미소공동위원회가 휴회되고 좌우합작운동이 시작될 무렵, 이승만은 KDRK(Keep Dr. Rhee Korea)라는 사설 정보기관을 조직했고 동시에 민족통일총본부 조사부라는 공개 조직도 만들었다. KDRK는 미군정은 물론 측근 비서들도 모르는 비밀 조직이었다고 한다.

그리고 1948년 대통령 이승만은 제24군단 정보참모부 와팅턴 대령, 경찰 고문관 에릭슨 중령 등과 함께 미군 방첩대와 유사한 조직을 만들었다. 일명 대한관찰부. 1948~1949년에 배정한 예산은 2억 3,000만 원으로 정부 부처 예산 10위 안에 들어가는 규모였다. 대통령과 미군의 합의하에 만들어진 불법 조직인데, 단체는 '수원 사건(1946.1.16)'을 통해 세상에 알려진다. 청년단체 통합을 목표로 수원군단부에서 결단식을 하고 있던 대한청년단원 37명을 '대통령 암살을 계획한 자'로 체포하여 극장 지하 화장실에 감금한 후 수원경찰서 등으로 이송하며 전기고문, 물고문, 비행기고문 등을 일삼은 것이다. 이들은 같은 날 수원군 안룡면 안녕리에서 대한독립청년단원 14명을 납치했고 그중 4명의 여자는 나체로 의자에 결박한 후 물고문을 했다. 단체가 만들어지자마자 조작, 납치, 고문을 자행했기 때문에 언론은 이들을 '악당'으로 불렀고 국회와 세간에서 강력한 규탄이 일어났다.

이승만은 기자회견을 통해 "미 CIC와 같은 기관으로 대통령 직속 아래 모든 정치 관계, 기타를 정탐하는 곳"이라고 밝혔으며 오히려 정식으로 대한관찰부 설치를 요청했다. 방호국(防護局), 사정국(司正局)으로 이름을 바꿔가며 설치를 시도했지만 실패하고 만다.

이 와중에 '통일사(TIS)' 사건도 터진다. 퇴직 군인 신치호, 정혜천 등이 '대이북 공작'을 명분으로 이승만과 만든 조직이었다. 산하에 백수십 명의 전직 경관, 군인이 있었고 적권(赤券), 청권(靑券), 백권(白券)의 신분증을 발부하기도 했다. 5개월 정도 운영되었는데 협박, 강요, 탈취를 통해 2억여 원의 자금을 모았다. '대한정치공작대' 같은 유사 조직도 있었다.

이와는 별도로 미군정의 주도하에 사령부 산하 정보부(G-2)가 국군 CIC 창설을 주도하였다. '특별조사과(Special Investigation Section, SIS)' 학교를 만들어서 김창룡·이세호·김안일 등 육군 장교 27명, 해군 장교 8명, 육군 사관후보생 6명을 교육한 것이다. 이 조직은 육군본부 정보국 산하 방첩대로 발전하였다. 방첩대 활동은 대공 업무였다. 북한에 대한 정보 수집, 간첩활동 조사를 넘어 남한 내 공산주의자들의 활동, 정부 요인들 뒷조사 그리고 이승만 대통령이 시킨 '특별임무'를 수행하는 것이었다.

여수·순천 10·19사건(1948.10.19)이 발발하고 국가보안법이 제정(1948.12)되면서 방첩대의 역할이 커졌다. 방첩대는 군대 내 좌익 세력을 색출하였다. 김종석 중령, 최남근 중령, 오일균 중령 등을 체포하여 남로당과 공모한 사실을 입증한 것이다. 이를 바탕으로 다시 245명의 군인, 45명의 민간인을 체포하였다. 이 밖에도 군·검·경 합동수사대에 참여해 김종석 제6연대장, 오일균 제2연대 대대장, 최남근 제15연대장, 박정희 경비사관학교 중대장 등 고위급 장교 검거에도 공을 보탰다.

방첩대의 활약은 눈부셨다. 북한 정치보위부 최금경이 이끄는 '북한간첩단' 사건을 추적해 조직을 파괴하였고 202명의 군인과 32명의 민간인을 붙잡았다. 성시백이 지휘하는 북로당 산하 조직에 맞서 싸워 135명의 군인과 민간인을 체포한 끝에 이 역시 일망타진하였다. 방첩대는 특무대(Special Operations Units)로 명칭이 바뀌면서 더욱 위상이 높아졌다. 육군본부 정보국에서 분리, 대공 전담기구이자 육군본부 직할부대가 되었다. 한국전쟁 당시 계엄령이 선포되자 경찰을 지휘하기도 했다.

방첩대가 커지면서 김창룡이라는 인물이 주목을 받게 된다. 이승만 정권기의 정보기관 발전사는 김창룡의 역사였다. 그는 경남지구 방첩대, 경인지구 방첩대를 주도했고 군·검·경 합동수사본부 본부장까지 역임하며 9·28서울수복 이후 부역자 처벌을 주도했다. 이승만의 신임을 받았고 특무대 활동을 직접 보고했기 때문에 육군 참모총장도 어찌하지 못했다고 한다.

그런데 방첩대는 위상이 높아질수록 문제를 일으켰고, 각종 고문치사 사건까지 일어났다. 경찰 하부 조직 민보단 단장이 고문을 받던 중 사망(1949.10)했고, 한 달 후에는 강화군 면장 등 2명이 불법 구금을 당한 상태에서 구타당해 죽었다(1949.11). 더구나 김창룡의 화려한 업적에는 수많은 문제가 있었다. 남로당 군사부책 이제복 체포, 남로당 조직부장 이중업 체포, 남로당 비서 김형육 체포, 조선공산당 지도자 김삼룡·이주하 체포, 남로당 군사부장 김영식 체포 등등 셀 수 없는 사건에서 김창룡은 걸출한 활약을 펼쳤다.

동시에 그는 사건을 조작하고 위장했다. 김창룡은 1952년 발췌개헌 당시 '부산 금정산 공비 위장 사건'을 꾸몄다. 대구형무소 죄수들을 공비로 위장시킨 후 소란을 일으켜서 계엄령을 선포, 개헌을 수월하게 하기 위함이었다. 조봉암은 특무대의 방해공작으로 부산과 인천, 서울 서대문구 등에서 후보 등록에 실패했다. 특무대는 진보당 사건에 개입했고 이범석이 이끌던 민족청년단(족청)을 무너뜨리는 공작에도 가담했고 '혁명의용군 사건', '관(棺) 사건' 등을 조작했다. 심지어 1955년에 국가원수 암살 음모 사건을 조작하기도 했다. 납북된 조소앙이 비밀지령을 내려 이승만을 암살하려 했다는 것이다. 수많은 사건 조작, 이승만에 대한 광적인 충성, 군부 내 위계를 무시한 전횡 등으로 김창룡은 허태영 대령에게 암살을 당하고 만다.

그렇다고 방첩대가 만들어온 조직과 문화가 사라질 리 만무하나. 제2공화국 당시 육군 참모총장이었던 장도영, 5·16군사쿠데타의 주역 박정희·김종필 등은 모두 군대 내 정보조직 계열에서 성장한 인물들이다. 이후락(李厚洛, 1924~2009) 제6대 중앙정보부장 역시 육군본부 정보국 산하 '첩보부대(Headquarters of Intelligence Detachment, HID)'의 부대장을 역임한 대표적인 첩보통이었다.

서울에서 시작해
서울에서 끝나다

조국 근대화의 시대

박정희 정권기 경제 성장은 오늘날 대한민국 경제구조의 근본을 이룬다. 이 시기에 추진된 거의 모든 것이 여전히 영향력을 발휘하고 있다. 대통령 주도의 경제 성장, 국가 주도의 개발 정책, 서울 중심의 도시 구조, 재벌 중심의 경제구조, 정경유착과 부동산 문제, 미흡하고 미약한 노동자 처우 및 복지 제도 등. 박정희 시대의 명과 암은 여전히 계승되거나 극복해야 할 문제로 여겨지고 있다.

경제개발 계획의 명과 암

1961년 1차 경제개발 계획을 필두로 박정희 정권은 경제 발전을 목표화했고 집요하게 성과를 추구하였다. 1억 달러 수출, 10억 달러 돌파 등의 구호가 횡

횡하였다. 이승만은 경제개발 계획에 부정적이었다. 소련식 개발주의를 따라할 필요가 없다는 것이 이유였다. 뒤늦게 만든 경제개발 계획 역시 부실하기 짝이 없었고 제대로 시행되지 않았다. 이에 반해 박정희 정권은 적극적인 개발 정책을 대안으로 여겼다.

박정희 정권은 '원조'가 아닌 '차관'에 의한 경제정책을 추구하였다. 그럴 수밖에 없었다. 이미 1950년대 말 미국에서 넘어오는 공짜 원조가 사라지고 있었으니 말이다. 원조 경제의 종말이 이승만 정권의 붕괴에 일조했다는 연구가 있을 정도이다. 무엇보다 이승만 정권은 원조 물자를 경제 발전의 동력으로 구조화하는 데 실패했고 소수의 빈약한 재벌들을 키워줬을 뿐이다.

박정희 정권은 돈을 빌려왔다. 서독에 간호사와 광부를 파견하는 대가로 돈을 빌렸고, 무엇보다 한일협정을 통해 일본으로부터 자금을 확보하였다. 정부는 이 돈을 저리로 기업에 대출해주고 기업의 수출과 이윤 추구를 압박하였다. 박정희 정권의 경제 성장은 차관의 선순환 구조, 즉 돈을 빌려오고 빌려온 돈을 기업에 대출한 후 기업이 이윤을 달성케 하는 부분에서의 성공이었다. 이 또한 이승만 정권기 때는 찾아볼 수 없었던 모습이다.

무엇보다 박정희 정권은 '단계론적인 성장'을 도모했다. 1960년대는 경공업 중심으로, 1970년대는 중화학공업을 중심으로. 신발을 만들고, 가발을 제작하고, 전기 제품을 조립하는 일을 통해 산업에 활기를 불어넣었으며 이를 바탕으로 경부고속도로 건설, 중화학공업단지 건설 등 과감한 투자를 통해 대단위 경제구조를 만들 수 있었다. 더불어 1970년대 중반 중동 건설 붐이 불자 적극적으로 진출하여 건설업에서도 큰 성공을 이루었는데 당시 석유파동 같은 국제적인 경제 한파를 극복하는 데 도움이 되었다. 이러한 단계론적 노력은 북한의 성장 방식과는 차원이 달랐다. 농공병진론, 군사력주의 등 김일성은 모든 것을 한 번에 이루고자 했기 때문에 자원이 분산될 수밖에 없었고 끝내 한국전쟁 같은 무력 숭상 태도를 버리지 못했다. 1990년대 이후 남한과 북한의 극단적인 경제적 격차는 이미 이 시기에 결정지어진 것이다.

동시에 구조적인 문제도 시작되었다. 급속한 경제 성장을 위해 박정희는 재벌에 기대었고 재벌은 정부의 지원을 받아 빠른 속도로 성장하였다. 소수의 기업가가 나라 경제를 좌지우지하고 재벌에 의해 자동차부터 보험, 전자제품까지 일상의 모든 것이 만들어지는 구조. 한국의 경제 성장은 기형적일 정도로 대기업 위주로 꾸려졌고 관료와 기업인을 중심으로 한 새로운 특권 계급, 엘리트 그룹의 등장으로 이어졌다. 통계상으로 살펴볼 수 있는 중소기업과의 격차는 이윤의 격차인 동시에 '사다리 걷어차기' 같은 사회적 격차라고 할 수 있다. 그들만의 리그. 정부의 정책 방향을 고위 관료들이 결정하고, 다시 그러한 정보는 뇌물이나 정치 자금을 제공하는 재벌이 독점하며, 경제 성장과 개발의 성과 대부분을 이들이 착복하는 구조적인 문제가 이때부터 만들어졌다.

당시부터 1990년대까지 직접적으로 문제가 된 것이 정치 자금이었다. 기업에 돈을 빌려주는 대가로 정치 자금을 요구한 것이다. 통상 빌려준 돈의 10% 헌납을 요구했다고 하고 전두환 정권기에는 20%까지 올렸다고 하는데, 한국형 부정부패의 근원적인 문제였다. 하지만 이를 일부 몰지각한 인사들의 부정적인 관행이라고 단순화해선 안 된다. 수십 년간 정부가 주도하며 소위 '주식회사 대한민국'을 이끌어온 상황에서 맺어진 관료와 기업인들의 결탁은 정치 자금 이상의 사회구조와 문화의 문제로 남겨져 있기 때문이다.

박정희 정권의 경제 성장에서는 노동과 사회복지에 대한 인식이 심각하게 결여되어 있었다. 대통령과 국가가 적극적으로 경제 성장을 추구하는 만큼 노동자와 농민은 희생을 감당해야 한다는 인식이 기본이었다. 여기에 반공주의가 결부되면서 노동자의 정당한 요구, 근로 조건 개선, 임금 인상 등은 불온한 사상으로 치부되기 일쑤였다. 복지제도 같은 것은 한민족에게는 어울리지 않는 서구 사회의 유산에 불과했다. 그렇다면 어떻게 해야 하는가. 국민 스스로 '알아서 한몫 잡아야' 하는 세상, 즉 개인적 성공만이 대우받는 시대로 본격 진입하게 된 것이다.

도시 개발, 도로 개발
그리고 와우아파트 사건

박정희 정권기 경제 성장은 수도 서울의 거대한 변화를 불러일으켰다. 모든 것이 서울에서 시작해서 서울에서 완료되었다. 사람들은 서울로 몰려들었다. 가난에서 탈출하기 위해, 일자리를 구하기 위해. 1960년대 본격적인 경제 성장이 도모되자 이러한 현상은 더욱 가속화되었다. 서울 인구는 1960년 244만 명, 1966년 379만 명, 1970년 543만 명, 1975년 689만 명, 1980년 836만 명으로 급증하였고 1985년에는 965만 명이 되었다.

1966년 김현옥이 서울 시장에 임명된다. 불도저 시장으로 불렸던 그는 이미 부산 시장을 하면서 주목받았던 인물이다. '단기적으로는 도로를 확충 신설하고 장기적으로는 전차를 없애고 지하철을 건설하겠다.' 김현옥은 과감하게 밀어붙였다. 이때부터 2~3년간 서울시에서는 엄청난 정비사업이 벌어진다. 독립문에서 구파발, 돈암동에서 수유리, 왕십리에서 광나루, 청량리에서 망우리 등이 도로공사로 북적거렸다. 또 당시에는 서울 외곽이었던 강북 일대에 간선도로 너비를 8~10미터에서 35~40미터로 확장하는 공사를 추진하였다. 이때 성동교, 중랑교 등의 교량 폭도 넓혔다. 당시에는 제대로 된 건설장비가 부족했기 때문에 수많은 작업을 삽과 괭이로 했다.

공사는 군사 작전처럼 이어졌는데 기공식과 준공식도 대대적으로 거행되었다. 1966년 5월 16일에는 홍제동에서 갈현동 간 도로확장공사, 돈암동에서 미

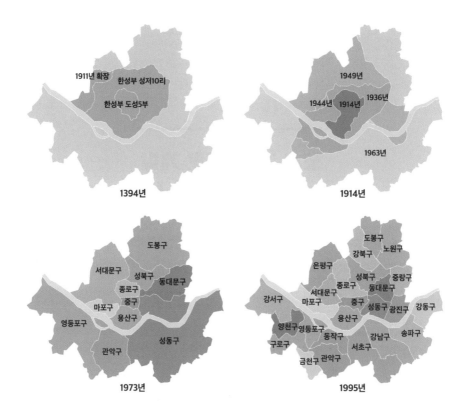

서울의 변화: 조선 왕조가 세워지면서 종로를 중심으로 사대문 안이 번성하였다. 그리고 조선 후기가 되면 사대문을 중심으로 서쪽으로는 마포와 용산, 동쪽으로는 청량리까지 성 주변 지역이 발전하였다. 일제강점기에는 경인선과 한강대교가 중요한 침략 거점이었기 때문에 이를 통해 용산과 영등포 중심의 개발이 진행되었다. 1960년대 이후 강남 개발과 서울 인근 지역의 개발이 맞물리면서 서울은 크게 팽창하였다. 　　　　　(자료: 서울·정책아카이브)

아리 간 도로확장공사를 비롯한 10건의 도로·터널·배수관 공사 기공식이 열렸고 16개 가압펌프장, 94개소의 공동수도 기공식까지 거행되었다. '금년 내에 완공한다. 2~3년 내에 완공된다. 몇 월 며칠에 완공하겠다.' 사업은 거의 이런 식으로 공표됐고 대부분 예상 기간보다 빠르게 완공되었다. 광화문 지하도 공사, 명동 지하도 공사도 이때 추진되었고 사직터널, 삼청터널, 남산 1호 터널, 남산 2호 터널, 마포대교, 서울역 고가도로, 144개의 보도육교, 청계 고가

　　　　　　　　　　　　　　　　　　　　　　조국 근대화의 시대

도로, 삼각지 입체도로, 북악 스카이웨이가 모두 이때 건설되었다. 서울시 전체가 공사장이었던 셈이다.

1960년대의 서울 개발은 군사적인 관점 또한 고려되었다. 1968년 1월 21일에는 1·21사건이 일어난다. 31명의 무장공비가 휴전선을 넘어 청와대 근처인 인왕산 일대까지 내려와서 청와대를 기습하려 했다. 군경과 공비 간의 격렬한 교전이 일어났고 무장공비 김신조가 생포되었다. 그는 언론과의 인터뷰에서 "청와대를 까러 왔다. 박정희 모가지를 따려고 왔다"라는 발언을 하여 충격을 주었다. 정확히 한 달 후인 1968년 2월 21일 북악 스카이웨이 기공식이 열린다. '자하문-북악산-정릉-미아리'에 이르는 6.7킬로미터의 길에 너비 16미터의 산간도로를 조성하겠다는 발상이었다. 당시만 해도 북악산과 평창동 일대에는 사람이 거의 살지 않았다. 길을 내서 사람을 살게 하는 것이 청와대와 대통령의 안전에 도움이 된다고 판단한 것이다. 이때 만들어진 길이 북악 스카이웨이와 인왕 스카이웨이이다. 남산 1호 터널, 남산 2호 터널 역시 '서울 요새화 계획'의 일부였고 지하철 1호선 역시 서울시민의 방공호 역할을 고려한 개발이었다. 은평구 일대가 이때 개발되었다. 서부전선에서 밀려든 북한군을 막기 위한 개발이었는데 이후 일산에서 파주로 이어지는 외곽 도시의 건설로 이어졌다. 서울과 인근 지역의 개발은 새로운 개발을 불러일으켰다. 강변북로, 지하철 연장공사 등 '수도권 개발'로 확장되었기 때문이다.

속전속결에 근거한 성과주의. 한강종합개발계획, 강남 개발, 주택난 해소와 도시 미관 개선을 위한 아파트 건설 사업 등 수많은 계획이 입안되고 실천되었다. 그만큼 문제도 발생하였다. '와우아파트 붕괴 사건(1970)'이 대표적이다. 당시 아파트 평당 최소 공사 비용이 4만 원을 넘었는데 서울시는 1만 8,000원으로 책정하였다. 사업을 수주한 건설사는 다시 군소 건설사에 재하청을 주면서 돈을 벌었다. 하청에 재하청이 이루어지면서 막상 건축을 담당한 건설사의 이윤은 극히 낮아졌다. 건설업자들은 편법으로 아파트를 지으면서 돈을 벌었다. 기둥과 기둥을 잇는 철근콘크리트를 뺀다든지, 12밀리미터 철근을 사용해야 하는데 9밀리미터짜리를 사용한다든지, 콘크리트를 배합할 때 맑은 물 대신 구정물을 사용하거나 모래를 규정보다 많이 넣거나 규격보다 큰 자갈을 넣는 등 편법과 불법이 기승을 부렸다.

1970년 4월 8일 새벽 6시 20분, 와우아파트 15동 건물이 무너졌다. 입주 시점부터 벽면에 금이 가 있는 등 문제가 있었고 주민들의 민원이 빗발쳤지만 누구도 귀 기울이지 않았다. 입주해 있던 15가구 70명 중 32명이 사망하고 38명이 부상을 당한 초유의 건물 붕괴 사건이었다. 부정부패는 부실시공으로 이어졌고 피해는 오롯이 국민에게 전가되었다. 해결 의지가 없는 정부와 이런 것들이 당연하다는 기업 문화와 순응할 수밖에 없는 서민들의 입장. 지독하고 자욱했던 한국적 경제개발의 일상이었다.

경제개발은 모든 것을 압도했다. 개발을 위해 독립문의 위치를 옮겼고, 종묘의 일부라고 할 수 있는 칠궁(七宮)을 헐어버렸다. 유신체제 당시에는 민족중흥

붕괴된 와우아파트

조국 근대화의 시대

을 강조하였다. 한국적 민족주의를 표방했기 때문인데 전통문화를 강조하였고 문화재 발굴이나 복원에도 열심이었다. 하지만 이 또한 비슷비슷했다. 시멘트로 광화문을 만들었고 중국 갑옷을 입은 이순신 동상을 세웠다. 현재로서는 상상도 할 수 없는 모습이었다.

한남대교와 경부고속도로 그리고 강남 개발

결정적 변화가 생겼다. 제3한강교, 오늘날 한남대교라고 불리는 다리가 놓이고 경부고속도로가 한반도를 관통하게 되었다.

이 고속도로는 박 대통령 각하의 역사적 영단과 직접 지휘 아래 우리나라의 재원과 우리나라의 기술과 우리나라 사람들의 힘으로 세계 고속도로 건설사상 가장 짧은 시간에 이뤄진, 조국 근대화의 목표를 향해 가는 우리들의 영광스러운 자랑이다.

경부고속도로 개요	
공사기간	1968년 2월 1일~1970년 7월 7일
총 연장	428km
총 공사비	429억 7,300만 원 (대일청구권자금 18억 9,150만 원 포함)
투입 인력	총인원 893만 명
투입 장비	총 165만 대
공사 중 순직자	77명 (금강휴게소 인근에 순직자 위령탑 건립)

대표적인 국토 개발 사업인 경부고속도로　(자료: 국가기록원)

경부고속도로 개통식 중 막걸리를 뿌리는 박정희

(자료: 한국일보)

준공기념탑 후면에 새겨져 있는 이한림 건설부 장관의 글이다. 총연장 428 킬로미터, 토공량 6,000여만 제곱킬로미터, 장대교 32개, 중소교량 273개, 횡단도로 465개소, 터널 12개, 동원된 인원 893만 명, 동원된 장비 152만 대. 일본이 비슷한 공사에 약 3,500억 원을 들인 사업을 단 429억 7,300만 원에 끝냈다. 무리한 진행으로 77명의 사망자가 발생했고 건설비보다 수리비가 더 들었다는 말이 나올 정도로 문제도 많았다.

경부고속도로로 대표되는 국토 개발 사업은 정부의 후견하에 기술관료들이 주도하였다. 일본이나 미국에서 공부한 엘리트들이 정권의 강력한 후원과 장기집권하에 거시적이고 종합적인 국토 계획을 세웠다. "국가 발전을 위해 땅을 국가에 헌납하거나 헌납은 하지 않더라도 싼값으로 매각해달라." 시·도·군·읍·면에는 고속도로 건설추진위원회가 구성됐고, 군수·읍장·면장 등이 나서서 인근 땅 주인들에게 헌납 또는 헐값 매각을 요구하였다. 순수하게 애국심으로 땅을 헐값에 내놓은 국민들도 많았고 고속도로 개통으로 한몫 잡을 수 있다는 순진무구한 상상에 사로잡혀 매각한 사람들도 있었다. 무상으로 편입된 용지와 국유지를 빼고 보상비를 지불한 용지는 582만 7,000평이었는데 매수 금액이 13억 7,567만 3,000원, 평당 평균 236원에 사들인 것이다. 터무니없이 싼 가격이었다. 체비지(替費地)제도, 즉 다른 토지를 주거나 토지 보상 비용에 준하는 사업권을 제공하는 등 돈이 들지 않는 방법을 통해 이뤄낸 성과이기도 했다.

경부고속도로는 시작이었다. 1973년에는 호남-남해고속도로, 1975년에는 영동-동해고속도로, 1977년에는 구마고속도로(대구-마산)가 개통되었다. 전 국토가 일일생활권이 된 것이다. 1980년대에도 흐름은 계속되었다. 1984년에는 88올림픽고속도로, 1987년에는 중부고속도로가 개통됐고 중앙고속도로(춘천-대구), 서해안고속도로(인천-목포)가 연이어 건설되었다.

그런 과정에서 한남대교가 놓인 것이다. 경부고속도로가 한창 건설 중이던 1969년 12월 25일 길이 915미터, 폭 27미터의 제3한강교가 만들어진다. 그전까지 한강에는 제1한강교, 광진교, 오늘날 양화대교인 제2한강교만이 있었다. 양화대교는 당시 군 작전용으로만 쓰였다.

한남대교가 개통됨으로써 강북에서 강남을 관통하여 경부고속도로로 이어지는 길이 만들어진 것이다. 정말 획기적인 변화였다. 얼마 후 잠수교가 만들어졌고 수많은 다리가 오늘날 강남 일대를 통과하기 위해 집중적으로 건설되었다. 1970년 마포대교, 1972년 잠실대교, 1973년 영동대교, 1976년 천호대교와 잠수교, 1979년 성수대교, 1980년 성산대교, 1981년 원효대교, 1982년 반포대교, 1984년 동작대교, 1985년 동호대교, 1990년 올림픽대교, 1999년 서강대교와 청담대교 등 한강을 넘는 다리는 지금도 계속 건설되고 있다.

그리고 강남 개발. 정부는 서울을 넓히기로 결정하였다. 일제강점기 서울은 이미 한강을 넘어서고 있었다. 기존의 사대문 인근에서 용산-한강대교-영등

포로 이어지는 구간이 크게 발전했기 때문이다. 정부는 미개발 지역인 강남에 주목하였다. 총 937만 평, 여의도 11배 크기의 땅에 1971년 당시 공무원아파트 12개 동, 1972년 10개 단지 1,400동의 공영주택만 있었던 불모지. 1970년대 중반 정부는 도시계획법 시행령을 제정했고 오늘날 반포, 압구정, 청담, 도곡 등 영동 1·2구획정리지구 236만여 평에 아파트지구를 확정하였다. 반포 우성아파트 4개 동 408가구를 시작으로 주택공사, 한신공영, 롯데건설, 현대, 한양, 삼익주택 등이 사업에 참여했으며 10여 년 만에 681개 동 4만 9,280가구의 아파트가 들어선다.

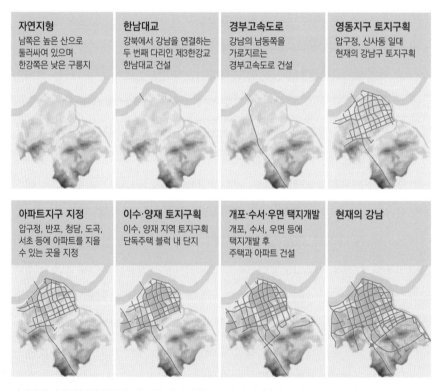

자연지형
남쪽은 높은 산으로 둘러싸여 있으며 한강쪽은 낮은 구릉지

한남대교
강북에서 강남을 연결하는 두 번째 다리인 제3한강교 한남대교 건설

경부고속도로
강남의 남동쪽을 가로지르는 경부고속도로 건설

영동지구 토지구획
압구정, 신사동 일대 현재의 강남구 토지구획

아파트지구 지정
압구정, 반포, 청담, 도곡, 서초 등에 아파트를 지을 수 있는 곳을 지정

이수·양재 토지구획
이수, 양재 지역 토지구획 단독주택 블럭 내 단지

개포·수서·우면 택지개발
개포, 수서, 우면 등에 택지개발 후 주택과 아파트 건설

현재의 강남

강남 개발 과정: 한적한 구릉지로 농사를 짓던 강남은 20년 만에 서울의 중심지로 발전하였다.

(자료: 서울정책아카이브)

이전에도 아파트는 있었다. 1960년대 마포아파트를 시작으로 동부이촌동에 고급 아파트 단지가 들어섰다. 동부이촌동에는 공무원아파트 단지, 한강맨션 아파트 단지 그리고 외국인아파트 단지가 있었는데 주거 규모가 25평까지 비교적 대규모였고 학교, 상가, 우체국, 은행, 동사무소가 통합적으로 운영되는 '근린주구(近隣住區, Neighborhood Unit)' 방식이 최초로 도입되었다. 그리고 여의도 시범아파트 단지를 거쳐 강남 개발로 이어졌다.

강남 개발의 배경에는 소양강댐 건설도 한몫했다. 댐이 건설되면 한강 상류를 통제할 수 있기 때문에 한강의 유수지, 둔치 같은 범람 지역을 매립하고 그 땅을 활용할 수 있게 된다. 아파트는 물론 공원까지 대규모 도시 개발이 가능하다는 얘기다. 현대건설, 대림건설, 삼부토건이 참여해 동작대교 남단의 광활한 한강 유수지 약 18만 8,356평을 매립했고 그 위에 아파트 단지를 건설하였다. 이곳은 4호선이 개통되면서 한층 발전하게 되는데 그 덕에 구반포, 신반포 같은 명칭이 생겨났다. 기존의 매립 지역에 3,786호의 반포아파트(구반포) 단지가 건설됐고 이후 반포아파트 동편에 한신공영이 126개 동 1,429가구분의 고층 아파트를 건설하였다. 여기에 더해 대림, 한양, 경남, 우성, 롯데 설악이 약 1,000가구의 아파트를 건설하면서 신반포지구가 만들어졌다.

영동지구에서 시작된 강남 개발 열풍은 동작지구를 넘어 잠실로 이어졌다. 영동지구 근처에 있는 잠실섬을 매립하기 시작한 것이다. '저소득, 중소득층이 골고루 입주할 수 있는 아파트'를 만들라는 대통령의 지시하에 35만 평의 매립지에 잠실 1~4단지가 만들어진다. 반포 1단지의 4배 규모, 인구 10만 명을 수용할 수 있는 단지를 구상했고 특히 서민들을 위한 시영아파트 13평형 80개 동 3,000가구분이 함께 건설되었다. 이런 식의 개발 방식은 이후 더욱 대담하게 확장되고 고도화된다. 1980년대 이후 무역센터와 코엑스를 짓고 88올림픽을 맞이해 잠실주경기장을 짓는 등 대단위 사업이 감행되고, 강변북로와 올림픽대로 연장공사와 한강공원 건설 사업, 일산·분당 등 5대 신도시 건설 또한

1975년 잠실지구종합개발계획 조감도 (자료: 서울정책아카이브)

이런 방식의 연장선이라고 할 수 있다. 1970년대 중반의 서울 개발 계획은 한반도 역사에 없었던 전혀 새로운 생활 세계의 등장을 몰고 왔다.

대규모의 건설 사업은 건설사에 엄청난 기회를 제공하였다. 현대건설은 한강대교 보수에 참여하여 기술력을 쌓았고, 이후 한강 다리의 절반 이상을 건설하였다. 한남대교, 마포대교, 가양대교, 성산대교, 서강대교, 구리암사대교 등이 모두 현대건설의 작품이다. 압구정동과 이촌동의 아파트, 아산병원 역시 현대건설이 만들었다. 대규모의 도시 개발은 건설사를 소유한 대기업들에 도약할 기회를 주었다. 기술력을 쌓고, 쌓인 기술력으로 대규모 사업에 참여하여 막대한 이윤을 획득하고, 그렇게 거대해진 기업 규모를 바탕으로 다시 대규모 사업에 참여해 대규모 부를 획득하는 성공의 구조가 만들어진 것이다.

이 과정을 마냥 미화할 필요는 없다. 건축허가를 받으면 입주자를 모집하고, 입주자가 낸 계약금으로 기초 공사를 진행했다. 공사를 진행하는 동안 분양계약서를 담보로 기업은 은행으로부터 막대한 자금을 대출받았다. 아파트를 건설하고 완공하면서는 입주자들의 납부금과 잔금이 들어왔기 때문에 자금 순환은 활기를 띠었다. 이렇게 한번 사업에 성공하면 다시 같은 방식으로 허가를 받고, 땅을 사고, 아파트를 지으면서 돈을 벌 수 있었다. 정부 관료와의 연줄, 관치 금융에 의한 대규모 대출로 기업은 빠르게 성장했고 그 힘으로 새로운 산업에 진출하면서 계열사를 늘려가는 방식이었다. 한신공영은 반포 지역에서 그리고 우성그룹은 서초동·잠실·가락동 일대에서 아파트를 지으면서 재벌이 되었고, 삼호·라이프주택·진흥기업·경남기업·한보·삼익·삼풍그룹 같은 기업들도 비슷한 과정을 통해 크게 성장하였다. 이들 중 일부는 대한민국을 대표하는 기업으로 성장했지만 많은 기업은 정경유착에 의지한 무리한 사업 확장으로 한국 경제에 큰 부담이 되기도 했다. 대치동 은마아파트를 건설한 한보그룹은 1997년 외환위기의 주역이기도 했다.

빠른 성장은 엄청난 투기 열풍을 불러일으켰다. "아파트만 사두면 떼돈을 번다. 말죽거리에 가서 땅을 사면 떼돈을 번다." 당시 유행하던 말이었다. 땅을 사고 아파트를 사면 땅값과 집값의 폭등에 힘입어 엄청난 돈을 벌게 되는, 속칭 '말죽거리 신화'가 일어났다. 1963년에서 1970년까지 단 7년 동안 강남구 학동은 20배, 압구정동은 25배, 신사동은 50배로 땅값이 올랐다. 당시 강북 주요 지역의 지가 상승보다 2~5배 높았다. 기간을 좀 더 넓게 잡은 통계는 예상을 훌쩍 뛰어넘는다. 1963년부터 1979년까지 학동은 1,333배, 압구정동은 875배, 신사동은 1,000배가 올랐다. 이 기간 강북 지역은 25배 올랐다. 땅값과 집값의 급격한 상승은 빈부격차의 잣대로 기능하였다. 강남 신흥 부자들의 등장과 새로운 계층 간, 지역 간 사회적 격차가 구조화되었다. 이른바 '빽 있고 돈 있는' 사람들의 시대가 도래한 것이다.

문화적 변화 또한 엄청났다. 연탄에서 도시가스로 난방 연료가 바뀌었고, 세탁기와 가전제품이 보급되면서 삶이 바뀌기 시작한 것이다. 에어로빅, 서예 교실, 운전교습소에 '강남 아줌마'들이 떼를 지어 다니는 이른바 여가생활, 사생활 혁명이 이때 일어난다.

'빽 없고 돈 없는' 사람들은 어땠을까? 당분간 그들에게도 기회는 있었다. 경제는 빠르게 성장하고 일자리는 늘어나고 있었다. 산업구조가 고도화되면서 고임금 사무직 직종도 생겼고 교육 기회도 늘어났기 때문에 고시를 통한 입신양명 혹은 고졸 신화나 직장인 신화 같은 성공 또한 가능했다. 여전히 노동자에 대한 처우, 체계적인 복지제도 같은 것은 전무했지만 소위 머리 좋은 사람들의 '개천에서 용 났다' 식의 기회는 크게 확대되었다. 또한 잠실지구의 시영아파트 같은 작은 집 한 채만 구입하더라도 빠른 집값 상승과 인플레이션 덕에 가족을 부양할 수 있었으니 1970년대부터 1990년대까지의 고도성장기에는 소위 '중산층 신화'라는 것이 가능했다.

더불어 사람들의 생각이 바뀌기 시작했다. 1970년대까지만 하더라도 사람들은 여전히 체면을 중시하는 유교 문화에 익숙했다. 하지만 개발과 성장을 통해 점차 국민들은 돈의 위력에 빠져들었으며, 1997년 외환위기 이후에는 황금만능주의가 대한민국의 문화적 정체성으로 자리매김하게 된다.

통일벼와 마이카 그리고 새마을운동

한강의 기적. 대한민국의 놀라운 경제 성장을 상징하는 말인데 1988년 서울 올림픽 전후로 많이 쓰였다. 하지만 1970년대 기적은 즐비했다. 대통령의 리더십과 정권 차원에서의 노력도 있었지만 여러 분야에서 근면·성실한 국민들의 간절한 노력이 진가를 발휘했다고 하는 편이 정확하다. 국제 상황도 묘하게

조국 근대화의 시대

좋았다. 한국전쟁 이후 남한 내에서의 사회적 갈등은 주로 '민주화'에 집중되었다. 한반도는 남북뿐 아니라 미·소와 중·일이 대립하는 공포의 균형상태를 유지했기 때문에 역설적으로 안정적이었다. 아시아나 아프리카에서 볼 수 있는 좌파 운동, 내전, 인종 갈등, 소수민족 문제 등 다양한 사회적 갈등을 남한에서는 찾아볼 수 없었다. 더구나 세계는 여전히 미국이 주도하고 있었으며 수출국가로 성공한 나라는 일본밖에 없었다. 수출 국가 대한민국의 기적과 같은 경제적 성장은 상대적으로 매우 안정적인 국제적 요건 그리고 각 분야에서 국민들의 절박하고 치열한 노력 때문이었다는 것을 간과하면 안 된다.

400킬로그램. 이 숫자는 논 300평당 수확량의 한계치를 말한다. 1960년대까지 일본도 뛰어넘지 못한 수확량이다. 우리나라는 평균 310킬로그램 정도였고 1955년 2,000만 석을 돌파한 이후 1970년대까지 전체 생산량 또한 늘지 않았다. 당시 식량 문제는 심각했다. 1971년 대한민국 총수출액이 10억 6,700만 달러, 수입액은 23억 9,400만 달러였는데 이 중 2억 달러가 곡물 수입이었다.

우리나라나 일본은 전통적으로 자포니카형(Japonica) 벼를 주식으로 했는데 키가 크고 도열병에 약한 품종이었다. 태풍이 오면 쉽게 꺾였고, 당시에는 '벼의 흑사병'으로 불리는 도열병 농약도 없었다. 그런데 인디카형(Indica) 벼에는 도열병에 대항하는 인자가 있었다. 두 종을 교배해 높은 생산력과 질병에 강한 품종을 생산하는 것이 관건이었다.

당시에는 '벼의 키가 커야 이삭도 크다'라는 말이 상식이었는데 미국의 노먼 볼로그(Norman Borlaug) 박사가 '개량 멕시코 밀'을 육성하면서 통념이 깨진다. 키가 적당해서 바람을 잘 견디는 품종이었는데 이삭이 많고 무거운 밀이 생산된 것이다. 여파가 컸다. 1966년 필리핀에서는 이와 유사한 벼 품종(IR 8)이 만들어졌다.

1964년 벼 육종 전문가 허문회 교수가 필리핀의 국제미작연구소에서 IR667이라는 교배종을 개발해 귀국하였다. 667번째 교배를 통해 성공한 품종으로 이후 '통일벼'로 불리며 식량 자급에 큰 역할을 하였다. IR667은 인디카형인데 당시 중앙정보부는 이집트에서 또 다른 인디카형 '나다'라는 벼를 가져왔다. 농촌진흥청에서 시험 재배를 성공적으로 마친 후 대통령의 이름 끝 자를 따서 '희농 1호'라고 이름 붙였다. 이를 주도한 중앙정보부장 김형욱은 스스로를 '제2의 문익점'이라고 자랑했지만 재배 환경의 차이로 추수에는 실패했다.

결국 IR667에 희망을 걸 수밖에 없었다. 우여곡절이 많았다. 싹을 틔우려는 시기에 날씨가 예년보다 낮아서 어려움을 겪었고 장마철이 되자 적고 현상, 즉 고온 때문에 잎이 붉어지는 현상이 나타났다. 중국에서 바람을 타고 넘어온 흑명나방이 문제를 일으킨 데다 흰잎마름병도 발생하였다. 농민들이 지나치게 비료를 많이 주는 등 과학적인 영농에 익숙하지 않았던 것도 문제였다. 그럼에도 1971년의 시험 재배는 대성공이었다. 쌀 생산량이 300평당 501킬로그램이 됐고 충북 옥천에서는 741킬로그램에 이르렀다.

1972년에는 임시지도원 2,000여 명이 투입되어 농가에서 직접 재배를 시도했다. 6~7월에는 경기와 강원 지역에 가뭄, 7~8월에는 전국 주요 강에서 홍수, 8월에는 해안지대 바람 피해, 9월에는 전국적인 냉해와 우박 등 숱한 난관을 겪은 끝에 386킬로그램에 도달하였다. 15년째 답보 상태였던 350킬로그램을 비로소 돌파한 것이다. 충북 옥천에서는 701.7킬로그램까지 나왔다.

품종개량은 계속되었고 1975년 비로소 쌀의 자급자족이 달성되었다. IR667, 통일벼는 생산량에 치중한 종자이기 때문에 밥맛은 덜했다. 이후 다양한 품종개량이 이루어져서 오늘에 이르고 있다. 1945년 해방 이후 국내에서는 약 288종의 벼 품종이 개발되었는데 그중 1980년 이후에 나온 것이 224종이니 참으로 극적인 변화였다.

자주 국방력이나 통일 기반의 조성에 있어서 가장 기본이 되는 것은 완전 자립 경제의 저력인 것이며, 자립 경제 완성을 주도하는 요소는 바로 수출 진흥인 것이다. 수출의 증대 없이 경제 성장을 기대할 수 없으며, 경제의 성장 없이 국력의 증강을 기약할 수 없는 것이다.

– 박정희, 1970년 2월, '해외공관 수출진흥회의' 발언 중

　자동차 분야 또한 마찬가지였다. 1970~1980년대 자동차 산업은 공장 단위로 볼 때 30만 대, 기업 단위로는 200만 대 생산 수준을 유지해야 했다. 이를 가능케 한 주인공이 현대의 '포니자동차'였다. 1967년에 설립된 현대자동차는 미국의 포드자동차와 제휴하여 자동차를 조립하는 데 성공했고 곧장 한국형 소형차 제작에 돌입하였다. 일본 미쓰비시자동차의 도움을 많이 받았다고 한다. 미쓰비시 역시 미국의 크라이슬러에 의존하던 신생 기업이었지만 제2차 세계대전 당시에는 전투기 엔진을 제작할 정도의 기술력을 가진 회사였다. 현대는 엔진과 트랜스미션 등 섀시 전체 플랫폼에 관한 기술을 비롯하여 엔진 생산에 필요한 기술, 엔진과 변속기·후차축·플랫폼 레이아웃에 관한 섀시 설계 도면 등을 이전받았다. 제동장치, 현가장치, 조향장치, 냉각장치, 배기장치 등은 미쓰비시에서 제작한 차를 분해하면서 설계 능력을 확보했다. 스타일링, 차체 설계, 프로토타입 제작은 조르제토 주지아로(Giorgetto Giugiaro)가 이끄는 이탈디자인(Italdesign)이 담당했는데, 이탈디자인 쪽에 설계 기술자를 파견해 업무 진행 과정의 노하우도 습득했다.

　현대자동차는 총 5개국 26개 전문 회사와 협력관계를 맺고 포니자동차를 개발하는 데 성공한다. 국내 기업이 주도하고 기획한 상태에서 고유 모델을 개발한 첫 사례였다. 이전에 기아자동차, 신진자동차 등에서 제작한 차들은 수입 부품을 조립한 자동차에 불과했다. 1975년 10년도 안 되는 기간에 현대가 독자적으로 자동차를 생산함으로써 한국은 세계에서 열여섯 번째, 아시아에서는 두 번째로 자동차를 만드는 나라가 되었다.

　이를 기반으로 1980년대 중요한 변화가 시작된다. 경제 발전의 성과로 국내

자동차 수요가 높아진 것이다. 더불어 현대자동차는 미국 시장 수출을 추진했다. 1981년 기준 한국의 자동차 보유 대수는 57만 대였다. 자동차 기업이 유지될 수 있는 수준이 아니었다. 현대는 이때 '엑셀'이라는 자동차를 생산하기 위해 30만 대 생산 능력을 갖춘 자동차 공장을 세웠는데 기술 수준 또한 과거와 달랐다.

"한 대 가격에 두 대를 살 수 있다." 미국 자동차 시장에서 엑셀의 등장은 파격적이었다. 일본 차 같은 느낌을 주는 꽤 괜찮은, 하지만 가격이 매우 저렴한 차가 등장했기 때문이다. 1980년대 중반 미국에서 5,000달러 이하로 살 수 있는 차는 동유럽에서 생산되는 차밖에 없었다. 현대는 엑셀 기본형은 4,995달러, 풀옵션은 7,000달러로 책정하였다. 풀옵션 가격이 토요타나 닛산 소형차 기본형 가격이었으니 가격 경쟁력이 대단했다. 결과는 대성공. 1986년 미국 진출 첫해에 18만 6,000대, 1987년 26만 대 그리고 1990년대에 100만 대 수출을 넘어선다. 같은 시기 기아자동차는 봉고차 신화를 일궈냈고 대우그룹은 르망과 에스페로 등을 생산하여 동유럽에 진출하는 등 자동차 산업은 한국 산업의 근간이 되었다. 삼성은 전자, 반도체에서 두각을 나타내며 현대와 더불어 한국 경제에서 중요한 역할을 하게 된다.

현재에도 자동차와 반도체 산업은 한국 경제의 견인차 노릇을 하고 있다. 가난했던 시대, 불가능하다고 여겨지던 것들을 가능하게 만들었던 기적적인 변화의 시간은 박정희 정권을 넘어 현재에 이르고 있다.

16강

고문과 조작의 시대

인권 유린의 역사

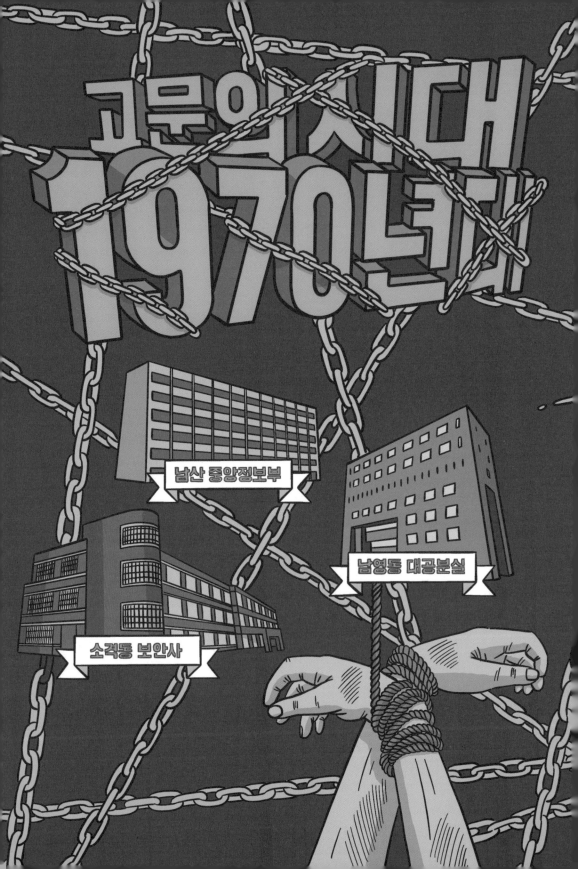

독립만세운동의 중앙지도체를 구성했던 인사들이 모두 체포돼 재판이
끝나기까지는 일제의 온갖 악형을 다 받았다. 그중에서도 송진우는 더
욱 모진 고문을 받았다. 옷을 갈기갈기 찢긴 채 어두컴컴한 지하실에 던
져졌는가 하면, 사나운 개들이 달려들어 온몸을 물고 할퀴게 했다. 그는
피투성이가 된 채 다시 취조실로 끌려가 일경의 야유와 비웃음 속에서
신문을 받아야 했다.

- 민족문화협회 편찬위원회, 《민족운동총서》 제2집, 〈3 · 1운동〉 중

그녀들은 일경에 체포되어 가서 무수히 난타당하고, 즉시 옷을 벌거벗
게 하고, 알몸뚱이의 손발을 묶되 잡으려는 돼지를 묶는 것과 같이 해서
는 마구간에 내동댕이쳐서 밤을 지내게 하되, 긴긴밤 추위에 지푸라기
조차 덮지 않은 채로 떨게 했다.

그중에 얼굴이 이쁜 몇몇 여학생은 밤중에 왜놈들이 둘러메고 가서 밤

새도록 돌아가며 강간한 뒤 동이 틀 때야 질질 끌어오니 눈동자는 붉은 복숭아 같고, 손발에는 잡아 묶어 맨 자국이 가득히 드러나 보였다.

심문받는 곳에는 십자가를 갖다 놓고 너희들은 신자이니 십자가의 고난을 맛보라 하면서 십자가에 나체로 벌려 누인 후, 석탄 난로에 쇠꼬챙이를 벌겋게 달구어 가지고 젖꼭지를 3, 4회씩 찌르며 (…) 감히 아직도 만세를 부를 터이냐?

– 민족문화협회 편찬위원회,《민족운동총서》제2집,〈3·1운동〉중

3·1운동 당시의 기록이다. 고문은 일찍이 식민지 지배 수단으로 유용하게 활용되었다. 반민특위 당시 체포된 이른바 '고문왕'은 한둘이 아니었다. 대표적인 인물은 고등계 경찰 하판락과 노덕술. 이들뿐만이 아니었다. 나무집게로 혀를 뽑아 학생을 죽인 경관 김우영, 함흥 기독교 탄압 사건 당시 이도재 장로를 고문한 헌병 출신 장우형, 학병거부운동 탄압 당시 청년학도 6명을 고문치사한 고등계 형사 오세준·문종중, '왜경의 간신'이라고 불렸던 유진후, '악질 중의 악질' 최석현, 시천교 건국단 사건으로 이종협을 고문 옥사케 한 고등계 형사 박소영, '철저한 왜구' 김용업, '경기도 형사과장을 오래 지낸 최대의 악질 반역자' 김태석, 고성독서회 사건 당시 투옥된 200여 명의 지사 중 무려 50여 명을 사망·실명·반신불수로 만든 김재실, 왜경 다카키와 함께 유학생 박해에 앞장선 이성엽, 그 밖에 고등계 형사 이대우·김영기·오영선·최제봉·김재덕·김동현·윤명술·이영우·유상호, 경찰 최고위직인 경시에까지 오를 만큼 악랄했던 최연, 밀정 권상호 그리고 유관순을 고문한 헌병보조원 정춘영까지. 체포된 인물의 죄상만 보고 있어도 감당하기 어려운 수준이었다.

이들은 처벌을 받지 않았고 상당수는 해방 후에도 승승장구하였다. 그 직접적 결과는 문화적 계승, 즉 '고문을 통한 자백'에 의존하는 수사 관행으로 이어졌다. 그리고 독재정권은 이러한 관행에 날개를 달아줬다. '대공사건 전담기

구', 빨갱이를 색출하기 위한 기관이 난립했기 때문이다. 중앙정보부 산하 남산과 지방마다 있었던 대공분실, 치안본부와 시경에 있었던 대공분실, 보안사령부의 대공분실, 남영동·옥인동·장안평·서빙고 심지어 성남 산속 어딘가에도 있었던 수많은 수사기관과 인력·장비·자금. 이들은 서로 경쟁하였고 실적을 올리기에 혈안이 되어 있었다. 조작을 해서라도 정권을 유지하고 장기집권을 해야만 하던 시절이었고, 이들은 이를 출세의 기회로 여겼다. 유신체제로 들어서면서 규모는 더욱 방대해졌고 사건의 서사는 더욱 충격적으로 변모하였다. 1969년 간첩단 발표 건수 15건, 1971년 11건, 1974년 10건. 박정희 정권이 장기집권을 시도할 때마다 대규모 간첩단 사건이 집중적으로 발표되었다.

학생운동을 용공 사건으로 조작하다

서울대생 내란 음모 사건은 완전히 허구였다. (…) 나의 죄목과 행적이 도표와 함께 일목요연하게 이미 정리되어 있었다. 말할 수 없는 고문과 가혹 행위는 우리를 그들의 시나리오 속에 집어넣었다. (…) 인간성마저 상실되는 고문을 받다 보니 '우리끼리는 그런 궁리를 하기도 했나 보다' 하는 생각이 든 것도 사실이었다.

– 2003년 7월 25일, 〈한국일보〉, '입대 친구 환송회가 내란 모의로 둔갑' 기사 중

1971년 11월 13일 중앙정보부가 발표한 '서울대 내란 음모 사건'에 관한 심재권의 회고이다. 서울 법대 4학년 〈자유의 종〉 발행인 이신범, 서울 상대 3학년 민주수호전국청년학생연맹 위원장 심재권, 서울 법대 3학년 장기표, 서울

상대 3학년 김근태, 사법연수원생 조영래가 잡혀 들어갔다. "서울대생 4명과 사법연수원생 1명이 모의해 대한민국을 전복하려 했다." 명문대 학생 4~5명이 나라를 전복한다는 발상 자체가 어처구니없었다. 하지만 일반 국민들 입장에서는 자극적으로 느껴지는 사건이었고, 무엇보다 정권 차원에서 대학생들을 압박할 필요가 있었다. 4·19혁명은 물론이고 6·3시위, 한일협정 졸속 처리 과정에 대한 비판에 앞장선 것도 대학생들이었고 함석헌, 장준하, 문익환(文益煥, 1918~1994) 같은 재야 세력과 더불어 대학생 운동권은 민주화운동에서 가장 중요한 세력이었다.

박정희 정권은 사건을 조작하는 데 그치지 않았다. 대학 병영화. 대학의 군사화를 시도한 것이다. 교련, 즉 군사훈련 과목이 대학의 선택과목으로 도입되더니 1971년 들어 교련 강화 지침이 하달된다. 교련을 교양 필수 과목으로 격상하라. 대학에 다니는 이상 학교에서 주 3시간 현역 군인으로부터 수업을 받고, 방학 중에는 군부대에서 집체 훈련까지 요구받았다. 졸업 때까지 7학점을 채워야 했기 때문에 반발이 심했다. 대학생들은 교련 반대 투쟁을 벌였고 대학에 파견된 현역 군인 30~40명을 학교 밖으로 몰아내거나 심지어 군복 화형식까지 진행했다.

정부는 즉각 대응에 나섰다. '학원 질서 확립을 위한 특별명령'이 발표됐고 위수령(衛戍令, 계엄령과 유사한 치안법규로 비상사태 시 육군이 주둔함)을 발동, 장갑차와 완전무장을 한 수천 명의 군인이 서울시 내 7개 대학으로 쳐들어갔다. 이들은 학생들을 무차별적으로 구타, 강제로 연행하였다. 1971년 10월 15일 위수령 발동 첫날 연행된 대학생 숫자가 무려 1,889명에 이르렀다. 문교부는 '학원 질서 확립 6개항'을 하달했고 전국 23개 대학에서는 171명의 학생을 제적, 74개의 학생 서클을 해체, 13종의 학내 간행물을 강제 폐간하였다. 제적된 학생들은 강제징집 형식으로 군대에 끌려갔다. 끌려간 학생들은 복무 기간 내내 보안사의 감시를 받았다. 끌려가진 않았지만 교련 거부에 적극적이던 35개 대학 1만 3,505명에게는 병무 신고를 강제했고 다시 이들 중 5,000여 명에게는 징집 경고를 내리기도 했다.

더욱 악질적인 짓도 벌였다. 이른바 입대한 운동권 학생들을 보안사에서 직접 관리, 일명 프락치 활동을 시킨 것이다. 온갖 회유와 협박을 한 후 운동권 학생을 휴가 때 캠퍼스에 보내 정보를 수집하게 하는 방식이었다. 죄책감에 사로잡혀 자살하는 학생들, 정말로 프락치가 되어 온갖 나쁜 짓을 벌인 배신자들, 그로 인해 학생들 사이에 벌어진 극단적인 불신. 1984년 서울대 경제학과를 다니던 유시민이 '서울대 학원 프락치 사건'에 연루돼 항소이유서를 쓴 것도 바로 이 시기의 일이었다.

학생운동을 용공 사건으로 조작하려는 시도는 지치지도 않고 계속되었다. 앞서 말한 서울대 내란 음모 사건의 여파가 미미하니까 중앙정보부는 '김대중의 지시'를 운운하면서 내란 음모를 확대 기획했다. 1973년 전남대 학생들이 발행하던 지하 유인물 〈함성〉지 사건, 고려대 학생 서클 'HN회'가 발행한 〈민주〉지 사건 역시 같은 방식이었다.

> 재판 도중에 피를 토하며 쓰러졌던 정외과 67학번 유영래는 '4일 동안 혼수상태에 빠져 있으면서 임사체험까지 했다'며 (…) 최영주는 '한 달간 전기고문 받으면서 세뇌를 당하면 어느 게 진실이고, 어느 게 거짓인지 모르게 되는 상황이 온다'며 '자신이 주체적으로 행위하지 않은 사실을 시인함으로써 양심이 조작되는 과정은 당해본 사람이 아니고서는 알기 어렵다'고 말한다.
>
> – 박원순,《야만시대의 기록》중

'검은 10월단 사건(1972)'으로 구속된 고려대 학생 7명의 증언 중 하나이다. 당시 변론을 맡았던 한승헌 변호사는 변호를 하면서도 혹독한 고문의 과정이

믿어지지 않았다고 한다. 그런데 이후 자신이 긴급조치 위반으로 고문을 당하고 나서야 사태의 심각성이 이해되었다고 한다. '검은 10월단 사건'은 독일 뮌헨올림픽 당시 발생한 '검은 9월단' 사건을 패러디한 것이다. 1972년 9월 5일 팔레스타인 게릴라조직 '검은 9월단'이 이스라엘 선수 2명을 사살하고 9명을 인질로 잡아 이스라엘에 억류된 동료들의 석방을 요구하는 일이 벌어졌다. 올림픽 선수촌에서 발생했고 인질과 테러단 전원이 사망했기 때문에 전 세계가 충격에 휩싸였다. 정부는 이 여파를 이용한 것이다.

동베를린 간첩단 사건

이에 앞선 1967년 7월 8일 중앙정보부장 김형욱은 '동베를린을 거점으로 한 북괴 대남 적화 공작단', 일명 '동백림(동베를린) 사건'을 발표한다. 황성모 교수를 중심으로 한 서울대학교 민족주의비교연구소, 작곡가 윤이상, 서독 유학생 정규명, 한국농업문제연구소 주석균, 프랑스에 거주하는 화가 이응로, 오스트리아 잘츠부르크 유학생 고광덕 등이 동베를린 북한 대사관을 왕래하면서 이적 활동을 했고, 심지어 북한을 방문해 노동당에 입당한 후 국내에 잠입해 간첩활동까지 했다는 충격적인 발표였다. '대규모 간첩단'을 운운하면서 언론의 주목을 받았는데 결과는 전혀 달랐다. 203명을 조사했지만 간첩죄가 인정된 사람은 단 한 명도 없었다. 동백림 사건은 2년 반이나 끌었는데 사형선고를 받았던 2명조차 수감 2년 반 만에 풀려나는 등 흐지부지 끝나고 말았다.

사건의 파장은 컸다. 서독과 프랑스에 중앙정보부 요원이 파견되어 유학생과 교민을 강제로 연행했기 때문에 외교 마찰이 벌어진 것이다. 17명이나 납

중앙정보부에 불려가 조사받던 도중 사망한 최종길 교수

치를 당한 서독 정부와 프랑스는 강력하게 문제 제기를 했다. 정부는 어쩔 수 없이 윤이상, 이응로 등을 형 집행정지, 잔여 형기 집행 면제, 특사 등의 방식을 통해 유럽으로 돌려보냈다. 국제적인 망신이었고 대한민국 정부의 위상이 적나라하게 드러난 순간이었다. 이때 시인 천상병이 연루돼 불구가 되기도 했다.

이런 식의 간첩단 조작 사건은 1970년대에 빈번했다. 일명 '유럽 거점 간첩단 사건(1973.10.25)'이 대표적이다. 서울 공대를 졸업해 네덜란드에서 유학 중이던 이재원이 북한의 유럽 쪽 대남 공작 총책인 이원찬에게 포섭되었다. 그는 북한에 들어가 훈련을 받고 유럽 쪽 대남 공작 총책이 된 후, 유학생과 교환 교수 등 수십 명을 포섭했다. 이렇게 형성된 간첩단은 국내에 들어와 '혁명 세력을 확대'하는 등 용공 행위를 일삼았다는 것이다. 그런데 수사 과정에서 '참고인'으로 중앙정보부에 불려 온 서울대 법학과 최종길 교수가 조사 도중 사망하는 일이 벌어졌다.

중정은 사건을 은폐하기 위해 최종길을 간첩으로 몰았다. 사건이 확대 조작되자 최종길 교수가 공부하고 인연을 맺었던 외국 대학과 교수들이 나섰다. 독일 쾰른대학교는 법무장관 신직수에게 서신을 보내 철저한 조사를 촉구했고, 함께 연구 활동을 했던 미국 하버드대학교의 에드윈 라이샤워(Edwin O.

Reischauer) 등도 항의했다. 〈워싱턴포스트〉는 "최 교수가 뛰어내렸다고 하는 창은 잠금장치가 되어 있었다"라는 사실을 지적하며 문제를 제기했다.

재일동포 유학생 간첩 사건

이런 식의 인권 유린은 일일이 열거하기 어려울 정도로 많았다. 유신체제는 끊임없이 누군가를 적으로 만들며 정권을 연장해나갔다.

> 각각 실적을 위해서라도 간첩 등 보안사범자의 검거를 위해 필사적인 노력을 하지만 북한에서 파견된 간첩을 색출하기가 생각보다 쉽지 않았고, 그러다 보니 실적을 올리는 데 제일 손쉬운 상대가 일본 조총련계 교포들이었다. 때문에 김포공항 근처는 항상 기관원들이 들썩거리는 장소였다. (…) 치안본부에서 간첩을 잡았다는 소식이 보도되면 보안사가 난리고, 보안사가 간첩을 잡았다고 하면 정보부가 난리를 피우는 등 기관들의 경쟁이 치열하게 전개되던 시절이었다.
>
> – 최세현, 〈역사 앞에서〉(2012) 중

1980년 8월 일본 〈아사히신문〉에 중앙정보부 활동을 폭로했던 최세현의 회고록 중 일부이다. 1971년 3월 6일 대학원 석사 과정을 마친 후 서울대 교양학부 조교로 내정된 서승이 김포공항에 도착한 후 곧바로 연행되었다. 간첩에는 영장도 필요 없다. 언제라도 죽일 수 있다. 서승은 보안사 옥인동 분실로 끌려가 보안사 대공처장 김교련 대령에게 혹독한 취조를 받은 후 "재일동포 학생이니까 반성의 기회"를 준다는 명목으로 풀려난다. 동생 서준식 역시 김포공항에서 체포되어 조사를 받고 석방되었다.

1971년 제7대 대통령 선거에서 박정희와 김대중의 대결이 한 치 앞을 모를 상황으로 치닫자 이들은 다시 끌려갔다. 북한의 지령으로 서울대에 지하 조직을 만들었고 공산주의 폭력혁명을 기도했다는 죄목이었다. 이들에겐 김상현 의원을 통해 야당 대통령 후보 김대중에게 '불순 자금'을 전달했다는 혐의까지 씌워졌다. 정해진 각본에 따라 엄청난 고문이 진행되었고 일명 '재일동포 유학생 간첩 사건(1971.4.20)'이 발표되었다. 대통령 선거 일주일 전이었다. 교포학생 4명을 포함한 간첩 10명, 관련자 41명을 일망타진했다는 보안사의 의기양양한 발표였다.

그런데 문제가 생겼다. 경비병이 자리를 비운 사이 서승이 경유난로에 조서용지를 불태워 분신을 시도한 것이다. 중증 화상을 입은 서승은 육군수도통합병원에서 한 달 넘게 혼수상태로 있었다. 눈썹과 귀는 녹아버렸고 입은 쪼그라들었다. 빨대만 간신히 들어가던 입은 절개수술을 받았는데 이런 참혹한 모습으로 공판정에 섰고 〈요미우리신문〉을 비롯한 일본 신문사에 보도되면서 엄청난 파문이 일었다.

추운 겨울날, 발가벗겨놓고 로프로 꽁꽁 묶어서 물을 뿌리고 실외로 내몰았습니다. (…) 한겨울 모포는 주지만 털실로 된 셔츠는 주지 않습니다. (…) 주전자로 물 넉 잔을 억지로 마시게 해서 부풀어진 배를 짓밟아 뱃속에 있던 것을 전부 토해내게 하는 고문입니다. 작년 12월부터 올 1월에 걸쳐 소 내의 정치범에게 대규모 고문과 테러가 행해졌습니다. 너무나 심해서 나는 견딜 수 없어 자살을 기도했습니다.

– 박원순, 《야만시대의 기록》 중

인권 유린의 역사

서준식의 증언이다. 유학생을 간첩으로 만드는 관행은 유신 말기 자주 자행되었고 1980년대에도 계속되었다. 유학생 사건 '재심'을 통해 처음으로 무죄를 받은 이종수는 1982년 11월 6일 자신의 생일에 보안사에 끌려가서 성고문까지 당했다. 그는 '2시간 정도만 시간을 내달라'라는 요청에 별생각 없이 따라갔다가 서울구치소에서 38일간 불법 구금을 당했다. 이종수는 이곳에서 성기에 전기고문까지 당했다. 비슷한 과정으로 간첩으로 몰렸다가 보안사 요원이 되었던 김병진은 일본으로 돌아와 《보안사》라는 책을 써서 만행을 고발하였다. 이 책에는 단체여행을 통해 입국한 재일동포 1명을 연행해 '야전용 수동 발전기'의 코일을 풀어내 코일 한 가닥을 성기에 얽어놓아 전기 고문을 했다는 내용이 나온다.

독재정권은 정권 연장을 위해 무수한 사람을 희생자로 만들었다. 독일과 일본 유학생들은 자유로운 사고를 가졌던 이들이다. 1960~1970년대에 이들은 급진적이고 진보적인 사상을 자유롭게 공부했고, 사회주의에 대해 개방적인 태도를 가졌다. 당시 유럽이나 일본에서는 그러한 문화가 보편적이었고 진보적인 생각이 사회적으로 용인되었다. 하지만 바로 그러한 측면을 악용해 이들을 희생양 삼아 국민들의 반공 의식을 강화한 것이다.

희생자들은 다양했다. 평범한 어부나 농민이 희생자가 되기도 했다. 바다에는 휴전선이 없기 때문에 어업 도중 국경을 넘었다가 북한에 붙잡힌 뒤 돌아온 이들, 가족이 없거나 연고가 없어서 동네에서 바보나 문제아 취급을 받던 이들, 혹은 그냥 실적이 필요했기 때문에 고문과 조작으로 빨갱이가 되었던 사람들. 박정희 정권기는 지도자의 고독한 선택과 그로 인한 낭만적인 경제 성장의 기간으로 단순히 규정할 수 없다. 무리한 정권 연장은 헌법과 법률의 왜곡을 낳았고 국민들에게는 씻을 수 없는 레드콤플렉스를, 그리고 씻을 수 없는 수준의 인권 유린을 낳았다.

무책임한 공직자들

수치스러워서 끝내 말을 안 했다. (…) 옷을 벗겨놓고 때렸다던데 당시 군인들도 옆에서 같이 고문을 받던 동료들도 다 남자들 아닌가. 얼마나 수치스러웠을지, 고통스러웠을지…. 그 옆 콘크리트 바닥에는 갓 돌 지난 내 막내딸을 뉘여놓고 그런 짓들을 했다고 한다. (…) 그 잔인한 X들은 내 처의 국부(질)에 몽둥이를 쑤셔 넣는 등 성고문도 했다고 한다.

- 김형식, 2002년 11월 21일, 〈오마이뉴스〉 인터뷰 기사 중

신민당 울산 지구당 간부 김형식의 증언이다.

집에 돌아와서도 환각증세는 여전했다. 귀에서 윙윙 소리가 나며 사흘이 지나도록 한잠도 잘 수 없었다. (…) 남편을 간첩이라 밀고한 꼴이 된 그녀는 자책감을 견디지 못하고 죽음을 결심하기에 이르렀다. (…) 쥐약을 사다가 아이들 셋과 함께 일가족 집단자살을 꾀했다. (…) 사태를 알아차린 큰딸아이가 엉엉 울며 쥐약을 먹지 않으려 했다. (…) 마침 그녀의 친정어머니가 찾아(와서) (…) 자살소동은 면했다. 그러나 친정어머니는 그때의 충격으로 1개월 후 숨을 거두고 말았다.

- 천주교인권위원회, 《사법살인: 1975년 4월의 학살》 중

인혁당 재건위 사건 당시 황현승 피고인의 부인 안보형 씨에게 약을 먹여 '내 남편은 간첩'이란 글을 쓰고 지장을 찍게 한 후 일어난 일이다. 그녀는 1975년부터 정신 이상 증세를 보였고 1981년에 자살하고 말았다.

박정희 정권기 인권 유린의 핵심은 '고문과 조작'이었다. 사건은 언제나 뻔

한 유형으로 기획되어 있었고 세뇌, 고문 심지어 투약 등의 과정을 거쳐 스스로 자술서를 쓰게 했다. 검사는 이렇게 조작된 증거를 바탕으로 기소를 하고 재판에 부쳐지면 세상에는 엄청난 용공 사건이 알려지게 된다. 불법연행 또는 납치를 통해 고문실로 끌고 와 고립무원의 상태에서 옷을 발가벗겨 놓거나 아니면 군복, 수의 등으로 갈아입혔다. 구타와 협박은 기본이었고 고문으로 망가진 몸의 상처는 소의 살코기를 붙이거나 약품 치료를 해서 감추었다. 진실을 말하면 허위자백이 되고, 다시 고문을 당하면서 그들이 기획한 내용이 진실이 되었다.

사형 혹은 억울한 옥살이만이 고통이 아니었다. 피해자들은 각종 급성, 만성 고문 후유증으로 고통받았다. 피해의식이나 수면장애는 물론이고 중증 질병에 시달리는 경우도 흔했다. 후유증은 사회적 고립과 가족 해체로 이어졌다. 한 마리 초식동물이 육식동물에게 물려 질질 끌려가는 꼴을 보면서도 멀뚱히 쳐다만 보는 초식동물 떼의 모습과 유사했다. 직장에서 쫓겨나고 재취업은 불가능했고, 자식들의 진로 또한 막혀버리는 현실. 동네 사람들은 '빨갱이의 가족'과는 상종을 하지 않았고 평생에 걸쳐 경찰의 감시가 이어졌다.

"너 가서 다른 말 하면 여기에 다시 와야 하는데 그러면 우리도 고생이고 너도 고생하니까 시키는 대로 얘기해." 보안사의 수사관들이 이종수를 서울지검에 송치하기 전에 했던 말이라고 한다. 담당 검사는 최병국. 검사의 취조 과정에도 보안사 수사관들이 지키고 있었기 때문에 이종수는 '적화통일을 위해 목숨을 바치기로 했다'라는 사실을 인정할 수밖에 없었다. 세 번째 취조 당시 수사관들이 없는 틈을 노려 이종수는 최병국 검사에게 고문 사실을 이야기했다. 지금까지의 진술은 모두 거짓말이라고 말한 것이다. "얘 얘기 들어줘라." 최병국 검사는 타자 치는 사람에게 말한 뒤 방을 나가버렸다고 한다. 타자 치는 사람은 아무것도 묻지 않았다. 최병국 검사는 이후 노무현 대통령이 변호사 시절 변호를 맡았던 부림 사건(1981), 함주명 조작 간첩 사건(1983) 등을 담당했고 나중에는 국회의원이 되었다. 이종수만의 증언이 아니었다. 당시 대부분 검사실에서 이와 비슷한 일들이 반복되었다.

'영사 증명서'도 문제가 되었다. 재일동포 간첩 사건에서 피고인의 유죄를 입증하는 데 결정적인 근거로 사용된 문서이다. 이 문서는 대사관에 파견된 중앙정보부 직원이 발행하는데 내용이 임의로 바뀌었다. 1977년 재일동포 유학생 4명이 간첩으로 몰리는 사건이 발생한다. 당시 이들의 신원과 관련된 영사증명서는 두 달 만에 내용이 바뀌어서 통보된다. 6월에 발행한 내용에는 "소련과의 연계 및 기타 불순단체 가입 사실 확인할 수 없음"이라고 쓰여 있었는데 8월에는 "간첩활동 중인 곽동의 등의 조종하에 반국가 활동을 주도하고 반국가단체에서 지도적인 위치에 종사하고 있다"로 내용이 바뀐 것이다. 이 증명서는 유죄 판결에 결정적 증거가 되었다. 당시 작성자 정모 씨는 '김대중 내란음모 사건'에 800여 쪽의 영사증명서를 내놓기도 했다.

최종길 의문사 당시 관련자였던 주무수사관 차철권 역시 비슷하다. 의문사가 문제가 되니까 중앙정보부는 자체 징계위원회를 열고 '견책 처분'을 내렸다. 견책은 가장 낮은 수위의 징계이다. 더구나 4개월 만에 차철권은 사무관에서 서기관으로 특진하였다. 차철권 자신은 특진의 이유를 "불명예 회복을 위해 불철주야 노력한 끝에", "울릉도 간첩단 사건"을 잘 처리해서라고 회고하였다. 하지만 앞의 사건들처럼 '울릉도 간첩단 사건' 역시 재심이 이뤄졌고 2015년 41년 만에 '불법 구금과 가혹 행위로 인한 자백'이 인정되면서 무죄가 확정되었다.

'검은 10월단 사건' 당시 담당 검사는 이한동이었다. 그는 1980년대 전두환 정권 때는 국회의원으로 승승장구했고 노태우 정권 때는 내무부 장관, 김대중 정권 때는 국무총리가 되었다. 2000년 6월 27일 총리서리였던 이한동 인사청문회에서 원희룡 의원이 따져 물었다.

원희룡 의원:	(…) 다른 검사가 수사한 부분을 모른다고 했는데, 공소 검사가 모른다는 게 말이 되느냐?
이한동 총리서리:	재판 과정은 모른다.
원희룡 의원:	당시 피고인들은 두 차례에 걸쳐 자백했다. 대질신문 있었던 사실을 기억하나?
이한동 총리서리:	구속 기간을 연장해가며 상당히 오래 조사한 걸로 기억한다.
원희룡 의원:	검찰에 송치된 상태에서 남산으로 가서 조사받은 걸 알고 있느냐?
이한동 총리서리:	그렇지 않을 것이다. 모르는 일이다.
원희룡 의원:	당시 유영래 피고인을 구속정지 처분한 사실 있는가?
이한동 총리서리:	법원에서 한 조치다.
원희룡 의원:	그러나 검사의 석방 지휘를 받도록 되어 있지 않은가. 유영래 피고인(은) (…) 입과 귀에서 피를 흘리며 쓰러져 (…) 궐석재판으로 진행되었다. 당시 신병 책임은 후보자(이한동 총리서리)의 관할 아닌가?
이한동 총리서리:	기억나지 않는다.
원희룡 의원:	(…) 갑자기 병원으로 실려 갔을 때 가혹 행위로 의심을 품을 가능성이 크지 않은가?
이한동 총리서리:	기억이 나지 않는다.
원희룡 의원:	(…) 인권을 국정지표로 내세우는 국민의 정부의 총리서리라는 사실을 일깨우기 위해서… 역사의식이 문제다.
이한동 총리서리:	(…) 추후에 고문이 재발되지 않도록 하고 관련 공직자를 반드시 엄벌하겠다.

- 박원순,《야만시대의 기록》중

'모르는 일이다', '기억이 나지 않는다', 만약 앞으로 고문이 일어나면 관련 공직자는 '엄벌'에 처하겠다. 이한동의 끝도 없는 출세길 앞에 과거사 반성 혹은 의미 있는 역사의식의 성장은 존재하지 않았다. 다들 이런 식으로 잘못을 외면했고 오히려 그 덕에 승승장구하던 시절이었다.

서울의 봄은 오는가

부마항쟁, 광주민주항쟁
그리고 전두환 정권

닭의 모가지를 비틀어도 새벽은 온다!

박정희를 총살한 후 체포된 김재규

반유신 투쟁의 절정 가운데 야당 총재 김영삼이 부르짖었던 말이다. '새벽이 온다'는 희망보다는 '모가지가 비틀리던 시대 상황'이었다. 미니스커트 단속, 장발 단속, 노래 가사 검열, 영화 검열, 통금 등 세상의 모든 것이 국가의 간섭을 받던 시절이었다.

그러던 어느 날 유신체제가 갑자기 무너졌다. 1979년 10월 26일 일명 10·26사태가 일어났다. 중앙정보부장 김재규(金載圭, 1926~1980)가 경호실장

　　　　부마항쟁, 광주민주항쟁 그리고 전두환 정권

차지철(車智澈, 1934~1979)과 대통령 박정희를 암살한 것이다. 김재규는 부마항쟁(1979)을 통해 위기를 느꼈다. 유신체제에 대한 국민들의 반감이 심각해지고 있었기 때문이다. 하지만 박정희의 생각은 달랐다. 경호실장 차지철은 캄보디아의 킬링필드처럼 대규모 인명 살상을 감내하더라도 강경하게 대응하면 문제가 해결된다고 보았고, 박정희는 차지철을 옹호했다. 10·26사태는 우발적이었다. 김재규 및 행동을 함께했던 몇몇 이들이 유신체제에 대한 반발심을 쌓아가고 있었는지는 모르지만, 적어도 당일의 행동은 치밀하지도 계획적이지도 못했다. 박정희와 차지철을 총으로 쏜 김재규는 갈팡질팡하다가 체포되고 말았다.

공산주의와의 대결을 위해 철저한 민주주의를 해야 한다. 독재로는 공산주의를 이길 수 없다. 독재로 인해 한미 관계가 가장 나빠졌다. 재판정에서 김재규는 자신의 입장을 누누이 강조했고 '10·26혁명'이라고 불렀다. 김재규가 보기에는 유신체제가 들어서면서 민주주의가 말살됐고, 그로 인해 미국과의 관계도 나빠지고 북한과의 싸움에도 차질이 생겼다는 것이다.

김재규에게 반공주의와 민주주의는 하나였고, 독재체제는 반공과 민주 두 가지를 모두 잃어버리는 허망한 짓에 불과했다. 이런 식의 인식은 1970년대 민주화운동의 지도자들, 특히 종교계에서 흔히 볼 수 있었다. 사실 이 이상을 이야기한다는 것은 불가능했다. 냉전과 분단체제가 강고히 유지되고 있었고 1970년대까지만 하더라도 남한과 북한의 경제적 격차는 크지 않았다. 소위 미국이 허용한 범위, 보편적 인권 의식과 미국식 민주주의 같은 '온건한 민주화'만이 당시 한국 사회의 '가능 범위'였던 셈이다.

이러한 상황에서 1980년대는 일종의 '일탈기'였다. 암암리에 마르크스·레닌주의가 소개되었고 학생운동과 노동운동은 이러한 급진적 사조에 영향을 받았다. 과감한 사회혁명을 꿈꾸는 진보적 진영부터 이른바 '주사파'로 불리는 북한에 동조적인 세력의 등장, 과격한 반미운동과 분신 정국이라고 불렸던 '열사' 문화의 분출 등. 1980년대는 1970년대와는 확실히 달랐고, 적어도 민주화 운동에 투신했던 이들은 참으로 과감했다.

부마민주항쟁:
유신 철폐, 독재 타도를 외치다

얘기를 조금 거슬러 올라가 보자. 1979년 8월 11일 새벽 2시. YH 여공들을 진압하기 위해 일단의 경찰이 신민당사에 진입한다. YH무역은 사업적 성공을 거뒀음에도 자진 폐업에 들어갔고, 호소할 방안이 없던 YH무역 여성 노동자 170여 명은 당시 야당인 신민당에 찾아가서 농성을 이어갔다. 1970년 전태일의 분신 항거 이후 노동운동은 빠르게 성장하고 있었다. 주로 여성들이 중심이 된 업체들이었는데 동일방직, 원풍모방 등에서 민주노조를 결성하고자 노력했고 인간적인 처우, 즉 근로조건 개선과 임금 인상을 요구하였다. 정권은 이들을 가혹하게 다루었고 YH무역 여성노동자들 또한 예외가 아니었다. 당사에 있던 신민당 황낙주 원내총무, 정대철 의원과 당직자, 당원은 물론이고 기자들까지 무차별 구타를 당했다. 코뼈에 금이 가고, 필름을 빼앗기고, 얼굴을 알아볼 수 없을 정도로 얻어맞았다. 당원 30명, 기자 12명이 부상당했고 여공들은 더욱 비참했다. 그런데 강경 진압 과정에서 여공 김경숙이 추락사를 하는 사건이 벌어졌다. 일명 YH사건이다.

다음 날 야당 총재 김영삼은 특별 기자회견을 통해 박정희 정권을 강력하게 규탄하였다. 이 시기 김영삼은 〈뉴욕타임스〉와 기자회견을 통해 "미국은 독재정권과 민주주의를 열망하는 다수의 한국 국민 중 하나를 선택해야 할 때가 되었다"라는 강경한 인터뷰를 하였다. 당시 미국 대통령은 지미 카터(Jimmy Carter). 독실한 기독교 신자로서 인권 외교를 표방했다. 박정희 정권과는 사이가 좋지 못했다. 주한미군 완전 철수를 주장했고 한국을 방문했을 때는 야당 지도자 김영삼과 단독 대담을 했다. 박정희와 불편한 관계를 이어갔던 것이다. 김영삼은 최연소 야당 총재로서 '선명 야당'을 지향하였고 박정희 정권은 '김영삼 의원직 제명'으로 대응했다.

YH사건과 김영삼 의원직 제명 사태. 이 와중에 부마항쟁이 터졌다. 사건의 배경은 다양했다. 무리한 중화학공업 추진 정책으로 인한 각종 문제, 2차 석유파동으로 인한 불경기, 숨쉬기조차 힘든 독재정권의 억압 정책, 경상남도를 연고로 한 김영삼의 영향력, 무엇보다 꾸준히 축적되어온 민주화운동의 역량 등이 겹치면서 1979년 10월 16일 부산 지역에서부터 항쟁이 본격화되었다.

유신 철폐, 독재 타도! 발단은 대학생들이었다. 부산대 교내시위를 시작으로 시내까지 시위가 확산되었다. 10월 17일부터 다음 날 새벽까지 경찰기동대 3,400명, 육군 제2관구 지역부대 등이 투입되었는데, 시민들의 저항이 강했기 때문에 시위진압에 실패했다. 21개 파출소, 12대의 경찰차가 파손됐고 경남도청, 중부세무서, KBS, MBC, 부산일보사, 일부 동사무소 등에 돌멩이가 날아들었다. 대청동 미문화원 앞에서는 2관구 사령관의 지프와 호위차가 습격을 당하기도 했다. 10월 18일 박정희 정권은 비상계엄을 선포하고 2개 여단의 공수부대를 투입하였다.

탱크와 장갑차로 무장한 계엄군이 부산 곳곳에 배치됐고 부산대와 동아대 운동장에는 군인들의 캠프가 세워졌다. 착검한 군인들이 교문을 지켰고 무장 군인들을 실은 트럭이 온종일 학교 근처를 오가면서 시민들을 위협했다. 특히 하나회 소속 여단장 박희도가 끌고 온 공수부대는 시커먼 위장크림을 얼굴에 바르고 나무 몽둥이로 시민들을 때렸다. 한독병원 앞을 지나던 전병진은 '건방지다'는 이유로 M16 소총 개머리판으로 머리를 맞아 뇌수술까지 받았다.

1,058명 연행, 66명 군사재판 회부. 가까스로 시위가 진정되었다. 특기할 사실은 민주항쟁이 군인들의 개입으로 실패했다는 점이다. 마산 지역도 비슷했다. 10월 19일 제5공수여단이 50여 대의 트럭과 지프를 타고 마산에 급파됐고 505명 연행, 59명 군사재판, 125명 즉결심판 회부라는 결과를 낳았다. 이렇게 부마민주항쟁은 실패했다. 하지만 강력한 저항은 김재규를 자극했고 전혀 예상치 못한 방식으로 박정희 18년 통치가 무너졌다.

12·12 군사반란:
전두환과 신군부의 권력 장악

"유신이 죽은 줄 아느냐? 유신은 살아 있다." 10·26사태 이후 대구교도소에서 재야인사들을 고문하면서 나온 말이라고 한다. 의미심장한 말이었다.

박정희가 죽은 후 유신체제는 흔들리고 있었다. 통일주체국민회의 대의원들은 최규하(崔圭夏, 1919~2006)를 대통령으로 선출했고 긴급조치 9호가 해제되었다. 김대중 연금 해제를 비롯하여 각종 민주인사 관련 형 집행정지와 사면 조치가 잇따르기도 했다. 학도호국단이 해체되고 대학생들은 거리로 나와 민주주의를 요구했다.

하지만 또다시 군인들이 움직였다. 이번에는 육사 11기, 전두환과 노태우가 이끌던 군대 내 사조직 '하나회'가 중심이 되었다. 육사 11기생부터는 4년제 정규 군사교육이 시작되었기 때문에 이들의 자부심은 대단했다. 전두환과 노태우는 5·16군사쿠데타 당시 육군사관학교 '군사혁명 지지 행진'을 주도한 초급 간부들이었다. 이들은 박정희 정권 시절 승승장구하며 군대 내 요직에 올랐고 10·26사태 당시 전두환은 보안사령관, 노태우는 제9사단장이었다. 전두환은 군대 내 정보기관의 수장이었고 노태우는 서부전선을 책임지는 군사지휘관이었다. 이들과 더불어 정호용 특전사령관 같은 동기 그룹, 1군단장 황영시, 국방부 군수차관보 유학성 그리고 5·18민주화운동 당시 계엄사령관 이희성 같은 선배 그룹, 장세동·허화평·허삼수 같은 후배 그룹 등은 하나회라는 사조직을 결성하여 똘똘 뭉쳤다.

1979년 12월 12일 육사 11기생은 군사 반란을 일으켰다. 북한의 남침 가능성, 대학생들의 과격한 소요 사태로 인한 사회 불안 등이 이유였다. 모두 근거 없는 명분에 불과했다. 이들은 자신들이 관할하는 병력을 불법적으로 움직여 계엄사령관 정승화 육군 참모총장을 체포했다. 정승화가 김재규와 공모하여 대통령을 시해했다는 혐의였다. 끝까지 저항하던 장태완 수도경비사령부 사령관 등도 어렵지 않게 진압하면서 전두환과 신군부는 권력을 장악하는 데 성공하였다. 반란이 성공하자 신군부는 육군 참모총장, 수도경비사령관, 특전사령관 등 군대의 핵심 요직을 차지하였다. 1980년 4월 14일 전두환은 중앙정보부

12·12군사반란 이후 성공을 자축하며 단체 사진을 찍은 신군부와 하나회. 맨 앞줄 왼쪽에서 네 번째가 노태우, 다섯 번째가 전두환이다.

장 서리가 되었다. 법에 있지도 않은 '서리'직을 만들어 보안사령관과 중앙정 보부장을 겸직하였다.

이로써 전두환은 국내의 대표적인 정보기관 두 곳을 모두 장악하였고, 공식적으로 국무회의에 참석할 권한까지 확보하였다. 그리고 5월 17일 전국비상계엄 확대를 통해 기존의 모든 정치활동과 민주화에 대한 요구를 무너뜨렸다. 12·12군사반란에 이어 5·17군사쿠데타가 발발한 것이다.

5·18 민주화운동:
광주 시민들은 물러서지 않았다

민주화의 요구는 뜨거웠다. 대학에서는 학생회 부활을 비롯하여 학원민주화운동이 번졌고, 국민들 사이에서는 비상계엄 철폐와 조속한 민정 이양에 대한 기대가 커지고 있었다. 1980년 5월 16일 광주 금남로에서는 횃불대행진이 벌어졌다. 전날 서울에서 있었던 '서울역 회군'과는 대조되는 모습이었다. 서울에서는 대학생을 중심으로 10만 명 이상의 사람들이 서울역에 모여 민주화를 요구하였다. 하지만 군경과의 충돌 그리고 혹시 모를 집권 세력의 음모에 대비하며 시국을 관망하자는 판단하에 해산이 이루어졌다.

5월 17일 신군부는 전격적인 군사 작전을 개시하였다. 비상계엄이 전국으로 확대되었고 주요 도시와 대학가에 군대가 배치되었다. 5월 18일 0시를 기해 김대중을 비롯한 26명의 재야인사는 물론이고 김종필 등 유신 세력 정치인들까지 체포, 구금되었다. 학생운동 지도부, 노동운동가 그리고 종교계 인사들 또한 같은 처지였다.

1980년 5월 광주 시내를 장악한 군인들　　　　　　　　〈자료: 경향신문〉

　전라남도 광주 또한 마찬가지였다. 호남고속도로에서는 공수부대 병력을 실은 군용차량의 이동이 목격됐고, 광주 상무대 전투교육사령부에는 약 1,000명의 공수부대가 작전 준비를 마친 후 대기하고 있었다. 주요 대학에는 군대가 배치되었고 삼엄한 경계가 이루어지고 있었다.

　대학생들이 학교를 점거한 군인들에게 따져 묻자 폭력이 시작되었고 이에 항의하는 시민들마저 구타를 당했다. 군인들에 의한 끔찍한 폭력이 자행되었다. 오전 11시 금남로 일대에서는 1,000여 명이 연좌시위를 했는데 경찰과의 대치로 수그러들었다. 그런데 착검한 M16 소총을 등 뒤에 메고 진압봉과 방패를 든 공수부대원들이 유동삼거리 쪽에서 나타났다. 이들은 마구잡이로 사람들을 때렸다. 특히 젊은 청년들, 성인 남성들에 대한 폭력이 집요하게 이어졌다. 곤봉으로 때리고 군홧발로 짓밟고 무릎을 꿇리고 모욕을 주었다. 심지어 택시를 타고 가던 신혼부부를 공격하고, 젊은 여성의 옷을 갈기갈기 찢어서 모욕을 주고, 광주일고 교실에 쳐들어가서 학생들을 구타하고, 타이르던 60대 노인을 실신시키고, 장난친다며 농아장애자를 두들겨 패서 죽이는 등 충격적인 만행이 이어졌다. 수많은 사람이 체포되어 트럭에 실려 어디론가 끌려가기도 했다.

이 무자비한 진압 작전은 격렬한 반발을 불러일으켰다. 5월 19일 금남로에는 3,000~4,000명의 군중이 모여들었고 숫자는 계속 늘어났다. 세상에 이런 경우가 어디 있는가. 청년들은 각목, 철근, 파이프 따위를 구해 왔고 화염병도 등장했다. "김대중이를 잡아 죽이고 광주 시민도 모두 때려잡으려나 봐. 공수부대가 경상도 병력이라던데, 전라도 사람은 몰살을 시켜도 좋다고 했다나 봐." 각양의 심각한 이야기로 술렁대었다. 1960년대 후반부터 박정희 정권은 지역감정을 자극했다. 득표에 유리했기 때문인데 노골적으로 경상도와 전라도의 편을 갈랐다. 지역감정은 5·18민주화운동 당시를 넘어 현재까지도 부정적인 영향을 미치고 있다. 몇 시간 후 경찰에 이어 군용 트럭 30여 대에 나눠 탄 공수부대가 도청 앞, 광남로 사거리 등에 투입되었다. 전날과 같은 비극의 반복. "문을 닫고 커튼을 쳐라!" 이들은 돌아다니며 주변 빌딩에서 내다보지 못하게 경고했다. 그러던 중 금남로 1가 무등고시학원에 난입, 50여 명의 수강생을 두들겨 패기도 했다. 몇몇 수강생이 내려다보고 있었다는 이유였다. 차량 검문에 뻬딱한 태도로 대응하면 두들겨 패고, 버스든 택시든 젊은 승객이 있으면 쫓아가서 끌어내렸다.

상황은 극한으로 치달았다. 캘리버 50 기관포를 장착한 장갑차가 시위대를 향해 전속력으로 질주했고, 가톨릭센터 안에서는 붙잡힌 공수대원을 구출하던 군인들이 청년들을 참혹하게 살해했다. 머리가 으깨지고 팔이 부러져 피범벅이 된 부상자를 택시 기사가 이송하는데 대검으로 기사의 배를 찔러 살해하기도 했다.

광주 시민들은 물러서지 않았다. 오히려 더욱 많은 사람이 몰려들었다. 5월 20일. 금남로에는 수만 명의 시민이 몰려나왔다. 어린 꼬마의 손을 잡고 나온

할머니, 회사원, 가게 점원, 식당 종업원 등 이제 시위는 학생들만의 시간이 아니었다. 그러자 공수부대는 더욱 억압적으로 나왔다. 광주역, 공용터미널, 서방 삼거리 일대의 공수부대는 화염방사기까지 구비했다. 사람들은 쇠파이프, 각목, 화염병, 곡괭이, 식칼, 낫 등을 들었고 200여 대의 택시는 '군 저지선의 돌파에 앞장서자'면서 금남로를 향해 전진했다.

5월 21일 오후 1시. 계엄군의 집단 발포가 이어졌다. 금남로 앞에 서 있던 시민들을 상대로 조직적 발포가 이루어진 것이다. 이전의 산발적인 발포와는 차원이 달랐다. 곳곳에서 헤아릴 수 없는 군인들의 만행이 벌어졌다. 무장한 헬기가 시민들을 향해 기관총을 쏘았고 평범한 시민들이 타고 가던 버스를 향한 집단 발포, 광주 외곽 지역의 평범한 마을에 쳐들어가 시민들을 죽이기도 했고 위협적인 상황을 벗어나고자 피난을 가던 가족들을 향해 발포를 하기도 했다. 대검을 착검해서 사람들을 찌르는 등 만행은 극에 달했다. 뒤늦게 밝혀진 사실이지만 해병대가 광주 일대를 포위하는 작전을 준비하기도 했고 무장한 전투기가 대기하기도 했다. 도대체 군대는 자국의 국민들을 어떻게 여기고 있었던 것일까?

시민들의 충격과 분노는 극에 달했고 MBC 건물이 불타고 노동청도 화염에 휩싸였다. 시민들은 무기를 구해서 자신들을 지키고자 했다. 시위대는 아세아자동차 공장에서 군 APC 장갑차 3대를 비롯하여 360여 대의 차량을 징발했고 그 밖에 수십 대의 버스, 장갑차, 군용 트럭, 민간 트럭을 확보하였다. 수백 명의 여성들은 함지에 주먹밥과 음식을 이고 나와 시위대를 먹이며 가족과 친척의 생사를 확인코자 했다. '유혈 사태에 대해 당국은 공개 사과하라. 연행 시민, 학생들의 전원 석방과 입원 중인 부상자의 소재, 생사를 파악하게 해달라. 계엄군은 21일 정오까지 광주시 일원에서 완전히 철수하라.' 혼돈에 빠진 도시에서 시민들은 뭉쳤다. 시민 대표가 꾸려지고 정부와 군을 상대로 협상을 시도했다.

5·18민주화운동에 대한 소식은 전라남도 전체로 뻗어나갔고 시위와 교전 지역 또한 계속 늘어났다. 화순, 벌교, 보성, 장흥, 강진, 해남, 완도, 목포, 무안, 영암, 나주, 함평까지 극단의 시간은 공간을 늘려가고 있었고 전라남도 각지의 시위대가 광주로 몰려들었다. 화순 지역 광부들은 다이너마이트와 뇌관을 주었고 나주경찰서의 무기는 시위대가 가져갔다. 그래봤자 군인들에 비한다면 조잡한 무장에 불과했다.

"광주사태는 북파의 간첩 또는 불순분자들의 소행이고 터무니없는 악성 유언비어 유포 때문이다." 이희성 계엄사령관과 문화공보부는 5·18민주화운동을 사태로 규정했고 레드콤플렉스를 자극하였다. 근거 없는 주장이었다. 신군부는 엉성한 용공조작을 시도했다. 5월 23일 체포된 간첩 이창룡은 5·18민주화운동과 무관했음에도 "광주에 침투해 유언비어를 유포하고 시위 군중을 선동해 살인방화를 조장"하도록 남파되었다고 조작, 보도되었다. '독침 사건', '광주교도소 습격 사건' 등 민주화운동을 폄훼하기 위한 조작 사건들이 발표되었다.

5월 27일 새벽 '상무충정 작전'이 시작되었다. 신군부는 시민들과 합의를 볼 생각이 없었다. 오히려 확실하게 광주를 짓밟고 그 힘으로 나라 전체를 집어삼키고 싶었다. 신군부는 군대의 힘을 믿었다. 탱크가 광주 시내에 진입하였고 최후의 저항 거점인 전남도청 일대를 점령하기 위해 6,000여 명의 병력을 투입하였다. 시민군? 이들을 군대라고 부를 수 있을까? 구식 소총과 낡은 무기로 무장한 평범한 시민들의 저항은 억울함에 대한 울분이었고 협상을 위한 최후의 수단에 불과했다. 하지만 신군부는 이를 극단까지 악용했다.

김대중 내란 음모 사건도 그중 하나였다. 교도소와 가택연금을 오갔던 김대중이 어떻게 1980년에 내란을 획책할 수 있었을까? 더구나 평생을 민주주의를 위해 활동했던 인물이고 높은 대중적 지지도를 자랑했던 그가 왜 내란을 도모하겠는가. 더구나 광주는 서울에서 가장 멀리 떨어진 지역, 이곳에서 내란 음모를 꿈꾼다? 조선 시대 때도 불가능한 이야기이다. 하지만 신군부는 야당의 유력 정치인 김대중과 광주를 묶었다. 김대중이 전남대 총학생회장 정동년을 통해 내란을 도모했다는 혐의였다. 결과는 김대중 사형선고. 김대중이 북한의 사주를 받아 광주 시민들을 선동해 내란을 준비했다며 국가보안법, 반공법, 계엄법, 외환관리법 위반 등으로 군법회의에서 사형선고를 내렸다.

마지막까지 전남도청을 지키던 이들은 대부분 국군의 총에 맞아 숨졌다. 약 10일간 광주는 '빨갱이의 도시'로 매도되었고 끔찍한 폭력과 인권 유린, 처참한 죽음과 말할 수 없는 한을 남겼다. 그리고 김대중 또한 사형선고를 받은 후 미국으로 추방되었다. 김대중과 전라도가 피맺힌 아픔을 공유한 순간이었다.

1980년대는 전두환의 시대가 아니었다

전두환은 거칠 것이 없었다. 5·18민주화운동에 대한 책임은 최규하 대통령에게 떠넘겼다. 최규하는 '광주사태'에 대한 책임을 지고 물러났고 신군부는 극단적인 소요 사태에 대처하겠다며 국가보위비상대책위원회를 만들었다. 5·16 군사쿠데타 이후 국가재건최고회의를 만들어 권력을 장악하던 박정희와 똑같은 모양새였다. 전두환은 진정한 박정희의 후계자였다. 1980년대 산업화와 민주화의 싹이 우뚝 솟아났지만 여전히 정치는, 군인들은 과거의 방식으로 자신들만의 세계를 만들고 싶었던 것이다.

전두환에게도 명분은 필요했다. 그는 유신체제에 대한 국민들의 불신을 이용했다. 7년 단임 대통령. 헌법을 개정, 대통령 임기를 한 번으로 해서 장기집권 문제를 해결하겠다고 선언한 것이다. 그는 '단임제' 카드를 들고나와 박정희와의 차별화를 꾀했지만 '선거인단'을 따로 모아 장충체육관에서 대통령이 되었다. 선거인단에 의한 간접선거, 그렇게 제5공화국이 시작되었다.

하지만 1980년대는 전두환의 시대가 아니었다. 전두환과 신군부가 정부 요직을 장악하였고 그 결과 사회를 좌지우지했던 것은 사실이다. 노태우를 비롯하여 하나회 선후배들은 장관, 국회의원이 되거나 국영기업체 낙하산 사장이 되면서 온갖 이득을 독점하였다. 또한 여전히 개발 정책이 뜨거웠기 때문에 이런 현실을 이용해서 부동산 부자가 되기도 하였다. 전두환 정권은 기업에 정치자금을 요구했고 재계 7위 국제그룹같이 정부 정책에 반항하던 기업은 단숨에 해체시키며 권력을 자랑하기도 했다.

그럼에도 1980년대는 이전과는 달랐다. 세계 질서가 근본적인 수준에서 요동치고 있었기 때문이다. 유럽은 두 차례 세계대전의 아픔을 딛고 유럽공동체로 성장하면서 미국에 버금가는 경제적 위상을 확보하였다. 중동에서 쏟아지는 석유는 세계 경제를 지탱하는 힘이기도 했고, 소위 오일머니는 중동의 국제적 위상을 높이는 힘이기도 했다. 여기에 신자유주의 바람이 불기 시작했다. 미국은 베트남전쟁에서 빠져나오기 위해 중국과 손을 잡았고, 여러 경제 개혁 조치에도 불구하고 불황을 거듭하던 중국 역시 개혁개방이라는 새로운 방향을 모색하였다. 미국은 자본과 금융에 의존하는 새로운 방식의 자본주의를 설계하여 새로운 방식으로 세계를 지배하길 원했고, 이 와중에 정보화와 IT 산업 같은 분야에서 선구적 성과를 올리기 시작하였다. 일본의 경제 성장은 경이로운 수준이었고 1980년대에 이르자 영국, 프랑스 같은 강호를 제치고 세계 2위의 경제 대국이 되었다. 이 모든 것이 대한민국에 호재로 작용하였다.

1980년대의 시작은 3저 호황, 즉 저유가, 저달러, 저금리의 시대였다. 저유가. 1970년대 두 차례에 걸친 석유파동은 애초에 석유가 모자라서 벌어진 일이 아니었다. 중동 국가 간의 갈등, 중동과 국제사회의 갈등 때문이었는데 위기가 해소되자 값싼 석유가 전 세계에 보급되었다. 유가 하락은 한국에 큰 도움이 되었다. 한국은 가공 산업을 바탕으로 수출에 매진하고 있었다. 석유 등 원자재를 수입하여 철강이나 자동차, 가전제품 같은 가공 제품을 생산하였다. 저유가는 원자재 가격을 낮추었기 때문에 한국에 매우 유리했다.

저달러. 이 또한 역사적인 우연이었다. 1980년대는 일본 경제 최고의 전성기였다. 산업적인 경쟁력에서 미국은 일본을 따라가지 못했다. 미국은 '플라자합의(Plaza Accord, 1985)'를 통해 엔화 가치를 인위적으로 상승시켰다. 당시 일본을 뒤따르던 후발 수출 국가는 한국뿐이었다. 엔고 현상이 일어나자 한국 제품의 경쟁력이 높아진 것이다. 당시 1달러당 한화는 800원 수준. 달러와 한화의 문제라기보다는 엔화가 비싸지면서 한화의 경쟁력이 높아졌다고 할 수 있다. 달러가 저렴함에도 한국 제품의 수출 경쟁력이 강화되었으니 일거양득이었다. 수출 시장에서 일본 제품이 비싸지자 값싸고 질 좋은 한국 제품의 입지가 넓어졌고, 이는 한국 경제가 다시 한번 도약하는 데 큰 힘이 되었다.

저금리. 정부는 시중에 낮은 금리로 돈을 풀었다. 저유가, 저달러 덕분에 경제는 도약하고 있었다. 이제 훨씬 낮은 이자로 대출을 받아 다양한 경제적 이득을 도모할 수 있게 된 것이다. 길을 새로 닦고 집을 새로 짓고 새로운 사업을 시작할 수 있는, 국가·기업·가계 모두에 좋은 기회가 생긴 것이다. 호황기. 참으로 호황기였다.

그리고 3S 정책. 전두환은 유화정책을 추진했다. 박정희 시대와는 전혀 다른 접근이었다. 유화정책의 시작은 1981년 '국풍81'이었다. 여의도광장에서 먹자판을 벌였지만 반응이 신통치 않았다. 하지만 3S 정책은 달랐다. 스포츠(Sports), 영화(Screen), 성(Sex)에 대한 개방 정책이 추진되었다. 프로야구, 프로축구가 개막됐고 대통령 전두환이 개막전 시구를 했다. 당시는 미국 할리우드 영화의 전성기. 〈람보〉, 〈터미네이터〉, 〈영웅본색〉 등 온갖 미국·홍콩 영화가 흥행했고 〈뽕〉, 〈애마부인〉 같은 에로 비디오가 넘쳐났다. 교복과 두발 자유화 같은 조치도 잇따랐다. 당시 광주를 연고로 했던 야구팀 '해태 타이거즈'의 대단한 활약은 피폐해진 광주와 전라도 지역민의 애환을 달래주었다.

세상은 정권이 의도했던 수준 이상으로 변화하기 시작했다. 대한민국의 대중문화가 폭발적으로 성장했기 때문이다. 조용필과 심형래는 가요와 코미디라는 장르에서 엄청난 성공을 거뒀고, 1990년대가 되면 대중문화는 '서태지와 아이들'과 함께 10대들 사이에서 독자적인 영향력을 행사하게 된다. 1980년대 전두환과 일당은 권력을 추구했지만 세상은 그 이상의 전혀 다른 행보를 보이며 스스로 발전하기 시작했다.

대학생들이 거리로 나오다

당시 전두환 5공 정권인데 나쁜 놈들이구나. 특히 광주 학살에 대한 충격적 사실들이 자기 앞에 다가설 때는 엄청나게 분노하는 거죠. 근데 동시에 겁이 나는 거거든요. (…) 조금 있다가 81학번 선배인 것 같은데 여자 선배가 바로 옆 중앙도서관 앞에서 경찰에게 끌려가는 거거든요. 야사라고 그러죠. 데모주동자. 야전 사령관이죠. 약칭이 야사인데 이 양반이 순식간에 잡혀가지고 가는데 뜯어져 가지고 젖가슴이 드러나고 이런 걸 목격하는 거예요. 그거는 엄청난 충격이죠. (…) 선과 악이, 드러나니까. (…) 이제 서클에서 학습을 하자. (…)

— 민주화운동기념사업회, 《한국민주화운동사》 중

1980년대 초반 학생운동에 관한 구술 기록이다. 대학생들을 중심으로 1980년

68혁명 당시의 유럽. 체 게바라, 호찌민, 마르크스 등의 사진을 들고 거리로 나온 대학생들이 중심이 되었다.

대는 매우 급진적인 시대였다. 어쩌면 철 지난 흐름이었다. 세계는 이미 한바탕 소동을 치르고 자본의 세계화에 순응하고 있었으니 말이다. 68혁명. 대학생을 중심으로 한 문화적 대변혁의 시대는 1960년대였다. 프랑스의 대학생들은 자리에서 일어나 교수에게 인사하기를 거부했고, 치열한 가두 투쟁을 통해 대학교의 서열을 없앴다. 마틴 루터 킹(Martin Luther King) 목사는 흑인민권운동을 통해 인권운동의 새로운 지평을 열었고, 히피들은 마약과 록 음악에 심취해 자유와 평화를 부르짖었다. 자유로운 연애와 섹스, 엄숙한 미국 문화에 대한 근본적인 반항이 일어났다. 독일을 비롯하여 유럽의 대학들은 급진적 사조의 집결지였다. 체 게바라의 그림이 대학 건물 벽면에 그려졌고 반전운동부터 환경운동까지 기성 사회의 모든 것을 문제 삼기 시작했다. 적군파라는 급진 테러리즘도 등장했는데 여기에는 일본인 대학생들도 참여하였다.

　대한민국은 이러한 세계사적 격랑과 무관했다. 1970년대까지만 하더라도 민주화운동의 주체는 대부분 독실한 종교인과 도덕적인 재야 지도자들의 몫이었다. 대학의 개수도 적었을뿐더러 의식 있는 학생들의 고뇌는 독재체제와의 투쟁에 매몰될 수밖에 없었다. 그리고 1980년대, 세계사적 흐름과는 무관하게 대한민국은 뜨거워졌다.

주체는 대학생들이었다. 신입생을 모집하고, 매주 세미나를 하고, 방학 때는 농촌봉사활동을 하고, 분기별로 수련회도 하는 등 그들만의 체계적인 학습공동체가 운영되기 시작했다. 에드워드 카(Edward Hallett Carr)의 《역사란 무엇인가》, 리영희의 《전환시대의 논리》, 박현채의 《민족경제론》을 읽으면서 이들은 독재정권에 분개했고 대안을 모색하였다. 그리고 위험한 사상이 소개되기 시작했다. 신상초의 《중국공산주의 운동사》, 김준엽의 《중국공산당사》, 김상협의 《모택동 사상》 같은 책이 주목받았고 라이트 밀스(C. Wright Mills)의 《들어라 양키들아》, 프란츠 파농(Frantz Fanon)의 《대지의 저주받은 자들》 그리고 죄르지 루카치(György Lukács), 백낙청, 황석영, 김지하의 글이 인기였다. 자본주의에 비판적인 서적, 독일 좌파의 진원지였던 프랑크푸르트학파의 책이 많이 읽혔다.

농활, 즉 농촌봉사활동도 활발히 이루어졌다. 대학생들에게 농활은 '봉사'라기보다는 일종의 '운동'이었다. 오전 5시에 기상해서 오후 7시까지 고된 육체노동을 소화하고, 밤늦도록 농민들과 대화하고, 숙소로 돌아와 둘러앉아서 하루를 평가하고 반성하는 시간을 가졌다. 도시에서의 생활 방식을 자제하고 농가에 부담을 주지 않기 위해 새참마저 거부하기도 했다.

소위 대학 운동권의 단면이었다. 이들은 놀랍게도 엄격한 기강과 규율을 강조했고 수직적인 서열문화에 익숙했다. 성인지 감수성 또한 극히 취약하던 시절이었고 해방을 운운하며 남성 대학생의 성적인 일탈이 당연시되기도 했다.

1984년은 중요한 해이다. '학원자율화 조치(1983.12.21)'가 단행되었기 때문이다. 학내 사복경찰이 철수했고 이제 대학생들은 합법적으로 학생회를 조직할 수 있게 되었다. 역시 유화정책의 일환이었다. 12·12군사반란부터 5·18민주화운동 진압까지 험난한 과정을 거쳐 가까스로 권력을 장악한 전두환과 신군부는 새로운 방식으로 자신들의 영향력을 높이고자 동분서주했다. 학원자율화 조치의 여파는 컸다. '관할서 정보과 학원 담당', '관할서 타과 지원 병력', '학생 가장 전경', '잠복근무조' 등이 편성되어 경찰 병력이 오랫동안 캠퍼스에 상주했었는데 비로소 대학에서 경찰이 사라졌으니 말이다. 물론 학원자율화 조치가 학생운동을 방조한 것은 아니었다. 의무경찰제가 도입되었고 시위진압 경찰의 숫자와 장비를 크게 강화했다. '백골단'이라는 시위진압 특수 부대를 만들었고 안전기획부, 치안본부, 보안사는 이른바 '학원망', 즉 수백 개의 학원 감시 기구를 두고 대학을 감시했다. '학원사범 중형주의 원칙'이라는 미명하에 학생운동을 탄압했고 총장과 교수들을 동원해 문제 학생을 강제로 휴학시키는 '지도휴학제', '녹화사업'으로 불리는 '강제징집제' 그리고 국민윤리 교육 강화 등 각종 방비책을 마련하였다.

하지만 1980년대 중반 대학 사회는 이런 것들에 구애받지 않고 성장하고 있었다. 유신 시대 학생운동에 참여했던 선배들이 출판사를 차리면서 인문·사회과학 출판이 붐을 이루기도 했다. 민음사, 창작과비평, 한길사, 돌베개, 사계절 등 현재도 한국을 대표하는 출판사들이 모두 이 시기에 등장했다.

대학가에는 사회과학 서점이 만들어지고, '전자 복사기'가 보급되면서 '금서'도 구입할 수 있게 되었다. 당시만 하더라도 신문을 비롯하여 대부분의 서적이 국한문 혼용으로 사용되었기 때문에 일본어판 불법 도서의 유통이 유리했다. 불법 일본어판 마르크스·레닌 서적이 본격적으로 탐독되었고, 반공주의 국가의 대학생들이 사회주의에 관심을 가지게 되었다.

(…) 소중한 민족의 자주권을 회복해 조국의 자주화를 이룩한다. (…) 친미군사정권의 식민지 파쇼통치를 철폐하고 (…) 사회민주화를 실현한다. (…) 자주, 평화, 민족대단결의 원칙 아래 조국의 통일을 이룩한다.

(···) 각계각층과 굳게 연대해 싸워나간다.

– 민주화운동기념사업회, 《한국민주화운동사》 중

　전국대학생대표자협의회(전대협)의 10대 강령 중 일부이다. 대학생들은 거리로 나왔고 경찰을 향해 화염병과 돌을 던졌다. 치열한 시위는 일상의 풍경이었고, 방송사는 이들의 행동을 폭력적이거나 교통 혼잡을 유발하는 행위라고 보도했지만 아랑곳하지 않았다. 학생회가 부활했고 교내와 거리 투쟁이 강화될수록 대학 간 연대 투쟁, 그리고 더 광범위한 연합체를 모색하는 흐름이 강화되었다. 1983년부터 고려대·서울대·성균관대가 연대 모임을 시작했고, 다음 해에는 연세대가 참여하면서 4대 대학 대표자 모임으로 발전하였다. '전국학생대표기구회의'가 '전국학생총연맹'으로 바뀐다든지 '민주화투쟁학생연합(민투학련)'이 결성되기도 하고, 다시 '민족통일 민주쟁취 민중해방 투쟁위원회(삼민투위)' 같은 학생 조직이 구체화되기도 했다. 지역평의회가 구성돼 전국적인 대학생 대의기구를 만들려는 시도도 있었다.

　당시 대학생 운동권은 크게 NL(민족해방)파와 PD(민중민주)파로 분류되었다. 학생운동의 주류를 'NL'이라고 부르고 그중 일부를 '주사파'라고 부르던 때이기도 했다. 이들은 한국 근현대사 최초로 '반미주의'를 주장했고 실천했다. 한국의 독재정권이 미국 제국주의의 비호를 받고 있으며 박정희·전두환 같은 독재자는 미국의 앞잡이라는 인식이었다. 매우 거친 주장이었지만 참신하고 새로운 발상이었다. 광주 미문화원 방화 사건(1980), 부산 미문화원 방화 사건(1982), 강원대 성조기 소각 사건(1982) 그리고 서울 미문화원 점거농성 사건(1985)이 이러한 인식의 여파였다.

　학생들 사이에서는 여러 형태의 출판물이 합법, 비합법적으로 유통되었다. 그중 〈80년대 혁명 투쟁의 인식과 전략〉이라는 책자는 한국을 신식민지, 군부정권을 미 제국주의의 대리통치 세력, 한국 경제를 예속적인 국가독점자본주의로 규정하였다. 독재정권에 대한 저항은 제국주의에 저항하는 반미자주, 민중민주 투쟁이라는 주장이었다. 단순히 독재정권을 무너뜨려서 민주공화정을 회복시키겠다는 것이 아니라 미국 중심의 자본주의 질서가 본질이고 전두환 정권은 기껏해야 미 제국주의의 꼭두각시이기 때문에 전두환 정권을 무너뜨린 후에 자주화된 세상을 만들자는 논리가 등장한 것이다. 그리고 그러한 해방의 결과는 민중의 해방, 노동자와 농민의 해방으로 이어져야 했다.

매우 좌파적이고 사회주의적인 인식론이었다. 1980년대 당시 진보적인 사상이란 결국 좌파적 상상력, 즉 고전적인 마르크스·레닌주의 이론에서부터 라틴아메리카에서 풍미했던 종속 이론의 영향을 받을 수밖에 없었다. 1986년에는 '구국학생연맹' 전체대회가 열렸고 여기서는 '연공연북노선'을 표방, 혁명적 대중 조직까지 시도했다. 사상적으로 사회주의를 받아들이는 것을 넘어 북한을 전향적으로 생각하는 데까지 이른 것이다.

그리고 1987년 전대협이 결성된다. 6월항쟁을 통해 비로소 민주공화국이 회복되던 시간, 대학생 운동권은 보다 급진적인 행보를 보였다. 이때부터 한동안 대학과 사회는 심각한 충돌을 경험한다. '운동권'이 주도하는 주류 대학문화와 1987년 이후 변해가는 한국 사회의 갈등. 전대협은 제13차 평양축전에 임수경을 대표로 파견했고 '이론의 과학화, 운동의 민중화'를 도모했다. 더욱 적극적으로 자신들의 이상을 관철하고자 북한과의 연계점을 마련하고 더욱 급진적인 이론 투쟁과 현실 참여를 시도한 것이다.

하지만 때는 1980년대. 꽃은 지나치게 늦게 피었다. 고작 2년 후인 1989년 냉전체제는 근본적으로 붕괴했으며, 민주화를 요구하는 톈안먼광장에서는 중국공산당이 탱크를 동원하여 대학생들의 요구를 말살하였다. 소련을 비롯한 공산주의 국가의 온갖 환멸스러운 모습이 세상에 드러났고 북한의 실상은 가난한 독재국가에 불과했다. 대학생 운동권의 설 자리가 사라지고 만 것이다.

대한민국에서는 오랜 민주 투사였던 김영삼과 김대중이 대통령이 되었고,

개혁적인 정치인을 지지하는 인물 중심의 정당정치를 통해 매우 보수적이며 온건한 방식으로 민주화가 진척되었다. 김영삼과 김대중은 각자의 방식으로 과감한, 하지만 비혁명적인 개혁을 추진하였고 대한민국은 신자유주의라는 보다 거대한 사회변동 앞에 또 한 번 출렁이게 된다. 민주화를 갈망하던 1980년대의 열망과는 전혀 다른 1990년대였다. 더불어 대중문화와 소비사회의 성장 그리고 외환위기 이후의 물질주의는 '한때의 대학문화' 자체를 없애버리고 만다. 너무나 빠른 속도로 시대가 변하고 있었다.

18강

새로운 시대가 열리다

1987년 6월항쟁 이후

밤사이 술을 많이 마셔 갈증이 난다며 물을 여러 컵 마신 뒤 심문 시작 30분 만인 오전 11시 20분경에 수사관이 주먹으로 책상을 '탁' 치며 혐의사실을 추궁하자 갑자기 '억' 하며 책상 위로 쓰러져 긴급히 병원으로 옮기던 중 차 안에서 숨졌다.

- 민주화운동기념사업회, 《한국민주화운동사》 중

1987년 1월 15일. 검찰 관계자를 통해 "경찰들 큰일 났어!"라는 소식을 들은 〈중앙일보〉 기자가 서울대 학생 박종철(朴鍾哲, 1965~1987)이 경찰 조사 중 사망한 사실을 알아낸다. 석간 특종으로 나갔고 〈동아일보〉는 지면을 할애해 구체적으로 보도하였다. 안전기획부는 공보처를 통해 언론기관에 '보도지침'을 내렸다. 사회면에 4단 이상 쓰지 말라는 '지시'였다. 강민창 치안본부장은 기자들 앞에서 이른바 "턱하고 책상을 치니 억하고 혼자 쓰러져서 죽었다"라는 어처구니없는 해명을 내놓았다.

박종철이 고문당하다 죽은 남영동 대공분실. 현장을 복원한 민주인권기념관의 모습이다. 물고문에 쓰이는 욕조가 마련되어 있다.

　상황은 덮이지 않았다. 1월 17일 중앙대 부속 용산병원 내과 오연상의 검안서가 세상에 공개되었다. 외부인 최초로 박종철의 시신을 보았는데 복부가 부푼 상태였고 청진기를 대니까 꼬르륵하는 물소리가 들렸고 조사실 바닥에 물기가 있었다고 증언하였다. 물고문에 의한 치사 사건임이 세상에 알려진 것이다. 박종철 고문치사 사건. 1987년 6월항쟁의 시발점이었다.

박종철 고문치사 사건

1986년 한 해 동안 시국 사범은 2,400여 명. 1981년 1월부터 1985년 10월까지 구속된 1,186명의 2배가 넘는 수치이다. 또 다른 보도에서는 1986년 시국 사범이 7,250명이고 그중 4,610명이 구속되었다고도 한다.

저항과 탄압 모두 격렬한 시절이었다. 박종철 고문치사 사건 한 해 전인 1986년 10월 말에 건국대에서 충격적인 사건이 벌어진다. '전국 반외세 반독재 애국학생 투쟁연합 결성식 및 친미독재 타도와 분단 이데올로기 분쇄를 위한 실천대회', 속칭 '건국대 애학투 집회'가 열렸는데 27개 대학 2,000여 명의 학생이 참가하였다. 경찰의 대응이 평소와 달랐다. 검문검색도 하지 않고 대학생들의 집결을 바라만 보았다. 집회는 2시간 정도 진행되었고 전두환과 로널드 레이건(Ronald Reagan), 일본 총리 나카소네, 주한 미국 대사 제임스 릴리(James R. Lilley) 등의 허수아비 화형식을 거행했다. 그리고 구국행진을 시도하려는 찰나, 경찰이 들이닥쳤다.

경찰은 퇴로도 열어두지 않은 채 시위대를 몰아붙였다. 학생들은 건국대 건물로 피신하였고 계획에 없던 농성을 벌였다. 다음 날 일부 농성장에는 물과 전기가 끊겼고 학생들 대부분이 굶주림에 시달렸다.

4일째 되는 10월 31일, 헬기 2대가 등장하더니 중앙도서관 위에서 사과탄, 소이탄을 쏘기 시작하며 투항 전단을 뿌렸다. 아래에서는 소방차가 물을 뿌렸다. 7,950명의 무장경찰 병력이 투입됐고, 경찰들은 최루탄을 쏘았다. '황소 30'이라는 작전이었는데 무려 1,525명이 연행되고 1,288명이 구속된 최대 규모의 구속 사건이었다. "한두 명 정도에게는 사형선고까지 고려하라." 장세동 안기부 부장은 간부회의에서 엄벌 대응을 지시했다. 추가로 23명이 더 구속됐고 이 중 385명이 기소되었다.

총리! 우리나라의 국시는 반공입니까? 반공을 국시로 하면서 올림픽 때는 동구 공산권 나라들도 참가시킬 것입니까? 나는 반공 정책을 없애자는 말이 아닙니다. 오히려 발전시켜야 합니다. (…) 이 나라의 국시는

(…) 통일이며, 어떤 체제도 민족에 우선할 수 없습니다.

- 〈동아일보〉, 1986년 10월 15일

건국대 사태 얼마 전인 1986년 10월 14일 국회 본회의에서 유성환 의원이 한 발언이다. 정부와 여당인 민주정의당(민정당)은 유성환의 발언을 '국가보안법 위반'으로 몰았고 국회체포동의안을 기습 통과시켰다.

그보다 몇 달 전에는 '부천경찰서 성고문 사건'이 있었다. 허명숙이라는 가명으로 경기도 부천의 가스배출기 제조 업체에 위장취업한 권인숙을 경찰이 체포하였다. 1980년대는 대학생들의 위장취업과 노동운동이 한창이었다. 정치적인 민주화를 넘어 노동 문제로 관심이 넓어지고 있었기 때문이다. 대학생 중 일부는 노동운동에 투신하여 노동자 조직화를 위해 분투하고 있었다.

정부도 민감하게 반응하였다. 공장에서 지나치게 친절하거나 겸손한 자, 자주 술을 마시러 가자고 하는 자, 오른손 중지 첫째 마디에 굳은살이 박인 자, 안경을 쓰거나 말을 잘하는 자, 생활이 너무 검소한 자 등이 '위장취업자'일 가능성이 크다는 감시 지침이 내려졌다. 이 와중에 권인숙이 잡혀갔는데 담당 형사 문귀동이 성고문을 한 것이다. 여대생 성고문은 하루 이틀의 일이 아니었다. 1984년 9월에 연행된 경희대 여대생 3명 역시 경찰서 유치장에서 알몸으로 성추행을 당했다. 당시만 하더라도 여성 입장에서 부끄러운 일이었기 때문에 피해자가 쉬쉬할 수밖에 없는 상황이었다. 하지만 권인숙은 자신의 피해 사실을 드러냈는데, 정부와 언론은 운동권이 '성을 도구화'했다며 오히려 그녀를 공격했다. 법정에서 권인숙은 패배했지만 이 사건은 정권을 흔들었다. 전두환 정권을 바라보는 국민들의 시각이 더욱 비판적으로 바뀌었기 때문이다.

이 시기 언론통제가 강화되었다. 이미 박정희 정부 당시 '프레스 카드'제를 실시해서 언론을 통제하거나 기업주와 광고주를 압박해 송건호, 정연주 등 100명이 넘는 〈동아일보〉 기자, 피디, 아나운서를 해직(1974)시키는 등 독재정권의 언론 길들이기는 오랜 관행이었다. 민주항쟁 당시 유달리 언론사가 습격을 당하고 불에 탄 이유도 바로 이러한 문제 때문이었다. 일어나는 일을 사실 그대로 보도하기는커녕 시민들의 당연한 민주적 권리를 매도하고 폭도인 양 취급하는 데 언론이 앞장섰기 때문이다. 전두환 정권 또한 마찬가지였다. 9시 뉴스가 시작하면 무조건 '대통령 전두환의 일과'부터 보도했기 때문에 '땡전뉴스'라는 말이 생겼고 각종 '보도지침'이 언론사로 내려왔다.

1. 1면 3단 정도로 취급하고 나머지는 간지에 싣되, 4면과 5면에만 한정 시킬 것
2. 국내 정치인들의 개별적인 논평은 될 수 있으면 보도하지 않고 대변인 논평만 실을 것
3. 해설, 좌담 등에서 '시민불복종운동'을 우리 현실과 비교하거나 강조하지 말 것
4. '세계 독재자 시리즈', '마르코스 20년 독재' 등의 시리즈를 싣지 말 것

— 김정한 외, 《한국현대생활문화사 1980년대》 중

1986년 필리핀에서 독재자 페르디난드 마르코스(Ferdinand Marcos)가 쫓겨났다. 전두환 정권으로서는 위기감을 느낄 수밖에 없었다. 이 보도지침을 내리기 며칠 전에는 "필리핀 선거 관련 기사 1면에 내지 말 것, 한 면으로 소화하되 여러 면으로 확대 보도하지 말 것, 필리핀 사태 1면 머리기사로 올리지 말 것" 등의 지침이 꾸준히 내려왔다. KBS 시청료 거부운동이 활발해졌을 때도 같은 방식이었다. "보도하지 말 것, 기사는 자제해주기 바람, KBS라는 표현도 일체 쓰지 말 것" 식이었다.

그렇다고 오해는 금물이다. 전두환 정권은 언론을 억압하기도 했지만 후원하기도 했다. 집권 초기 언론통폐합(1980) 정책을 통해 수많은 방송국과 신문

사가 사라졌다. 하지만 살아남은 언론사들은 크게 번성하였다. 조선일보가 단연 두각을 나타냈다. 전두환 정권기 언론사에 대한 각종 혜택이 보장되었기 때문이다. 언론사는 부동산을 취득할 수 있게 되었고 각종 사업에 진출할 기회를 얻었다. 1980년대는 언론기관이 수백억의 매출을 내는 대기업으로 성장하는 시기였으며 이 기회를 누렸던 조선일보·동아일보 같은 언론사들은 보수적인 언론관을 구체화하기도 했다. 1990년대 이후 민주화 시대 속에서 독재정권은 사라졌지만 여전히 재벌과 언론사의 영향력이 강한 이유는 이 때문이라고 할 수 있다.

1987년 6월:
대한민국이 민주공화국이 된 순간

대한민국의 민주화는 쉽게 이루어지지 않았다. 1980년대 야당과 운동권에 대한 정권 차원의 탄압은 가혹하기 그지 없었다. 그럼에도 민주화를 향한 발걸음은 멈추지 않았다. 5·18민주화운동 3주기를 맞이하여 가택연금을 당하고 있던 김영삼은 23일간 목숨을 건 단식투쟁(1983)을 벌였다. 5·18민주화운동은 가혹한 진압에도 불구하고 1980년대 민주화운동에 가장 강력한 정서적 버팀목이었다. 대학생들은 속칭 5·18비디오를 보면서 분개했고 매해 5월 18일은 저항의 시간이었다.

　그리고 김대중이 돌아왔다. 1985년 미국에서 귀국한 김대중은 즉각 가택연금(1985)을 당했지만 여파는 강력했다. 그리고 무엇보다 재야인사들과 학생 운동권의 투쟁이 치열했다. 문익환 목사는 장준하의 뒤를 이었다. 광복군 출신의

장준하, 함석헌, 문익환(왼쪽부터 차례로). 한국 민주화운동사의 대부로 꼽힌다.

장준하는 1970년대 박정희와 싸움을 벌이며 '재야 대통령'으로 불렸던 인물이다. 김구의 비서실장 출신이기도 했던 장준하는 김구의 남북협상운동에 반대하며 이승만을 지지할 정도로 보수적인 인사였다. 하지만 그는 〈사상계〉라는 잡지를 운영하며 1960년대 지성사에 활력을 불어넣었고 반독재투쟁의 선봉에 섰다. 의문사를 당할 때까지 그는 치열하게 싸웠으며, 결국 그도 김구와 같은 결론에 도달하게 된다. '모든 통일은 옳다!' 분단체제가 독재를 유발하게 된다는 문제의식에 이른 것이다.

그의 죽음은 신학자이자 목사였던 문익환에게 큰 영향을 미쳤다. 간도 출신으로 윤동주와 어린 시절을 보냈던 그는 젊은 나이에 일제에 희생된 친구의 죽음에 큰 충격을 받았다. 윤동주의 장례식은 문익환의 아버지 문재린 목사가 주관하였다. 1960년대까지 문익환은 민주화운동사에서 중요한 인물이 아니었다. 그는 구약성서를 번역하는 등 신학자로서의 역할에 충실했다. 하지만 장준하의 죽음 이후 문익환은 완전히 다른 사람이 된다. 그는 종교인이 보여주는 특유의 낙관성과 천진함으로 대학생과 거리에서 마주했다. 수많은 학생의 죽음을 안고 투쟁을 이끌었으며 6월민주항쟁에서 김영삼, 김대중 못지않은 역할을 감내했다. 그렇다고 감투를 탐하거나 권력을 누렸던 적이 있었을까. 그는 6월민주항쟁으로 민주화가 도래하자 '통일은 이미 왔다'를 외치며 북한을 방문해 김일성을 만나기도 했다. 당시로서는 워낙 파격적이며 과격한 행동이었기 때문에 사회적 파장이 컸다. 그럼에도 김구 이래 민간 자격으로는 최초로 북한의 지도자를 만난 역사적 사건이었다.

여하간 이러한 힘은 1980년대 반독재·민주화 투쟁으로 결집되었다. 민주화추진협의회(민추협)가 결성되었고 1,000만 직선제개헌서명운동(1986)이 국민적인 환영을 받았다. 대통령 직선제. 국민이 직접 대통령을 뽑는 민주주의를 이룩하자는 주장에 국민들이 공명하였다. 김영삼의 상도동계 40명, 김대중의 동교동계 34명은 '통일민주당'이라는 신당 창당을 준비했다. 그런데 신당 창당 준비위원회가 열리는 날, 대통령 전두환은 '4·13호헌조치'를 발표하였다.

> 이제 본인은 임기 중 개헌이 불가능하다고 판단하고 현행 헌법에 따라
> 내년 2월 25일 본인의 임기만료와 더불어 후임자에게 정부를 이양할 것.
>
> – 〈동아일보〉, 1987년 4월 13일

전두환은 고압적인 태도보 상황을 타개하고자 했다. 1972년 박정희가 "국민이 받아들이지 않을 경우 새로운 방법을 강구하겠다"라며 위협적으로 유신체제를 선포했듯, 전두환 역시 "후임자에게 정부를 이양하겠다"라고 선언한 것이다.

4·13호헌조치는 역반응을 불러일으켰다. 야당은 보란 듯이 신당 창당에 성공했고 재야와 운동권 역시 국민 정서에 부합하는 방향으로 투쟁 노선을 재정비했다. 1987년 5월 18일 덕수궁 근처에 있는 성공회주교좌 성당에서는 '광주민주항쟁 제7주기 미사'가 열렸고, 이곳에서 '박종철 고문 사망 은폐조작 폭로선언'이 공개적으로 진행되었다. 전두환 정권이 흔들리고 있었다.

호헌철폐, 독재타도, 민주헌법 쟁취! 6월 10일, 여당인 민정당 대통령 후보

로 노태우가 뽑히는 날을 맞이해 민주화 진영은 6·10범국민대회를 준비하고 있었다. 하루 전날 연세대 총학생회는 14개 고교와 한 중학교에서 6·10범국민대회 참가 유인물을 배포하고 연세대 민주광장에서 '구출 학우 환영 및 6·10대회 출정을 위한 연세대 총궐기 대회'를 진행하였다. 이날 행사에는 민주화실천가족운동협의회의 구속자 어머니들도 참석했다. 행사를 마친 후 학생들이 스크럼을 짜고 교문 밖으로 나가려는 찰나, 시위진압 전문 부대인 백골단이 들이닥쳤다. 각목과 화염병으로 무장한 대학생들이 맞서면서 공방전이 일어났고 최루탄이 난사되었다. 이때 최루탄 한 발이 연세대 경영학과 학생 이한열(李韓烈, 1966~1987)의 머리를 강타한다. 방송국과 언론사 카메라가 지켜보는 가운데서 일어난 비극이었다.

'한열이를 살려내라!' 상황은 걷잡을 수 없었다. 매일같이 대학생들의 격렬

6월항쟁의 물결

(자료: 서울기록원)

한 시위가 이어졌고 퇴근 무렵이 되면 직장인 넥타이 부대가 합류하였다. 버스와 택시 기사들은 경적 시위로 동참했고 심지어 보수적인 종교계마저 6월항쟁에 동참했다. 전라남도에서는 5·18광주민주항쟁 이후 최대 인파가 금남로에 몰려들었고, 부산에서도 부마항쟁 이후 최대 규모의 인파가 시위를 벌였다. 전국 각지에서 엄청난 규모의 시위가 벌어졌다. 100만이 넘는 인파가 6·26평화대행진에 참여했고 일일이 기록하기 힘들 정도의 국민들이 거리로 쏟아져 나와 민주화를 요구했다. 6월 29일 노태우 민정당 대표위원이자 차기 대통령 후보는 특별 선언을 발표하였다.

> (…) 조속히 대통령직선제 개헌을 하고 (…) 김대중 씨도 사면, 복권되어야 하고 (…) 시국 관련 사범들도 석방되어야 합니다. (…) 국민의 기본적 인권을 최대한 신장 (…) 인권 침해 사례의 즉각적 시정 (…) 언론 자유의 창달을 위해 언론기본법은 대폭 개정 (…) 사회 각 부문의 자치와 자율은 최대한 보장 (…) 대학의 자율화와 교육 자치도 조속히 실현되어야 합니다.
>
> - 〈조선일보〉, 1987년 6월 30일

일종의 항복선언이었다. 전두환 정권은 헌법 개정, 대통령 직선제 등 국민들의 요구를 받아들일 수밖에 없었다. 1987년 6월, 민주공화국 대한민국이 비로소 민주공화국이 된 순간이었다. 1960년 4·19혁명 이래 수십 년간의 싸움을 통해 이룩한 값진 승리였으며, 유신 당시 가혹한 인권 유린과 5·18민주화운동에 대한 군의 진압을 극복한 값진 승리이기도 했다. 제2차 세계대전 이후 만들어진 신생 국가에서 이토록 오랫동안 집요하게 민주화를 요구하고 관철한 나라가 또 있을까. 비로소 대한민국은 자신들만의 이야기를 시작할 수 있게 되었다.

5년 단임 대통령의 시대

마침 국제사회도 크게 바뀌었다. 1989년 이후 냉전체제가 붕괴되었기 때문이다. 레흐 바웬사(Lech Wałęsa)가 이끄는 폴란드 자유노조운동을 필두로 동유럽 공산국가들이 무너졌다. 헝가리, 루마니아, 체코슬로바키아 등 동유럽의 공산국가들이 하나하나 민주화가 되었고, 소련공산당에 빌붙어 권력을 향유했던 많은 독재자가 쫓겨났다. 1990년 서독과 동독으로 나뉘었던 독일의 통일은 유럽의 민주화에서 가장 상징적인 사건이었다. 독일의 통일로 세계 유일의 분단국가는 남한과 북한만 남겨지게 된다.

무엇보다 소련이 무너졌다. 소련 서기장 미하일 고르바초프(Mikhail Gorba-chyov, 1931~2022)는 '페레스트로이카(Perestroika), 글라스노스트(Glasnost)', 즉 개혁-개방을 외치며 낙후된 소련의 변화를 도모했다. 소련은 러시아로 이름이 바뀌었고, 중앙아시아의 여러 나라는 소비에트 연방에서 벗어나 독립국가가 되었다. 1990년 소련과의 외교 관계 수립, 1992년 중국과의 외교 관계 수립을 통해 대한민국은 냉전이 붕괴된 자리에서 새로운 외교 정책을 추진하게 된다. 일명 '북방외교'의 시작이었다.

노태우 정권이라는 과도기를 거쳐 1993년 김영삼 정권이 들어선다. 김영삼은 '문민정부'를 표방하면서 강력한 '개혁' 정치를 추구하였다. 군사독재의 시절이 끝나고 국민이 직접 뽑는 정통 정부가 도래한 것이다. 김영삼은 대한민국 임시정부, 4·19민주혁명 그리고 5·18민주화운동이라는 한국 근현대사의 정통성을 확립하고자 노력했고 상징적인 조치로 경복궁을 가로막던 조선총독부 건물을 해체하고 경복궁 복원 사업을 추진하였다.

취임 첫날 자신의 재산을 공개하는 것을 시작으로 공직자 재산 등록제를 실시했다. 공직자의 도덕적 기준을 확립하기 위한 조치였다. 정치개혁법을 통해

김대중(좌)과 김영삼(우). 오랜 민주화 투쟁의 동지이자 정치적 경쟁자였던 이들은 각각 제14대(재임 1993~1998), 제15대 대통령(재임 1998~2003)이 되었다. (자료: 연합뉴스)

금권정치를 배격하였고 '대통령 긴급재정경제처분 및 명령권'을 발동해 금융실명제와 부동산실명제를 의무화하였다. 이른바 '윗물부터 맑아지는 명예혁명'의 서막이었다. 가장 극적인 사건은 육군 내 비밀 사조직인 하나회의 해체였다. 군대 내 사조직을 신속하게 해체함으로써 군사쿠데타의 가능성을 없애버린 것이다. 또한 '역사바로세우기' 작업을 통해 전두환과 노태우 등 신군부 인사들을 구속하였고, 대법원판결을 통해 군사 반란에 대한 역사적 단죄를 이루어냈다. 전면적 지방자치제의 실시(1995)를 통해 지방정부의 위상을 높이고 중앙집권화된 권력을 일정 정도 분산시키는 성과를 올리기도 했다.

1995년 역사바로세우기 관련 대법원판결문

"1980.5.17. 24:00를 기하여 비상계엄을 전국으로 확대하는 등 헌법기관인 대통령, 국무위원들에 대하여 강압을 가하고 있는 상태에서, 이에 항의하기 위하여 일어난 광주시민들의 시위는 국헌을 문란하게 하는 내란 행위가 아니라 헌정질서를 수호하기 위한 정당한 행위였음에도 불구하고 이를 난폭하게 진압함으로써, 대통령과 국무위원들에 대하여 보다 강한 위협을 가하여 그들을 외포하게 하였다면, 그 시위진압 행위는 내란 행위자들이 헌법기관인 대통령과 국무위원들을 강압하여 그 권능행사를 불가능하게 한 것으로 보아야 하므로 국헌문란에 해당한다. 〈대법원 96도3376〉"

* 1심 판결문은 보다 간략하고 정확하다.

"피고인들의 헌법에 규정되어 있는 국가기관인 국무회의장과 국회에 병력을 배치하고 국회의원의 등원을 저지함으로써 국가권력에 반항하였고, 또한 국가권력에 반항하는 피고인들의 행위에 저항하여 광주에서 시위가 발생하자 병력을 동원하여 이를 제압하는 방법으로 국가권력에 반항하였다."

* 1심에서 3심에 이르는 판결문은 각각이 매우 두꺼운 분량으로 서술되어 있는데 12·12군사반란을 규정하는 데에서는 대동소이하다. 두 차례의 헌법기관 유린, 즉 12·12군사반란을 통해 전두환과 신군부는 기존의 헌법기관을 무너뜨렸고 다시 5·18민주화운동을 진압함으로써 저항권을 발동한 시민과 비상시에 자발적으로 만들어진 헌법기관을 다시 한번 무너뜨렸다는 것이 판결문의 내용이다. 즉, 두 차례에 걸쳐서 헌법기관을 무너뜨렸기 때문에 반란을 했다는 것이며, 따라서 전두환·노태우 등 신군부가 처벌을 받아야 한다는 것이다.

김영삼의 개혁은 한계 또한 뚜렷했다. 그는 경쟁자 김대중을 제치기 위해 삼당합당을 하였다. 박정희·전두환과 영합했던 세력과 힘을 합침으로써 권력을 잡은 것이다. 그렇다 보니 개혁은 제한적일 수밖에 없었고, 무엇보다 경상도 중심의 지역감정이 더욱 심화되었다. 수많은 기득권은 김영삼의 개혁 정책 뒤로 숨었고 역사바로세우기 역시 한계가 뚜렷했다. 무엇보다 그는 1년 만에 전두환·노태우 등을 사면하면서 스스로 이룬 업적을 부정하였다.

김영삼 정권기 세계무역기구(WTO)가 설립(1995)되면서 전 세계적 시장경제 체제가 확립되었다. 이러한 흐름에 부합하고자 김영삼은 '세계화 원년'을 선포하며 과감한 개방 정책을 펼쳤다. 5·31교육개혁, 정보화 시스템 구축 등 굵직한 정책이 추진되었지만 정부 정책은 점차 개혁에서 성장으로 이동하였고 정경유착 등 고질적인 경제 문제가 외환위기(1997)를 불러일으켰다.

1990년대는 신자유주의의 전성기였다. 전 세계는 돈이 넘쳐났고 냉전 붕괴 이후 낙관적인 분위기도 한몫했다. 미국을 비롯한 서구 자본주의는 엄청난 금융 투자를 통해 전 세계 시장에 진출했고, 중견 국가로 거듭나던 대한민국 역시 이러한 경향을 따랐다. 위기는 국제적이었다. 태국에서의 경제위기가 동아시아를 덮쳤고 한국은 해외 투자금을 회수하지 못하는 가운데 외국인 투자자들을 잃었다. 이른바 외환위기였는데 결국 IMF의 구제 금융을 받아 문제를 해결했다. 기업은 줄줄이 도산하고 실업자가 넘쳐나는 세상. 대한민국이 처음 겪어본 경제위기였다. 그 결과 한국은 더욱 황금만능주의에 빠지게 된다. '부자 되세요'라는 광고 문구가 크게 인기를 끌고 국민들은 안정적인 직종과 한몫 크게 잡는 직종 사이에서 분투하게 된다.

뒤를 이어 1998년 김대중 정권이 들어선다. 우리 역사상 최초로 평화적인 정권 교체를 통해 여당과 야당이 바뀐 것이다. 집권 초기 김대중은 외환위기를 수습하는 동시에 박정희 정권기 이래 쌓여온 오래된 부정부패와의 싸움을 시작하였다. 김대중은 구조조정 정책을 통해 재벌과 기업 관행을 개혁하고자 노력했다. 정경유착과 관치금융 극복이 핵심이었고 개혁의 모델은 미국식 경영 방식이었다. '금융기관은 기업의 실적에 따라 대출을 허가하고, 재벌은 빅딜 정책을 통해 문어발식 사업 확장을 포기하고 보다 집중된 사업을 추구해야 한다. 관료와의 인맥이나 정치 자금이 아닌 실적과 사업 성과를 통해 인정을 받으며 연봉제와 깨끗한 기업 문화를 정착시키는 것 또한 중요하다.' 김대중은 일관적인 방향성을 제시했고 동시에 신성장 동력으로 IT 산업을 후원했다. 이를 위해 벤처기업에 대대적인 투자를 진행했는데 그 결과 '안철수연구소', '네이버' 등 성공한 IT 기업들이 여럿 등장하였다. 또한 핸드폰과 반도체 산업으로 삼성그룹은 만년 이인자라는 오명에서 벗어나 현대그룹을 넘어 세계 유수의 다국적 기업이 되었다.

김대중은 새로운 구조를 만들기 위해 많은 노력을 기울였다. 4대 보험 같은 복지체계의 근간을 마련하였고, 노사정위원회(1998)를 통해 정부가 '기업 입장만 대변'하는 행태를 벗어나고자 노력하였다. '지원은 하되 간섭은 하지 않는다'라는 원칙을 바탕으로 한류 성공에 이바지했고 일본 문화를 개방했다.

무엇보다 가장 큰 업적은 대북정책이었다. 김대중은 '햇볕정책'을 추진하였다. 북한의 문호를 개방하는 것은 찬 바람이 아니라 따뜻한 햇볕, 즉 대화와 소통, 경제문화 교류 같은 쉬운 부문에서의 교류가 단초가 되리라고 보았다. 1971년 박정희와 싸우던 공약이 비로소 현실이 된 것이다. 그는 평양에서 아버지 김일성의 뒤를 이은 김정일과 만났고 그 결과 금강산 관광, 개성공단 등 남북은 처음으로 진짜 협력이라는 것을 하게 되었다. 이 시기 '아세안+3'이라는 국제회의체를 주도하여 대한민국과 중국, 일본 3국이 동아시아의 평화와 번영을 도모하는 외교적 성과를 올리기도 했다.

하지만 김대중 역시 과감한 기득권 타파나 깊이 있는 사회개혁에는 접근하지 못했다. 재벌과 기득권층은 사회지도층으로 더욱 굳건하게 자리 잡았고 미국식 신자유주의의 수용은 박정희 시대의 관행을 상당 부분 개선했지만 비정규직 노동자 등 새로운 문제를 만들었다.

김영삼과 김대중. 평생을 싸워온 위대한 민주 투사의 대통령 당선과 개혁 정치의 전반적인 성과는 광범위한 사회적 민주화의 중요한 기초가 되었다. 민간인 학살, 한일 역사 문제, 독재정권기 인권 유린 등 과거사 청산 이슈는 보다 제도화된 해결책을 모색하는 데 이르렀고, 민주화 이후의 시민운동은 더욱 다양한 형태로 본격화되었다. 동성동본 결혼 합법화 논쟁부터 페미니즘과 성 소

수자 논쟁같이 소위 포스트모던적인 이슈들이 본격화되었으니 참으로 찬란한
1990년대였다.

노동 문제

"근로기준법을 준수하라. 우리는 기계가 아니다. 일요일은 쉬게 하라!" 1970년
노동자 전태일은 분신을 통해 노동 문제를 세상에 알렸다. 당시만 하더라도
'노동 문제'가 뭔지도 모를 때, 한 노동자의 죽음이 물꼬를 텄다. 낮은 임금은
말할 것도 없고 상상을 초월하는 근무조건이 세상에 충격을 주었다. 야근과 잔
업은 일상이고, 점심도 일하던 자리에서 때워야 하고, 폭력과 추행을 동반한
노동 규율을 문제라고 생각하지 못하던 시절이었다.

이후의 싸움은 여공들과 종교계가 이어갔다. '공순이' 소리를 듣던 여공들의

아들(전태일)의 죽음에 오열하는 어머니 이
소선. 이후 이소선은 노동운동과 민주화운동
에 헌신적인 노력을 다하였다. 한국의 민주
주의 발전에는 유족들의 헌신적인 노력이 있
었다.
(자료: 경향신문)

삶은 참으로 척박했다. 이들은 민주노조를 결성하여 권익을 도모하고자 했다. 동일방직, 원풍모방 등에서는 여공들의 조직적인 투쟁이 이어졌다. 이들은 전국단위 노동조합인 한국노총과 충돌하였다. 이승만 정권기에는 대한노총, 박정희 정권기에는 한국노총이었는데 모두 정부의 입장을 대변했고 앞장서서 민주노조를 파괴하고자 했다. 민주노조 설립을 방해하기 위해 여공들을 숙소에 감금하기도 하고, 똥물을 투척하기도 하던 시절이었다.

도시산업선교회를 비롯하여 개신교와 가톨릭의 성직자들은 노동 문제를 인권 문제로 이해했다. 최소한의 인간적인 처우란 무엇일까? 주일에는 교회에 나와 예배를 드리고 남은 시간에 구성원끼리 친목을 도모하는 등 기본적인 삶의 조건이 갖춰져야 하지 않겠는가. 1970년대 가장 반공적인 집단으로 분류된 기독교 계통의 뜻있는 목사와 신부들은 정부의 노동 정책에 대항하여 여공들을 도왔다.

1980년대는 노동운동의 대변혁기였다. 대학생들이 위장취업 등을 통해 노동운동에 뛰어들었는데 이들은 한층 급진적이었다. 한편에서는 중화학공업의 성장에 힘입어 대기업 중심, 남성 노동자 중심의 노동운동이 진척되기도 했다. 정확한 통계는 없지만 1980년대 중반 약 3,000명의 남녀 대학생이 공장으로 들어간 것으로 보인다. 노동쟁의는 1983년 98건에서 1986년 265건으로 지속적으로 늘어났다. 그리고 이후 노동운동의 역사를 예고라도 하듯, 1985년에 대우자동차 부평공장에서 격렬한 투쟁이 전개되었다. 투쟁은 조직적이고 공격적이었으며 학생 출신 노동자인 송경평, 이용선 등이 주도하였다. 남성 중심의 대단위 공장에서 2년간 유예된 상여금, 기준보다 적게 지급된 공휴일 수당, 잔업 수당을 두고 치열한 투쟁이 벌어진 것이다. 결국 대우그룹 총수 김우중 회장이 직접 나서서 10% 기본급 인상, 4%의 수당 신설, 사원아파트 건설을 포함한 기업복지 확충을 약속하며 노사 간의 협상이 타결되었다. 그리고 연이어 '구로연대파업'이 일어나는데 공장 단위를 넘어서 대우어패럴, 효성물산, 세진

전자, 남성전기, 롬코리아 등 여러 업체의 노동자들이 연대 투쟁을 벌였다는 점에서 인상적인 사건이었다.

당시 한국의 노동 환경은 독특했다. 사무직 노동자와 생산직 노동자 간에 임금 격차가 심했는데 이를 당연히 여겼다. 육체노동을 정신노동에 비해 경시했고 생산직 노동자들에 한해 복장규범, 머리모양을 비롯하여 각종 규율을 훨씬 엄하게 정했다. 또한 '공순이 주제에'라는 말이 상징하듯 여성 노동자에 대한 광범위한 멸시가 있었다. 1980년대 노동운동의 주도권은 남성으로 넘어갔다. 대기업, 중화학공업 위주로 산업이 재편된 데 따른 영향이었다.

1987년 6월항쟁의 뒤를 이어 7~8월에 노동자대투쟁이 일어난다. 당시 현대그룹 노동자들이 투쟁을 이끌었다. 기업은 조직적으로 노조 설립을 방해했고 현대엔진, 현대미포조선, 현대중공업, 현대자동차 등의 노동자들은 이에 대항하며 이전에는 찾아볼 수 없었던 대단위 노동조직화를 이루어냈다. 1987년 8월 8일 11개 사업장 노조 대표들은 '현대그룹노동조합협의회', 약칭 '현노협'을 결성한다. 그리고 8월 17일 덤프트럭, 지게차, 소방차, 샌딩머신을 앞세운 수천 명의 노동자가 시내를 향해 행진하는 진풍경이 펼쳐진다. '정주영은 물러나라!' 다음 날에는 현대중공업 운동장에 약 4만 명이 모였고 노동자들의 아내와 아이들까지 속속 도착했는데 오후에는 6만 명까지 늘어나 시위대 행렬의 길이가 무려 4킬로미터에 달했다. 이들은 울산공설운동장까지 16킬로미터를 5시간 동안 행진하였다. 노동부 차관까지 파견돼 협상이 진행되었으나 회사가 협상 결과를 부정했고, 55명의 노조 지도자 구속 등으로 128일간의 장기 파업은 실패하고 말았다.

노동운동은 1995년 전국단위의 노동조합 '민주노총'이 만들어지는 등 발전하는 듯했지만 실제로는 그렇지 못했다. 대기업 중심의 노동조합은 세부 단위로 파급되지 못했으며 노동조합 조직률은 10% 수준이었다. 조합원들의 노동문제에 대한 인식 또한 높지 못했다. 무엇보다 외부적인 경제 환경이 빠른 속도로 바뀌었다. 신자유주의의 본질은 '국가 단위'에서 '세계 단위'로 시장이 확대되는 것인데 노동운동은 국가 단위, 기업 단위로 펼쳐졌기 때문에 효과적일 수 없었다. 더구나 벤처기업의 등장, 연봉제, 성과급제, 비정규직 등 새로운 기업 문화 같은 이질적인 현상이 등장하였다. 아웃소싱의 확대, 구조조정에 따른 자영업자 비율의 확대 등 노동 환경은 빠른 속도로 바뀌어갔다.

그럼에도 노동 문제에 대한 국민들의 의식은 여전히 6월항쟁에 머물러 있었다. 민주화라는 것은 정치적 민주주의를 의미할 뿐 경제민주화 같은 주제와는 거리가 있다는 생각이 쉽사리 바뀌지 않았다. 경제 환경의 급속한 변화, 노동 문제에 대한 미욱한 인식과 사회적 합의의 부재 등 1990년대 이후 성숙한 자본주의 국가 대한민국의 노동 세계는 어려움을 쉽사리 극복하지 못하고 있는 상황이다.

북한 문제

남한이 총체적으로 변화할 때 북한은 어땠을까? 북한은 그렇지 못했다. 오히려 정반대로 나아갔다. 김일성 유일체제, 일인 숭배는 더욱 강력하게 발전했다. 남한의 민주화와 너무나 대조적이었다. 경제위기와 선군정치. 남한이 1980년대 이래 엄청난 경제적 성공을 거둘 때 북한은 극심한 식량 위기를 겪으며 빈곤 국가로 전락했으며 이를 만회하고자 핵 개발에 나섰다.

1960년대 중반 여러 정파에 대한 최종적인 승리를 확정하면서 김일성은 이른바 북한식 사회주의, '주체사상'을 공식화했다. 한인 사회주의의 역사를 말소하고 김일성 '개인숭배'를 강조했으며 '백두혈통', 이른바 김일성 가문을 우

북한의 지도자 김일성과 김정일의 동상. 1960년대 중반 주체사상을 바탕으로 김일성 유일체제가 확립됐으며, 백두혈통 세습체제가 오늘에 이르고 있다.

상화하는 방향으로 나아갔다. 공산주의 국가 북한은 놀랍게도 유교 문화를 적극 흡수하였다. 김일성의 아버지 김형직과 어머니 강반석이 추모의 대상이 되었고, 김일성 본인은 공산주의 혁명을 이끌어갈 '수령 동지'를 넘어서 '어버이 수령 동지'가 되었다. '수령'이란 지도자를 의미하고 '동지'에는 공산주의 특유의 평등사상이 내포되어 있는데 여기에 '어버이', 즉 '부모와 가족'이라는 유교적 가치관을 투영한 것이다. 1994년 김일성이 사망하자 그의 '아들' 김정일이 뒤를 이었는데 3년간의 유훈(遺訓) 통치를 실시했다. 마치 조선 시대 삼년상을 연상시키는 모습이었다.

　1960년대 들어 북한은 '국방-경제 병진 노선'을 취했다. 경제와 군사 모든 부문에서 동시 성장을 통해 남한을 압도하겠다는 전략이었다. 하지만 과도한 국방 예산 탓에 경제 성장은 난관에 부딪혔다. 이를 극복하고자 북한은 1970년대 들어 일본, 스웨덴, 핀란드, 스위스에서 차관 형식으로 다량의 기계장비, 수송 차량을 들여오고 국제 금융권에서 장기 차관을 도입하는 등 약 12억 달러 규모의 원조와 차관을 받는다. 북한에는 아연, 동 같은 비철금속이 다량으로 매장된 지역이 있기 때문에 이를 담보로 돈을 빌린 것이다. 하지만 국제 원자재 가격이 하락하고 석유파동으로 원유 가격이 올라 수입 장비 운용 비용이 늘어나는 등 어려움을 겪게 된다. 이를 극복하겠다고 무리하게 공장 건설을 추진했지만 이 또한 성과를 내지 못했다. 이 때문에 북한은 부채를 상환하지 못하는 신용불량 국가가 되었고 개혁개방 정책 또한 실패하고 만다.

무엇보다 무리한 농업 정책이 재앙을 불러일으켰다. 무리한 개간으로 환경이 파괴되었고 대홍수를 비롯하여 수년간 최악의 기후 조건과 마주하며 북한은 극단적 빈곤 상황에 몰리게 되었다. 1995년과 1996년 한국과 일본이 35만 톤, 중국이 50만 톤의 식량을 지원하는 등 북한은 사실상 아프리카의 가난한 나라와 같은 처지가 되어버렸다.

사실상 북한의 유일한 자산은 '군사제일주의'이다. 북한군 창군일, 조국해방 전쟁 승리의 날(휴전협정 체결일) 같은 군 관련 기념일을 국가 명절로 지정했고 핵 개발과 장거리 로켓 개발에 성공하였다. 그렇다면 핵무기가 북한을 구원할 수 있을까? 어림없는 소리이다. 핵무기는 농업과 공업을 성장시키는 수단이 되기는커녕 미국을 비롯한 세계 여러 국가와의 갈등만 초래했다.

남한과 북한의 관계는 1953년 정전협정 이후 오랜 기간 멈추어 있었다. 휴전선에서 여러 차례 충돌이 있긴 했지만, 지난 수십 년간 두 나라는 강력한 적대 의식을 유지하며 각자의 나라를 잘 꾸리는 데 집중했다. 남한과 북한의 교류가 처음 시작된 것은 1972년이었다. 극비리에 중앙정보부장 이후락이 특사로 파견되었고 김일성과의 면담을 통해 남북공동성명을 발표한 것이다. 핵심은 자주, 평화, 민족대단결이었다. 한국전쟁 이후 남한과 북한이 최초로 합의한 내용이기 때문에 의의가 크다고 할 수 있다. 7·4남북공동성명은 오늘날까지도 남북대화에서 가장 중요한 문서로 이해되고 있다.

7·4남북공동선언 전문

최근 평양과 서울에서 남북 관계를 개선하며 갈라진 조국을 통일하는 문제를 협의하기 위한 회담이 있었다.

서울의 이후락 중앙정보부장이 1972년 5월 2일부터 5월 5일까지 평양을 방문하여 평양의 김영주 조직지도부장과 회담을 진행하였으며 김영주 부장을 대신한 박성철 제2부수상이 1972년 5월 29일부터 6월 1일까지 서울을 방문하여 이후락 부장과 회담을 진행하였다.

이 회담들에서 쌍방은 조국의 평화적 통일을 하루빨리 가져와야 한다는 공통된 염원을 안고 허심탄회하게 의견을 교환하였으며 서로의 이해를 증진시키는 데서 큰 성과를 거두었다.

이 과정에서 쌍방은 오랫동안 서로 만나보지 못한 결과로 생긴 남북 사이의 오해와 불신을 풀고 긴장의 고조를 완화시키며 나아가서 조국통일을 촉진시키기 위하여 다음과 같은 문제들에 완전한 견해의 일치를 보았다.

1. 쌍방은 다음과 같은 조국통일원칙들에 합의를 보았다.

   첫째, 통일은 외세에 의존하거나 외세의 간섭을 받음이 없이 자주적으로 해결하여야 한다.

   둘째, 통일은 서로 상대방을 반대하는 무력행사에 이거하지 않고 평화적 방법으로 실현하여야 한다.

   셋째, 사상과 이념, 제도의 차이를 초월하여 우선 하나의 민족으로서 민족적 대단결을 도모하여야 한다.

2. 쌍방은 남북 사이의 긴장상태를 완화하고 신뢰의 분위기를 조성하기 위하여 서로 상대방을 중상 비방하지 않으며 크고 작은 것을 막론하고 무장도발을 하지 않으며 불의의 군사적 충돌사건을 방지하기 위한 적극적인 조치를 취하기로 합의하였다.

3. 쌍방은 끊어졌던 민족적 연계를 회복하며 서로의 이해를 증진시키고 자주적 평화통일을 촉진시키기 위하여 남북 사이에 다방면적인 제반교류를 실시하기로 합의하였다.

4. 쌍방은 지금 온 민족의 거대한 기대 속에 진행되고 있는 남북적십자회담이 하루빨리 성사되도록 적극 협조하는 데 합의하였다.

5. 쌍방은 돌발적 군사사고를 방지하고 남북 사이에 제기되는 문제들을 직접, 신속 정확히 처리하기 위하여 서울과 평양 사이에 상설 직통전화를 놓기로 합의하였다.

6. 쌍방은 이러한 합의사항을 추진시킴과 함께 남북 사이의 제반 문제를 개선 해결하며 또 합의된 조국통일 원칙에 기초하여 나라의 통일 문제를 해결할 목적으로 이후락 부장과 김영주 부장을 공동위원장으로 하는 남북조절위원회를 구성, 운영하기로 합의하였다.

7. 쌍방은 이상의 합의사항이 조국통일을 일일천추로 갈망하는 온 겨레의 한결같은 염원에 부합된다고 확신하면서 이 합의사항을 성실히 이행할 것을 온 민족 앞에 엄숙히 약속한다.

서로 상부의 뜻을 받들어
이후락, 김영주 1972년 7월 4일

1990년대 초반 냉전체제가 붕괴하면서 남한 정부는 보다 적극적인 남북교류를 추진하였다. 그 결과 노태우 정권 당시 남북기본합의서(1991)가 맺어지게 된다. 7·4남북공동성명은 사실상 김일성-박정희의 담판이었다. 하지만 남북기본합의서는 수차례 '남북고위급회담'이 진행되는 가운데 남북한의 장관, 장성 등 고위 관료들이 다양한 분야에서 포괄적인 합의를 이루었기 때문에 의미가 남다르다. 더구나 이 시기 남북한이 동시에 UN에 가입하면서 북한을 국제사회로 끌어낼 수 있었고, 한반도 비핵화 공동선언(1992)을 통해 핵 문제에 대처하는 등 중요한 성과를 이루었다. 냉전체제가 붕괴하면서 남한은 북한을 대상으로 '압박과 타협'을 동시에 도모할 수 있었던, 참으로 유리한 시기의 중요한 성과들이었다.

노태우 정권기의 북방정책은 김대중 정권이 이어받았다. 김영삼 정권 당시 북한은 NPT(Nuclear Nonproliferation Treaty, 핵확산금지조약)를 탈퇴하는 등 핵 개발에 관한 약속을 위반했고, 이에 미국이 무력 개입을 시도하는 등 '1차 핵 위기'가 발생하였다. 보수 정권의 투철한 반공 의식과 노태우 정권의 유화적인 태도에 대한 반감 등도 영향을 미쳤다. 김영삼 정권은 주체적으로 문제를 해결하지 못했고 '제네바협정'을 통해 미국과 북한의 직접 협상으로 문제를 봉합할 수 있었다. 북핵과 관련한 온갖 문제가 표출되던 시기였다.

김대중 정권의 햇볕정책은 남북 직접 교류를 복원하고 실질적 협력 관계를 모색하는 중요한 시도였다. 남북교류만이 평화를 이룰 수 있는 유일한 길이며 문화·경제적 교류를 우선하여 긴장을 완화하고 북한의 장기적인 변화를 도모한다는 것이 원칙이었다. 금강산 관광, 개성공단 가동 및 개성 관광, 경의선 복구, 이산가족 상봉 등 의미 있는 성과들이 연이어 일어났다. 노무현 정권 말기 10·4정상회담(2007.10.4) 당시에는 2차 정상회담을 통해 황해도 경제특구화, 백두산 내륙 관광, 평양 관광 등 문화 교류 심화 그리고 NLL(Northern Limit Line, 북방한계선) 공동 어로 구역, DMZ(Demilitarized Zone, 비무장지대) 평화공원, 김정일 국방위원장의 서울 방문 등을 통한 군사 긴장 완화 등 진일보한 교류협력책이 마련되었다. 하지만 이후 이명박·박근혜 보수 정권의 출현, 북한 정권에 대한 남한 내의 갈등, 미국의 조지 부시(George H. W. Bush) 정권 이래 대북 강경책 등 여러 이유로 남북교류는 원점으로 회귀하고 말았다.

중국과 일본 그리고 미국

그리고 어느 순간부터 미·중 갈등이 본격화되었다. 그렇다, 작금의 가장 커다란 변화는 중국일 것이다. 마오쩌둥에서 덩샤오핑으로. 중국은 여전히 공산당 중심의 정체성을 유지한 채 세계에서 두 번째로 강한 나라가 되었다. 1980년 대의 정점 이후 일본은 추락했다. 잃어버린 10년은 잃어버린 30년이 되었고, 일본에서 일어나는 수많은 구조적인 문제들은 현재 한국에서도 고스란히 혹 은 훨씬 빠른 속도로 전개되고 있다. 그사이 중국은 G2로 불리는 나라가 되었 다. 중국은 공산주의 국가일까, 자본주의 국가일까? 독재국가일까, 제국주의 국가일까? 오늘날 중국의 진로를 두고 세계적인 갑론을박이 이어지고 있으며 이에 보란 듯이 한국에서는 반중감정이 넘쳐나고 있다.

미국은 어떨까? 뭐라 하더라도 브레턴우즈 체제에서 신자유주의까지 지난 수십 년간 미국은 세계 최고의 국가 지위를 유지하고 있다. 숱한 위기와 실패 에도 불구하고 소련과 공산권을 무너뜨렸고, 이슬람 극단주의부터 아프리카의 빈곤 국가까지 전 세계는 여전히 미국의 영향하에 있다. 하지만 2000년대 들 어 중국이 그러했듯 미국 역시 혼란스러운 행보를 보이고 있다. 레이건에서 빌 클린턴(Bill Clinton)으로 이어지던 안정적인 공화당·민주당 체제는 부시와 도 널드 트럼프(Donald Trump), 버락 오바마(Barack Obama)와 조 바이든(Joe Biden) 을 거치면서 혼돈을 거듭하고 있다. 2008년 금융위기는 신자유주의의 한계이 자 미국의 한계였다. 미국은 이를 극복하고 앞으로도 세계의 경찰국가로서 자 신들의 의지를 세계에 관철할 수 있을까?

다른 질문도 가능하다. 한국과 일본 그리고 중국. 이들은 모두 미국과 조우 하며 성장한 나라들이다. 이 나라들은 미국이 주도하는 세계 경제 성장의 열매 를 상당 부분 독점하였고, 그렇게 얻은 힘을 두고 어찌할 바를 모르고 있다. 플 라자합의를 받아들인 일본의 경기 침체는 여전히 계속되고 있고, 미국에 대립 각을 세운 중국은 자신들이 축적한 자본의 힘이 어디에서 기인했는가에 대한 이해가 부족하다. 대한민국은 어떤 지점에서 어떻게 미래를 만들어갈 수 있을 까? 한·중·일은 기적적인 경제 성장과 더불어 저출산, 고령화 같은 공통의 위 기에 내몰리고 있다. 도대체 이 나라들의 문제는 무엇일까? 유럽과 같은 수준의 사회복지제도가 없어서일까, 아니면 오직 경제 성장만을 목표로 하다 보니 극단적인 정신적 빈곤에 빠져버린 것일까?

지난 100년의 역사가 그랬듯 혹은 1980년대 이후의 동아시아 역사가 그랬듯, 앞으로 대한민국과 우리를 둘러싼 역사 또한 예상치 못한 것들로 가득 채워질 것이다. 그렇다면 이제 우리는 무엇을 해야 할까. 결국 미래는 오늘 우리의 선택에 달려 있다.

참고 문헌

세계사

르몽드 디플로마티크 저, 고광식 역,《하나일 수 없는 역사: 그 어떤 금지도 독단도 터부도 없이 역사를
　읽는다!》, 휴머니스트, 2017

마크 마조어 저, 김준형 역,《암흑의 대륙: 20세기 유럽 현대사》, 후마니타스, 2009

송충기 외 저,《세계화 시대의 서양 현대사》, 아카넷, 2010

제2차 세계대전 및 국제 관계사

윤해동 · 윤상현 · Dongyoun Hwang · 신종훈 · 노경덕 · 김학재 · 황병주 외 저,《대한민국을 만든 국
　제회의》, 대한민국역사박물관, 2016

　윤상현, 대서양 헌장과 자유주의적 국제주의

　Dongyoun Hwang, 카이로 회담과 테헤란 회담 - 전시 연합국 외교, 아시아주의, 한국의 광복

　신종훈, 포츠담 회담과 포츠담 선언

　노경덕, 얄타 회담과 한반도

　김학재, UN과 브레튼 우즈 체제의 창설

　황병주, 냉전 초기 한국의 국가형성과 유엔

이라이 신이치 저, 윤현명 · 이승혁 역,《폭격의 역사: 끝나지 않는 대량 학살》, 어문학사, 2015

이안 부루마 저, 신보영 역,《0년: 현대의 탄생, 1945년의 세계사》, 글항아리, 2016

자크 파월 저, 윤태준 역,《좋은 전쟁이라는 신화: 미국의 제2차 세계대전, 전쟁의 추악한 진실》, 오월의
　봄, 2017

정일준 · 이택선 · 이철순 · 마상윤 · 전재호 · 김상돈 외 저,《한국의 민주주의와 한미관계》, 대한민국역
　사박물관, 2014

제러드 L. 와인버그 저, 홍희범 역,《2차 세계대전사 3》, 길찾기, 2016

조원빈 · 박인휘 · 김학성 · 이한우 · 윤대엽 · 서보혁 · 손기영 · 김기정 · 천자현 외 저, 《현대 동아시아 국가의 형성과 발전》, 대한민국역사박물관, 2016

존 루이스 개디스 저, 강규형 역, 《냉전의 역사: 거래, 스파이, 거짓말, 그리고 진실》, 에코리브르, 2010

폴 콜리어 · 알라스테어 핀란 · 마크 J. 그로브 외 저, 강민수 역, 《제2차 세계대전: 탐욕의 끝, 사상 최악의 전쟁》, 플래닛미디어, 2008

미국사

브루스 커밍스 저, 박진빈 · 김동노 · 임종명 역, 《미국 패권의 역사: 바다에서 바다로》, 서해문집, 2011

앨런 브링클리 저, 손세호 · 이영효 · 김연진 · 조지형 외 역, 《있는 그대로의 미국사 3: 미국의 세기-제1차 세계대전에서 오바마 행정부까지》, 휴머니스트, 2011

제임스 E. 도거티 · 로버트 L. 팔츠그라프 저, 이수형 역, 《미국외교정책사: 루스벨트에서 레이건까지》, 한울아카데미, 2020

토머스 휴즈 저, 김명진 역, 《현대 미국의 기원 1: 발명과 기술적 열정의 한 세기, 1870~1970》, 나남, 2017

러시아사

E. H. 카 저, 《러시아 혁명》, 나남, 1986

니콜라스 V. 랴자놉스키 · 마크 D. 스타인버그 저, 조호연 역, 《러시아의 역사 (하)》, 까치, 2011

리처드 오버리 저, 조행복 역, 《독재자들: 히틀러 대 스탈린, 권력 작동의 비밀》, 교양인, 2018

블라디슬라프 M. 주보크 저, 김남섭 역, 《실패한 제국 2: 냉전시대 소련의 역사》, 아카넷, 2016

스티븐 F. 코언 저, 김윤성 역, 《돌아온 희생자들: 스탈린 사후, 굴라크 생존자들의 증언》, 글항아리, 2014

중국사

구보 도루 저, 강진아 역, 《중국 근현대사 4: 사회주의를 향한 도전 1945-1971》, 삼천리, 2013

다카하라 아키오 · 마에다 히로코 저, 오무송 역, 《중국근현대사 5: 개발주의 시대로 1972-2014》, 삼천리, 2015

마크 블레처 저, 전병곤 · 정환우 역, 《반조류의 중국: 현대 중국, 그 저항과 모색의 역사》, 돌베개, 2001

모리스 마이스너 저, 김수영 역, 《마오와 중국과 그 이후 1, 2》, 이산, 2004

이매뉴얼 C. Y. 쉬 저, 조윤수 · 서정희 역, 《근-현대중국사: 하권: 인민의 탄생과 굴기》, 까치, 2013

조너선 D. 스펜스 저, 김희교 역, 《현대중국을 찾아서 2》, 이산, 1998

조영남, 《개혁과 개방: 1976~1982년》, 민음사, 2016

조영남, 《파벌과 투쟁: 1983~1987년》, 민음사, 2016

조영남, 《톈안먼 사건: 1988~1992년》, 민음사, 2016

펑지차이 저, 박현숙 역, 《백 사람의 십 년: 문화대혁명, 그 집단 열정의 부조리에 대한 증언》, 후마니타스,

2016

한사오궁 저, 백지운 역,《혁명후기: 인간의 역사로서의 문화대혁명》, 글항아리, 2016

일본사

나카무라 마사노리 저, 유재연 · 이종욱 역,《일본 전후사 1945-2005》, 논형, 2006

남기정,《기지국가의 탄생: 일본이 치른 한국전쟁》, 서울대학교출판문화원, 2016

다케다 하루히토 저, 최우영 역,《고도성장》, 어문학사, 2013

마리우스 B. 잰슨 저, 김우영 외 역,《현대일본을 찾아서 2》, 이산, 2006

아메미아 쇼이치 저, 유지아 역,《점령과 개혁》, 어문학사, 2012

아카자와 시로 저, 박화리 역,《야스쿠니 신사》, 소명출판, 2008

엔드루 고든 저, 문현숙 · 김우영 역,《현대일본의 역사 2》, 이산, 2015

요시다 유타카 저, 최혜주 역,《아시아 · 태평양전쟁》, 어문학사, 2012

요시미 순야 저, 최종길 역,《포스트 전후 사회》, 어문학사, 2013

이시카와 마쓰미 저, 박정진 역,《일본 전후 정치사》, 후마니타스, 2006

한도 가즈토시 저, 박현미 역,《쇼와사 2: 1945-1989 전후편》, 루비박스, 2010

해방 5년사

김상숙,《10월 항쟁: 1946년 10월 대구, 봉인된 시간 속으로》, 돌베개, 2016

김재명,《한국현대사의 비극: 중간파의 이상과 좌절》, 선인, 2003

박지향 · 김철 · 김일영 · 이영훈 편,《해방전후사의 재인식 1, 2》, 책세상, 2006

박찬표,《한국의 48년 체제》, 후마니타스, 2010

박찬표,《한국의 국가 형성과 민주주의: 냉전 자유주의와 보수적 민주주의의 기원》, 후마니타스, 2007

박태균 · 정창현 저,《암살: 왜곡된 현대사의 서막》, 역사인, 2016

서중석,《한국현대민족운동연구 1, 2》, 역사비평사, 2002

아시아평화와 역사교육연대 편,《한 · 중 · 일 3국의 8 · 15 기억》, 역사비평사, 2005

정병준,《우남 이승만 연구》, 역사비평사, 2005

최장집 편,《한국현대사 2(1945~1950)》, 열음사, 1985

후지이 다케시,《파시즘과 제3세계주의 사이에서: 족청계의 형성과 몰락을 통해 본 해방 8년사》, 역사비
평사, 2012

한국전쟁

김귀옥,《이산가족, 반공전사도 빨갱이도 아닌: 이산가족 문제를 보는 새로운 시각》, 역사비평사, 2004

김동춘 · 기외르기 스첼 · 크리스토프 폴만 외 저, 안인경 · 이세현 역,《반공의 시대: 한국과 독일, 냉전의
정치》, 돌베개, 2015

김명섭,《전쟁과 평화: 6.25전쟁과 정전체제의 탄생》, 서강대학교출판부, 2015

김병로 · 서보혁 편,《분단폭력: 한반도 군사화에 관한 평화학적 성찰》, 아카넷, 2016

김연철,《협상의 전략: 세계를 바꾼 협상의 힘》, 휴머니스트, 2016

김학재,《판문점 체제의 기원, 후마니타스》, 2015

박명림,《한국 1950 전쟁과 평화》, 나남, 2002

박명림,《한국전쟁의 발발과 기원 1, 2》, 나남, 2003

박찬승,《마을로 간 한국전쟁: 한국전쟁기 마을에서 벌어진 작은 전쟁들》, 돌베개, 2010

성공회대학교 동아시아연구소 기획, 백원담 외 저,《'냉전' 아시아의 탄생: 신중국과 한국전쟁》, 문화과학
    사, 2013

양영조,《한국전쟁과 동북아 국가 정책》, 선인, 2007

이상호,《맥아더와 한국전쟁》, 푸른역사, 2012

이임하,《전쟁미망인, 한국현대사의 침묵을 깨다: 구술로 풀어 쓴 한국전쟁과 전후 사회》, 책과함께, 2010

정병준,《한국전쟁: 38선 충돌과 전쟁의 형성》, 돌베개, 2006

한국구술사학회 편,《구술사로 읽는 한국전쟁》, 휴머니스트, 2011

한국역사연구회 현대사분과 편,《역사학의 시선으로 읽는 한국전쟁: 한국전쟁 60주년 특별기획》, 휴머니
    스트, 2010

    - 양영조, 동아시아 냉전과 6 · 25전쟁
    - 정병준, 미소의 38선정책과 남북 갈등의 기원
    - 도진순, 한국전쟁의 기본개념으로서 제한전의 성립과 분화
    - 기광서, 한국전쟁 속의 스탈린
    - 김보영, 한국전쟁 휴전회담 협상전략과 지휘체계
    - 한모니까, 유엔군사령부의 '수복지구' 점령정책과 행정권 이양
    - 박태균, 미국의 정전협정 일부 조항 무효선언과 그 의미
    - 이상호, 맥아더의 한국전쟁 군사전략
    - 양영조, 중국군의 한국전쟁 참전과 군사개혁
    - 김태우, 무제한전쟁을 향하여
    - 도진순, 공중폭격과 민간인 희생
    - 이선아, 한국전쟁 전후 빨치산의 형성과 활동
    - 박동찬, 주한미군사고문단의 조직과 주요 활동

한성훈,《가면권력: 한국전쟁과 학살》, 후마니타스, 2014

한성훈,《전쟁과 인민: 북한 사회주의 체제의 성립과 인민의 탄생》, 돌베개, 2012

이정은 외 저, 허은 편,《냉전분단시대 한반도의 역사 읽기: 분단국가의 수립과 국제관계(1)》, 선인, 2015

대한민국사

강정인, 《한국 현대 정치사상과 박정희》, 아카넷, 2014

광주전남여성단체연합 기획, 이정우 편, 《광주, 여성: 그녀들의 가슴속에 묻어 둔 5·18 이야기》, 후마니
타스, 2012

구해근 저, 신광영 역, 《한국 노동계급의 형성》, 창비, 2002

권보드래·김성환·김원·천정환·황병주, 《1970, 박정희 모더니즘: 유신에서 선데이서울까지》, 천년의
상상, 2015

김경일 외 저, 《한국현대 생활문화사 1970년대: 새마을운동과 미니스커트》, 창비, 2016

김보현, 《박정희정권기 경제개발: 민족주의와 발전》, 갈무리, 2006

김석 외 저, 《학생운동, 1980: 10·28 건대항쟁을 중심으로》, 오월의봄, 2016

김연철, 《냉전의 추억: 선을 넘어 길을 만들다》, 후마니타스, 2009

김영미, 《그들의 새마을운동: 한 마을과 한 농촌운동가를 통해 본 민중들의 새마을운동 이야기》, 푸른역
사, 2009

한국예성사학회 외 저, 김은하 외 편, 《혁명과 여성》, 선인, 2010

김정자 저, 김현선 편, 새움터 기획, 《미군 위안부 기지촌의 숨겨진 진실: 미군위안부 기자촌여성의 최초
의 증언록》, 한울아카데미, 2013

김정한 외 저, 《한국현대 생활문화사 1980년대: 스포츠공화국과 양념통닭》, 창비, 2016

김학민, 《만들어진 간첩: 유럽 거점 간첩단 사건, 그리고 최종길 교수 죽음의 진실》, 서해문집, 2017

김학재 외 저, 《한국현대생활문화사 1950년대: 삐라 줍고 댄스홀 가고》, 창비, 2016

김효순, 《조국이 버린 사람들: 재일동포 유학생 간첩 사건의 기록》, 서해문집, 2021

문정인·김세중 편, 《1950년대 한국사의 재조명》, 선인, 2004

민주화운동기념사업회 연구소 편, 《한국민주화운동사 1~3》, 돌베개, 2008, 2009, 2010

박원순, 《야만시대의 기록 1: 아무도 기록하지 않는 역사》, 역사비평사, 2006

박원순, 《야만시대의 기록 2: 일제시대에서 박정희 정권까지》, 역사비평사, 2006

박원순, 《야만시대의 기록 3: 전두환에서 노무현 정권까지》, 역사비평사, 2006

박점규, 《노동여지도: 두 발과 땀으로 써내려간 21세기 대한민국 노동의 풍경》, 알마, 2015

박태균 외 저, 《쟁점 한국사 현대편》, 창비, 2017

박형준, 《재벌, 한국을 지배하는 초국적 자본》, 책세상, 2013

서중석, 《6월 항쟁: 1987년 민중운동의 장엄한 파노라마》, 돌베개, 2011

서중석, 《조봉암과 1950년대 상, 하》, 역사비평사, 1999

손정목, 《한국 도시 60년의 이야기 1, 2》, 한울, 2005, 2010

안병욱·홍석률·전재호·김서중·김영수·박영자·정상호·김대영·이기훈·김영곤·주강현, 《유신
과 반유신》, 민주화운동기념사업회, 2005
  - 정상호, 반유신 야당운동의 성과와 한계

－ 이기훈, 1970년대 학생 반유신 운동

역사문제연구소 편,《1950년대 남북한의 선택과 굴절》, 역사비평사, 1998

역사비평 편집위원회 편,《갈등하는 동맹: 한미관계 60년》, 역사비평사, 2010

오제연 외 저,《한국현대 생활문화사 1960년대: 근대화와 군대화》, 창비, 2016

유경순,《1980년대, 변혁의 시간 전환의 기록 1, 2》, 봄날의박씨, 2015

이남희,《민중 만들기: 한국의 민주화운동과 재현의 정치학》, 후마니타스, 2015

이동준 · 장박진 편,《미완의 해방: 한일관계의 기원과 전개》, 아연출판부, 2013

이문석,《자동차, 시대의 풍경이 되다: 디자인으로 본 우리 자동차 100년의 역사》, 책세상, 2016

이병천 편,《개발독재와 박정희 시대》, 창비, 2003

이완주,《실록 통일벼: 기적의 볍씨를 찾아 1,209번의 도전》, 들녘, 2017

이재영,《4.19혁명과 소녀의 일기: 역사의 봄을 되살려 낸 민주주의 이야기》, 지식과감성#, 2017

이호룡 · 정근식 편,《학생운동의 시대》, 선인, 2013

　　－ 신동호, 1970년대 학생운동의 특징과 방식: 서울대 이념서클과 서클연합회를 중심으로

　　－ 허은, 1980년대 상반기 학생운동 체계의 변화와 학생운동 문화의 확산

　　－ 이창언, NL(민족해방)계열 학생운동의 주류화와 한계: 전국대학생대표자협의회와 한국대학총학생
　　　회연합

임동근 · 김종배,《메트로폴리스 서울의 탄생: 서울의 삶을 만들어낸 권력, 자본, 제도, 그리고 욕망들》, 반
　비, 2015

임미리,《열사, 분노와 슬픔의 정치학: 한국 저항운동과 열사 호명구조》, 오월의봄, 2017

장순,《미국의 한반도 개입에 대한 성찰》, 후마니타스, 2016

전남사회운동협의회 편,《죽음을 넘어 시대의 어둠을 넘어》, 풀빛, 1985

정근식 · 이호룡 편,《4월혁명과 한국 민주주의》, 선인, 2010

정해구,《전두환과 80년대 민주화운동: 서울의 봄에서 군사정권의 종말까지》, 역사비평사, 2011

지주형,《한국 신자유주의의 기원과 형성》, 책세상, 2011

차성환 · 유경순 · 김무용 · 김원 · 홍현영 · 김태일 · 이임하,《민중운동연구: 1970년대》, 민주화운동기념
　사업회, 2005

　　－ 유경순, 1970년대 청계노조의 정체성 형성과정을 중심으로

　　－ 김원, 1970년대 가톨릭노동청년회와 노동운동

　　－ 홍현영, 도시산업선교회와 1970년대 노동운동

　　－ 이임하, 1970년대 크리스챤 아카데미 사건 연구

참여사회연구소 기획, 이병천 · 신진욱 편,《민주 정부 10년, 무엇을 남겼나: 1997년 체제와 한국 사회의
　변화》, 후마니타스, 2015

천주교인권위원회,《사법살인: 1975년 4월의 학살》, 학민사, 2001

최장집 외 저,《위기의 노동: 한국 민주주의의 취약한 사회경제적 기반》, 후마니타스, 2005

한종수 · 강희용,《강남의 탄생: 대한민국의 심장 도시는 어떻게 태어났는가?》, 미지북스, 2016

한홍구,《사법부: 법을 지배한 자들의 역사》, 돌베개, 2016

허태희,《해방 이후 남북관계 70년》, 대한민국역사박물관, 2016

홍성찬 · 허수열 · 김성보 · 배성준 · 이상의 · 이경란,《해방 후 사회경제의 변동과 일상생활》, 혜안, 2009

희정,《노동자, 쓰러지다: 르포, 한 해 2000명이 일하다 죽는 사회를 기록하다》, 오월의봄, 2014

동아시아 관계사

박철희 편,《한일관계 50년 비교사적 이해》, 대한민국역사박물관, 2016

- 가와시마 신, 전후 일중관계사: '화해'라는 관점에서의 고찰
- 남기정, 한일관계정상화: 일본-베트남 관계정상화와의 비교
- 오코노기 마사오, 국제시스템의 변천과 한일관계: 일본 정책을 중심으로
- 박영준, 탈냉전기 이후 국제질서 변화에 대한 한국과 일본의 대응 비교: 질서인식, 외교비전과 정책, 상호관계 전개를 중심으로
- 양기호, 한일 50년: 한일 국민의 생활 변화
- 고하리 스스무, 한일관계 50년의 국민의식과 "상호인식"

이원덕 외 저,《한일국교정상화 연구》, 대한민국역사박물관, 2016

- 장박진, 한일 청구권협정 제2조의 형성 과정(1965. 3-6) 분석: 개인청구권 문제를 중심으로
- 이성, 재일한국인의 법적지위 협정과 재류자격의 분열: 영주권 일괄부여론의 부상과 좌절
- 안소영, 한일회담의 국내-국제정치 및 국제비교 연구
- 이기태, 한일회담과 일본의 동남아시아 전후처리 비교연구: 일본의 배상 외교를 중심으로
- 유지아, 동아시아 국제관계와 일본내 한일 회담 반대운동
- 이현진, 한일회담 반대여론과 정부의 대응논리

유종성,《동아시아 부패의 기원: 문제는 불평등이다. 한국 타이완 필리핀 비교연구》, 동아시아, 2016

이동준 · 장박진 편,《미완의 해방: 한일관계의 기원과 전개》, 아연출판부, 2013

- 나가사와 유코, 전후 일본의 잔여주권과 한국의 독립 승인: 대일강화조약의 '한일 분리' 논리를 중심으로(1945~52년)
- 오오타 오사무, 식민지주의의 '공범': 두 개의 강화조약에서 초기 한일교섭으로
- 김창록, 한일 과거 청산의 법적 구조
- 장박진, 대한민국의 국가 정체성과 '재일성'의 기원: 해방 공간에서의 한국 정부의 재일 한국인 문제에 대한 대응
- 토노무라 마사루, 일본의 전후 민주주의 질서 형성과 재일 조선인 배제

정일준 · 이택선 · 이철순 · 마상윤 · 전재호 · 김상돈 외 저,《한국의 민주주의와 한미관계》, 대한민국역사박물관, 2014

- 이철순, 이승만 정부 시기의 한국 민주주의와 한미관계(1948~1960)

 - 마상윤, 박정희 시대 한국의 민주주의와 한미관계(1961~1979)

정재정, 《20세기 한일관계사: 주제와 쟁점으로 읽는》, 역사비평사, 2014

조세영, 《한일관계 50년, 갈등과 협력의 발자취》, 대한민국역사박물관, 2014

북한의 역사

김성보, 《북한의 역사 1》, 역사비평사, 2011

로버트 스칼라피노·이정식, 《한국 공산주의 운동사》, 돌베개, 2015

서동만, 《북조선사회주의체제성립사 1945~1961》, 선인, 2005

성대경 편, 《한국현대사와 사회주의》, 역사비평사, 2000

와다 하루키 저, 남기정·서동만 역, 《북조선: 유격대국가에서 정규군국가로》, 돌베개, 2002

이신철, 《북한 민족주의 운동 연구: 1948~1961, 월북·납북인들과 통일운동》, 역사비평사, 2008

이종석, 《북한의 역사 2》, 역사비평사, 2011

장선 저, 구성철 역, 《북한이라는 수수께끼: 북한 전문 저널리스트의 15년 탐방기》, 에쎄, 2015

찰스 암스트롱 저, 김연철·이정우 역, 《북조선 탄생》, 서해문집, 2006

베트남의 역사

권헌익, 《학살, 그 이후: 1968년 베트남전 희생자들에 대한 추모의 인류학》, 아카이브, 2012

마이클 매클리어 저, 유경찬 역, 《베트남 10000일의 전쟁》, 을유문화사, 2002

유인선, 《새로 쓴 베트남의 역사》, 이산, 2002

윤충로, 《베트남전쟁의 한국 사회사: 잊힌 전쟁, 오래된 현재》, 푸른역사, 2015

이규봉, 《미안해요! 베트남: 한국군의 베트남 민간인 학살의 현장을 가다》, 푸른역사, 2011

논문

전웅, 〈외교정책수단으로서 비밀공작(Covert Action)의 효용성: 미국의 사례〉, 국제정치논총 제49집 제4
　　호, 2009

김동춘, 〈냉전, 반공주의 질서와 한국의 전쟁정치: 국가폭력의 행사와 법치의 한계〉, 경제와사회 통권 제
　　89호, 2011

김득중, 〈한국전쟁 전후 육군 방첩대(CIC)의 조직과 활동〉, 사림 제36호, 2010

김재천, 〈미(美) 레이건 행정부의 대(對)니카라과 비밀전쟁(Covert War): 비밀전쟁의 동기연구〉, 국제정
　　치논총 제42집 제3호, 2002

김학재, 〈한국전쟁 전후 국가 정보 기관의 형성과 활동: 미 국립문서보관청 NARA 소재 한국군 CIC 관련
　　문서를 중심으로〉, 제노사이드연구 제2호, 2007

김혜진, 〈친일인물연구: 한국사의 비극을 출세의 거름으로 만든 김창룡〉, 민족문제연구 제4권, 1993

노용석, 〈경산 코발트광산의 학살실태와 진상규명 방안〉, 한국제노사이드연구회 2006년 동계워크숍 자

료집

박성진, 〈제1공화국 이전 이승만의 對정보 분야 인식과 활동〉, 평화학연구, 2011

월간말 편집부, 〈폭로되는 미국의 해외 비밀공작〉, 월간말 통권 제17호, 1987

정병준, 〈해방 정국의 미국공작원들〉, 월간말 통권 제76호, 1992

정용도, 〈해방 직후 주한미군 방첩대의 조직 체계와 활동〉, 한국사론 제53권, 2007

한성훈, 〈권력의 중심에 선 정보기관: 국군기무사령부와 국가정보원〉, 내일을 여는 역사 통권 제53호,
    2013

단박에 한국사(현대편)

개정판 1쇄 발행 2024년 4월 17일
(**초판 발행** 2017년 12월 6일)

지은이 심용환
펴낸이 박경순

그림 방상호
교정교열 공순례
디자인 김희림

펴낸곳 북플랫
출판등록 제2023-000231호(2023년 9월 12일)
주소 서울시 마포구 토정로 222 306호
이메일 bookflat23@gmail.com

ISBN 979-11-984934-8-4 (04910)
　　　　 979-11-984934-9-1 (세트)